これからの法教育
さらなる普及に向けて

関東弁護士会連合会 編

現代人文社

刊行に寄せて

　関東弁護士会連合会は、毎年行われる定期大会においてシンポジウムを開催しておりますが、本年（2011年度）は、「これからの法教育―教育現場、研究者と法律実務家との連携」をテーマとして東京都において開催することにしております。このためシンポジウム委員会は、1年数カ月にわたりこのテーマの調査研究を行い、シンポジウム開催に向けて準備を進めてきました。その成果は、例年であれば、シンポジウムの報告書として参加者に配付する取り扱いとなりますが、関東弁護士会連合会は、本年は、シンポジウムに参加した一部の法律実務家だけではなく、シンポジウムに参加されなかった教育者（教員及び研究者）をはじめ関心のある多くの方々に「法教育」についてさらに理解を深めていただくとともに、これからの「法教育」の実践と普及に本書を活用していただくことを願い、単行本として出版することにしました。

　関東弁護士会連合会は、2002年茨城で行われた定期大会において「子どものための法教育―21世紀を生きる子ども達のために」をテーマとするシンポジウムを開催し、「子どものための法教育」に関する大会宣言（2002年宣言）を採択しました。子どもたちが、自由で公正な民主主義社会の担い手として、自分たちの身の回りに起きる様々な問題や社会の問題について自律的主体的に考え、判断し、行動する能力を身につけることを目的として法教育を意義づけ、成長過程に応じた法教育を実施することの重要性を指摘し、日本に法教育を普及させることを誓ったものでありました。しかしながら、この「2002年宣言」を受けて、弁護士会、教育現場、研究者などの努力により、教材開発や授業実践が行われるようになり、また、学習指導要領にも一部法教育的要素が取り入れられるなど法教育への関心は高まりつつあるものの、本書が指摘しているとおり、現状はいまだ関東弁護士会連合会がめざした「法教育」の理念が広く浸透したとは言い難い状況です。

　そこで、本書は、法教育を実施していくことが弁護士・弁護士会の責務であることを明確にしたうえで、これまで以上に「法教育」を普及させて行くためには、そのために視点をあてた戦略が必要であることを指摘し、法教育のエッセンシャルズ（法教育の内実の明確化）の確立と法律実務家と教員・研究者の連携などをその戦略の一環として位置づけております。また、その

戦略を組織的継続的に進めていく組織（法教育センター）の必要性も提言されております。

　ここに改めて、本書が、これからの「法教育」の実践と普及のために前進するひとつの礎となれば、関東弁護士会連合会と執筆者にとって望外の幸せであります。

　最後になりましたが、本書刊行にあたりご尽力された松尾紀良委員長、塩谷崇之事務局長をはじめとする関東弁護士会連合会シンポジウム委員会委員の皆様、第一東京弁護士会法教育委員会及び関東弁護士会連合会法教育委員会の各委員並びに執筆者の皆様に、心からの敬意と感謝の意を表します。

　2011年9月

関東弁護士会連合会
理事長　星　徳行

はじめに

　関東弁護士会連合会は、2002年9月、「子どものための法教育─21世紀を生きる子ども達のために」をテーマとするシンポジウムを開催し、また定期大会において「子どものための法教育」に関する宣言（以下「2002年宣言」という）を採択した〔資料編資料1参照〕。
　この「2002年宣言」において、我々は、子どもたちが、自由で公正な民主主義社会の担い手として、自分たちの身の回りに起きる様々な問題や社会の問題について自律的主体的に考え、判断し、行動する能力を身につけることを究極の目標として位置づけた。
　そして、そのような視点に立って「法教育」を意義づけ、日本の未来を担う子どもたちに対し、その成長過程に応じた内容の法教育を実施することの重要性を指摘し、教育者及び関係機関、マスコミ、国民などに対して、子どもに対する法教育の必要性と重要性を訴え、これら諸機関および国民との連携のもとで、子どものための法教育を我が国に普及させることを誓ったのである。
　この「2002年宣言」を受け、弁護士会、教育現場、教育学者たちの間で様々な教材開発の試みや、授業等の実践がなされるようになるとともに、法務省や学会においても法教育のあり方について研究がなされるようになった。さらに「裁判員制度」の実施や「新学習指導要領」での法的視点の導入の流れの中で、現場の教員の間でも司法制度および法教育への関心が高まっているものの、いまだ「法教育」が広く認知されるに至ってはいない。また、その実施されている内容も、法制度情報の提供にとどまっているものも多い。
　現在行われている法教育が、果たして、関東弁護士会連合会が目標としていた法教育に沿ったものなのかどうか、また、実際に実施されている法教育が、その趣旨に則したものとなっているかについては、さらなる検証が必要とされている。そして「2002年宣言」が重要視した「自由で公正な民主主義社会の構成員として、自分たちの身の回りに起きる様々な問題や社会の問題について自律的主体的に考え、判断し、行動する能力」を育むものとして

の法教育とはいかなるものであるべきかについて、再度法教育が具体的に導入され、実践され始めている現在の時点で、なお検討する必要がある。

　そこで、我々は、2011年度関東弁護士会連合会のシンポジウム（2011年9月30日開催）のテーマとして「これからの法教育――教育現場、研究者と法律実務家との連携」を掲げ、約1年あまり調査研究を進めてきた。この成果を発表するにあたり、弁護士だけではなく、広く一般の方々に法教育の重要性を理解してもらい、法教育のさらなる普及を進めるために、本シンポジウムの報告を兼ねて本書を執筆監修して出版することとした。

　本書においては、「2002年宣言」後の8年間を振り返り、法教育に対する教育現場や法律実務家の意識や取組みにどのような変化があったか、教育現場においていかなる実践がなされてきたか、いかなる教材開発がなされているか、そして、それらの活動に、研究者や法律実務家がどのような関わり方をしてきたか等、現在の教育現場における法教育の現状について検証するとともに、「2002年宣言」の意義を再確認しつつ、学校教育における法教育普及の障害や問題点を指摘し、今後の教育現場との連携のあり方、さらには法教育のさらなる普及と充実に向けどのような戦略が必要であるか等々について、我々が取り組んできた実践例を踏まえつつ、海外における法教育のあり方等も参考にしながら検討してゆきたい。

関東弁護士会連合会
平成23年度シンポジウム実行委員長
弁護士　松尾紀良

これからの法教育
——さらなる普及に向けて——

目　次

刊行に寄せて　2

はじめに　4

第1部　法教育とは

第1章　法教育がめざすべきもの
Ⅰ　法教育の定義 ……………………………………………………… 17
Ⅱ　法教育の目的は何か ……………………………………………… 18
Ⅲ　法教育は何をもたらそうとしているか ………………………… 19
Ⅳ　法教育のエッセンス・指針 ……………………………………… 20
　⑴　法教育のエッセンス・指針の重要性　20
　⑵　日本における、弁護士のための法教育のエッセンス・指針　22

第2章　これまでの法教育の取組み
Ⅰ　「法教育」以前の法に関する教育 ……………………………… 23
Ⅱ　「法教育」への展開 ……………………………………………… 23
Ⅲ　研究者による諸外国の法教育の紹介 …………………………… 24
Ⅳ　法律実務家による取組み ………………………………………… 24
　⑴　法律実務家による「司法教育」　24
　⑵　「司法教育」から「法教育」へ　26
Ⅴ　法務省、文部科学省における取組み …………………………… 27
　⑴　司法制度改革における「司法教育」　27
　⑵　「司法教育」から「法教育」へ　28

第3章　法教育普及のために　〜戦略的取組みの必要性〜
Ⅰ　法教育の普及の現状 ……………………………………………… 30
Ⅱ　戦略の不存在 ……………………………………………………… 30

Ⅲ　海外における法教育普及の戦略 ………………………………………… 31
　　⑴　アメリカにおける戦略　31
　　⑵　韓国における戦略　32
　Ⅳ　日本における戦略の必要性 ………………………………………………… 33

第 2 部　子どもたちへの法教育

第 1 章　子どもたちを対象とする法教育
　Ⅰ　なぜ、子どもたちへの法教育が重要であるのか ………………………… 37
　　⑴　子どもたちへの法教育の重要性　37
　　⑵　子どもの権利と法教育　38
　Ⅱ　子どもたちに対する法教育の取組み ……………………………………… 39
　　⑴　法律実務家による取組み　39
　　⑵　教員・教育関係者らによる取組み　42
　　⑶　その他　42
　Ⅲ　全ての子どもたちに法教育を実践していくために ……………………… 43

第 2 章　学校教育における法教育で重視すべきこと
　Ⅰ　教育目的 ……………………………………………………………………… 45
　Ⅱ　学校教育課程全体を通じて重視すべきこと ……………………………… 46
　　⑴　発達段階に応じた教育　46
　　⑵　子どもの主体性及び体験の重視　47
　　⑶　科目横断性及び連結性　47
　　⑷　連続性及び累積性　48
　Ⅲ　各学校課程における法教育で重視すべきこと …………………………… 48
　　⑴　小学校低学年　48
　　⑵　小学校高学年　49
　　⑶　中学生　50
　　⑷　高校生　50

第 3 章　学校における法教育の現状分析
　Ⅰ　アンケートの目的と実施方法 ……………………………………………… 52
　　⑴　目的　52
　　⑵　対象　53
　　⑶　実施時期　53
　　⑷　実施方法　53

- II　アンケート(1) ……………………………………………………………… 53
  - (1)　【1】から【3】の設問の趣旨　53
  - (2)　【1】から【3】の設問と回答結果　54
  - (3)　【1】から【3】の分析と考察　55
- III　アンケート(2) ……………………………………………………………… 56
  - (1)　【4】から【7】の設問の趣旨　56
  - (2)　【4】から【7】の設問と回答結果　56
  - (3)　【4】から【7】の分析と考察　61
- IV　アンケート(3) ……………………………………………………………… 62
  - (1)　【8】から【17】の設問の趣旨　62
  - (2)　【8】から【17】の設問と回答結果　63
  - (3)　【8】から【17】の分析と考察　72
- V　アンケート(4) ………………………………………………………………… 74
  - (1)　【18】から【21】の設問の趣旨　74
  - (2)　【18】から【21】の設問と回答結果　74
  - (3)　【18】から【21】の分析と考察　78
- VI　まとめ …………………………………………………………………………… 79

第4章　学校教育における普及の障害、問題点

- I　はじめに ………………………………………………………………………… 82
- II　教員の「法教育」に対する認識・理解の問題点 ………………………… 82
  - (1)　「法教育」の内容の不明確性　82
  - (2)　法教育に関する情報を入手することの困難さ　83
- III　学校での教育カリキュラムにおける問題点 ……………………………… 83
  - (1)　法教育に取り組む時間の確保の困難さ　83
  - (2)　学習指導要領上の問題　83
  - (3)　年間カリキュラム上の問題　84
  - (4)　学習成果の評価の問題　85
- IV　授業実践における問題点 ……………………………………………………… 85
  - (1)　法教育に関するマニュアル・学習教材不足の問題　85
  - (2)　教員の法的知識・理解不足の問題　85
- V　法律実務家の担い手の問題点 ………………………………………………… 86
  - (1)　法教育への意欲不足、担い手不足　87
  - (2)　法教育に取り組む時間の確保の困難さ　87
  - (3)　教育現場における配慮の不十分さ　87
- VI　教員・法律実務家の抱える問題の克服のために ………………………… 88

第5章　新学習指導要領の下での学校における法教育
Ⅰ　新学習指導要領における法教育 ……………………………………………… 90
　(1)　新学習指導要領の制定・実施　90
　(2)　新学習指導要領における法教育　90
Ⅱ　新学習指導要領導入に対応した教科書等の内容 ……………………………… 91
　(1)　旧学習指導要領下における教科書　91
　(2)　新学習指導要領を踏まえた教科書の内容の変化　92
　(3)　教員向け解説書における内容の変化　93
Ⅲ　法教育の実践案 ………………………………………………………………… 93
　(1)　『学校でのルールを考える』（小学校1・2年　生活科）　94
　(2)　『ゴミ処理問題で地域社会を考える』（小学校3・4年　社会科）　94
　(3)　『模擬選挙』（小学校6年　社会科）　94
　(4)　『ルール作りの体験』（中学校　社会科）　95
　(5)　『模擬裁判員裁判』（中学校　社会科）　95
　(6)　『契約の意味と契約の解消』（中学校　技術・家庭科）　95
Ⅳ　課題 ……………………………………………………………………………… 96
　(1)　法教育への関心の高まり　96
　(2)　学習指導要領等の課題　96
　(3)　法律実務家と教育者との連携の必要性　97

第6章　法律実務家と教育者との連携
Ⅰ　なぜ、法律実務家が法教育に関与すべきなのか ……………………………… 98
　(1)　法律の専門家である法律実務家の役割　98
　(2)　弁護士の役割・使命（人権の擁護と社会正義の実現）　98
Ⅱ　法教育の実践にあたって、法律実務家に期待されること …………………… 99
　(1)　教員から期待されること　99
　(2)　研究者から期待されること　100
Ⅲ　法律実務家と教育者が連携することによる効果 ………………………………100
Ⅳ　どのような連携が可能か（考えられる連携の方法）……………………………101
　(1)　教育現場における連携　101
　(2)　教材、教育カリキュラムの研究開発における連携　104
　(3)　研究会等における連携　106

第3部　現場における連携の実践例

第1章　授業実践について
Ⅰ　授業実践の目的 …………………………………………………………………111

Ⅱ　授業実践の方法 111
　Ⅲ　実践する授業のテーマ 112
　Ⅳ　授業実践の実施校 112

第2章　実践例　～配分的正義を題材として～
　Ⅰ　授業実践を行うに至った経緯 114
　Ⅱ　本番までの作業・打合わせ 114
　　(1)　第1回打合せ（4月11日）　115
　　(2)　第2回打合せ（4月18日）　115
　　(3)　第3回打合せ（4月27日）　116
　　(4)　第4回打合せ（5月18日）　117
　　(5)　第5回打合せ（6月1日）　118
　Ⅲ　授業実践本番（6月7日） 119
　　(1)　授業経過　119
　　(2)　所感　122

第3章　実践により確認された連携の意義
　Ⅰ　教員が法教育授業を行うことの意義 124
　Ⅱ　弁護士が法教育授業に関わることの意義 124

第4章　実践により明らかになった連携方法についての考察
　Ⅰ　教員と弁護士との間における
　　　法教育についての理解のずれについて 126
　　(1)　教員の法教育についての理解　126
　　(2)　教員と弁護士との間における法教育に関する理解のずれ　127
　　(3)　理解のずれをなくすためには　127
　Ⅱ　授業題材の選定について 128
　Ⅲ　教員にとっての学習指導要領の位置付け 130
　Ⅳ　弁護士の授業参加の要請の有無、その理由 131
　Ⅴ　授業の「締めくくり方」(まとめ方) について 133
　　(1)　問題点　133
　　(2)　考察　133
　　(3)　実際の議論と判明した事実　134
　　(4)　今後の連携に向けて　135
　Ⅵ　コマ数について 135

(1) 授業の内容・形式　135
　(2) 制度上の要因その1——コマ数の制約　135
　(3) 制度上の要因その2——他の科目との調整の必要性　136
　(4) 考察　136
Ⅶ　教員と弁護士との間における
　　ワークシートに関する意見の違いについて …………………………………137
　(1) ワークシートに関する教員の意見　137
　(2) 教員と弁護士との間におけるワークシートに関する意見の違い　137
　(3) 意見の違いを踏まえて　138
Ⅷ　連携する教員・研究者の探し方 ……………………………………………138
Ⅸ　まとめ ……………………………………………………………………………139

第4部　法教育普及のための戦略

第1章　戦略の必要性 ……………………………………………………………143

第2章　法教育普及のための戦略

Ⅰ　学校において法教育を広く実践させるための戦略 ……………………144
　(1) 法教育に関する指針と評価基準の作成　144
　(2) 教員が使用しやすい法教育の教材や授業案等の研究開発　145
　(3) 学校における法教育プログラムの開発　145
　(4) 教員に情報を流通させる仕組みの構築　145
　(5) 文部科学省や教育委員会等に対する働きかけ　146
　(6) 法教育の担い手（教員、弁護士）を育てる　146
　(7) 法教育センターを設置する　148
Ⅱ　法、社会における法の役割について
　　正しく理解してもらうための戦略 ……………………………………………149
　(1) 市民や子どもたち向けの記念イベントやキャンペーンを実施する　149
　(2) 法に関する情報等に容易にアクセスするための仕組みの構築　149
Ⅲ　法律実務家に法教育に積極的に関与してもらうための戦略 …………149
　(1) 法教育に関することが法律実務家の責務であることの理解を求める　149
　(2) 多様な法律実務家が法教育プログラム、イベント、キャンペーン等に
　　協力、支援してもらえるような体制づくり　150
Ⅳ　法教育を促進する意欲を持ってもらうための戦略 ……………………… 150
Ⅴ　法教育に関連する組織等とパートナーシップを形成するための戦略 …151
Ⅵ　法教育に関する立法措置をとるための戦略 ……………………………… 152

11

第5部　まとめ ……………………… 153

資料編

資料1　「子どものための法教育」に関する宣言（2002年宣言） … 161

資料2　法教育指導要綱（案）

序 ………………………………………………………………………… 163
I　総論 ……………………………………………………………………… 164
　(1)　法教育が目指す市民像とは　164
　(2)　市民を育てるための方策　165
　(3)　効果的な法教育を行うための方策　165
II　各論 ……………………………………………………………………… 166
　(1)　知識　166
　(2)　技能　181
　(3)　態度、意欲　182
　(4)　効果的な教育実践のための方策　183

資料3　海外における法教育の取組み

I　ABA ……………………………………………………………………… 185
　(1)　目的　185
　(2)　取組みの方針・戦略　186
　(3)　組織の体制　187
　(4)　財政基盤　187
　(5)　プログラムと教材　187
　(6)　法曹等との連携　188
　(7)　日本の法教育の取組みに際し参考となる点　188
II　CCE ……………………………………………………………………… 188
　(1)　目的　188
　(2)　取組みの方針・戦略　189
　(3)　組織の体制　189
　(4)　財政基盤　189
　(5)　プログラムと教材　189
　(6)　法曹等との連携　190
　(7)　日本の法教育の取組みに際し参考となる点　190

Ⅲ　CRFC ··190
　⑴　目的　190
　⑵　取組みの方針・戦略　190
　⑶　組織の体制　191
　⑷　財政基盤（2009年）　191
　⑸　プログラムと教材　192
　⑹　法曹等との連携　192
　⑺　日本の法教育の取組みに際し参考となる点　193
Ⅳ　Street Law ···193
　⑴　目的　193
　⑵　取組みの方針・戦略　194
　⑶　組織の体制　194
　⑷　財政基盤　194
　⑸　プログラムと教材　194
　⑹　法曹等との連携　195
　⑺　日本の法教育の取組みに際し参考となる点　196
Ⅴ　韓国（大韓民国法務部及び大韓弁協）···196
　⑴　目的　196
　⑵　取組みの方針・戦略　197
　⑶　組織の体制　197
　⑷　財政基盤　198
　⑸　プログラムと教材　198
　⑹　法曹等との連携　200
　⑺　日本の法教育の取組みに際し参考となる点　200

資料4　連携による授業案

Ⅰ　小学校 ··202
　⑴　筑西市立川島小学校　202
　　①学習計画　②ワークシート
　⑵　下野市立薬師寺小学校　206
　　①学習計画　②ワークシート
　⑶　前橋市立総社小学校　209
　　学習計画
　⑷　長野市立三本柳小学校　211
　　①学習計画（5月18日付）　②学習計画（6月1日付）　③学習計画（完成版）
Ⅱ　中学校・高等学校 ···227
　⑴　杉並区立和田中学校　227
　　①学習計画　②ワークシート

13

(2) 江東区立辰巳中学校　234
　　①学習計画　②ワークシート１　③ワークシート２
　　④ワークシート３－１　⑤ワークシート３－２
　(3) お茶の水女子大学附属中学校　245
　　①学習計画　②配布資料
　(4) 美浦村立美浦中学校　251
　　学習計画
　(5) つくば市立並木中学校　253
　　①学習計画　②ワークシート
　(6) 栃木県立石橋高等学校　256
　　①学習計画　②配布資料

資料5　参考文献、主な教材 ……………………………………………… 264

◎コラム
　［コラム１］　「ジュニアロースクール」って何？　44
　［コラム２］　弁護士が教員と出会うためには　51
　［コラム３］　教員が弁護士と出会うためには　80
　［コラム４］　お互いの仕事のリズムを把握した上で連携する　88
　［コラム５］　授業実践の準備時間を確保するために　106

＊各部扉の写真
・第１部・第３部・第４部／茨城県弁護士会主催の平成23年夏休み子ども法律学校の授業風景。
・第２部・第５部／第一東京弁護士会主催のジュニアロースクールの授業風景。

第 **1** 部

法教育とは

第1章 法教育がめざすべきもの

I 法教育の定義

　「法教育」とは、「『法律専門家』ではない人々を対象に、法とは何か、法がどのように作られるか、法がどのように用いられるのかについて、その知識の習得に止まらず、それらの基礎にある原理や価値、例えば、自由、責任、人権、権威、権力、平等、公正、正義などを教えるとともに、その知識等を応用し適用して使いこなす具体的な技能と、さらにそれを踏まえて主体的に行動しようとする意欲と態度について併せ学習し身につけ」てもらう教育である。関東弁護士会連合会は、2002年に「子どものための法教育」に関する宣言（以下、「2002年宣言」という）を採択し、この宣言において、上記のとおり「法教育」を定義づけ、これ以降、法教育の普及に努めてきた。

　そもそも、「法教育」という言葉は、アメリカのLaw-Related Education（LRE）という言葉を訳したものである。アメリカにおいては、市民の法や法制度に対する理解を公教育の中で取り入れ、社会への参加を促すことにより「理想的な市民」を育成しようという社会的風潮が歴史的に形成されてきた背景がある。

　その中で、1978年に制定された法教育法において、LREとは、「法律専門家でない人々を対象に、法、法（形成）過程、法制度、これらを基礎付ける基本原則と価値に関する知識と技術を身につけさせる教育」を意味すると定義された。これ以降、アメリカでは、教育現場において積極的に法教育が取り扱われ、法律実務家も法教育に必要不可欠な存在として関わるようになり、次第に国民の間にも深く浸透していった。

　このような法教育は、従来から行われてきた特定分野に重きを置く法にかかわる同種教育（憲法教育、人権教育、司法教育、消費者教育等）をも包括するものと位置づけられる。しかし、法教育は、それにとどまらず、市民が自律的主体的に自己の良き生き方をめざし、法を理解し、活用することができるように、法の支配の理念に根ざした自由で公正な民主主義社会を実現す

る人の育成をめざすことに特徴がある。

　近年、日本では、学習指導要領が改訂されて、その「目標」や「内容」において法教育に関連する学習項目が盛り込まれるというように、教育現場でも法教育が浸透しつつあり、今後、一層法教育の広がりが期待される。そして、これから法教育の普及が進む中で、関東弁護士会連合会が定義した法教育の意義や本質的要素等が、市民の間で十分に確認され、認識されることが重要であると考える。

II　法教育の目的は何か

　日本国憲法は、基本的人権の尊重を掲げ、個人の尊重、生命・自由・幸福追求の権利を尊重することを謳い（憲法第11条、13条等）、主権が国民にあることを宣言している（憲法前文、第1条）。このように、日本国憲法は、国民が主体となって、個人が尊重される自由で公正な社会が形成されることを目指している。

　しかし、このような社会は憲法の条文に謳われたからといって達成されるものではなく、日本社会を憲法の目指す理想に向かわせ、健全に維持し発展させるためには、まず、市民が、社会を支えているのが自分自身であることを自覚することが必要である。その上で、市民は、日本社会が個人を尊重する自由で公正な民主主義社会を目指していることを理解して、法的知識を持ち、民主主義社会のプロセスに積極的に関与することできる技能を有し、さらに、民主主義社会の維持改善のために積極的に貢献しようとする意欲を持つ必要がある。そして、このような知識、技能、意欲は、人間が生まれながらにして備わっているものではなく、これらを備えるための教育が不可欠なのである。

　関東弁護士会連合会は、我々の考える法教育が行われることによって、上記市民を育成することが可能であると考え、法教育の目的は、「法の基礎にある考え方を理解し、社会に生起する多様で具体的な問題を主体的に公正かつ妥当に解決していくための知識、技能、意欲を持った理想的市民の育成」にあるとするものである。

Ⅲ　法教育は何をもたらそうとしているか

　日本においては、これまで法に関する教育というと、知識を重視する傾向にあった。確かに、知識が欠如していると判断を誤りかねないことから、知識を教えることは重要であるが、関東弁護士会連合会では、法的な知識を教えることのみではなく、情報を集め吟味して、それをもとに状況を分析し、批判的かつ建設的な意見を構築し、他者と対話しながら問題解決のために協同する技能や、民主主義のプロセスに積極的に関与し、さらに社会の維持改善のために積極的に貢献しようとする意欲を醸成することも重要であると考えている。

　私たちの社会は、家庭（家族）、学校、職場、地域などによって複合的に成り立っているが、それぞれの段階において制定法（法律や条例）以外のルールが存在する。例えば、家庭であれば家庭での約束、学校でいえばクラスでの決まり、校則、職場でいえば就業規則、地域でいえば慣習などである。このようなルールも広い意味では「法」であり、その「法」の持つ意味を理解することが法教育の出発点であるともいえる。

　次に、「法」を理解した上で、その「法」に対して批判的に検討を加える技能を身につけることも法教育の役割である。「法」は時や場所、条件や構成員によって変わり得るものであるから、常に人々が納得し得るものであるのか検証・検討する作業が必要になってくる。「法」が構成員の納得しうるものであれば、そのまま「法」を適用すればよいし、構成員が納得できないのであれば、その「法」は修正や変更しなければならない。すなわち、法教育は、法、法（形成）過程、法制度、これらを基礎付ける基本原則と価値に関する知識と技術を身につけさせる教育であるため、自分たちが適用し又は適用される「法」が、基本原理や価値に沿うものであるかを判断する能力を育むものである。

　さらに、自分たちが属する集団に新たな問題や対立が生じたときには、その問題や対立を解消するための新しいルールが必要となってくる。相手や当該集団の構成員の人格を尊重しつつ、自分の意見を表明し、相手や第三者の意見を聞き、討論し、必要であれば自分の意見を修正し、または相手の意見を修正するよう説得して合意を得るといった態度、技術も法教育によって培われるべき能力であり、その結果として新しいルールを作る能力を養うこともまさしく法教育の狙うところなのである。

昨今、私たちを取り巻く社会は、国際的にも、国内的にも急速に変化してきている。地球温暖化防止、環境汚染問題、インターネット等を中心とする高度情報化社会の加速、東日本大震災からの復興、原発に依存したエネルギー政策の在り方、社会保障制度の在り方、事前規制型社会から事後救済型社会への転換、社会内での貧困問題の顕在化、など、これまで私たちが経験したことのないほど、社会の変化が生じている。この社会の流れはますます加速していくと思われるが、このような社会で生きていくためには、個々人が、自己の責任において情報を集め、分析し、判断する力が必要となってきている。また、司法制度改革において導入された裁判員制度も、裁判に国民が参加することを求めているが、国民がこのような能力をもつことを前提としているものであるといえる。このような社会で生きる私たちにとって、法教育によって育成される能力が必要不可欠であり、現在及びこれからの日本社会において、法教育の重要性がより明確に意識されるべき時代に突入したといえよう。

　また、これまでの日本において、市民の側から「法」が捉えられる場合、「縛られるもの」「上から与えられるもの」「自分たちとは無関係なもの」と捉えられがちであった。しかし、自由で公正な民主主義社会において、「法」は、市民が自らを守るために、法を活用することが求められているのであって、市民が、法教育を受けることによって「法は自由で公正な民主主義社会の実現のために不可欠なものであること」、「法が市民の社会生活に深く関与していること」、「法の制定・改廃に市民が関与しなければならないこと」等をより一層認識できるようになり、より自由で公正な民主主義社会がもたらされることとなろう。

Ⅳ　法教育のエッセンス・指針

(1)　法教育のエッセンス・指針の重要性

　関東弁護士会連合会は、「2002年宣言」において、法教育の定義を定めるとともに（本章Ⅰ参照）、全国の弁護士会、弁護士、教育関係者等に対して、子どもに対する法教育の必要性と重要性を訴えた。この宣言以降、法教育は各地で実施されるようになってきているが、まだ十分に普及しているとは言い難い。

　その原因の一つは、本章Ⅱで述べたように、法教育が目的とするところの

「法の基礎にある考え方を理解し、社会に生起する多様で具体的な問題を主体的に公正かつ妥当に解決していくための知識、技能、意欲を持った理想的市民の育成」という抽象的な言葉だけでは漠然としていて法教育の意義が理解されにくいことにあったと思われる。

また、弁護士や教育関係者にとって、法教育を具体的に展開する上で、方向性を示すガイドラインのようなもの、法教育において取り扱われるべき要素（以下、これを「法教育のエッセンス」という）や指針をまとめたものがなかったことも普及が十分でない原因の一つであるとも思われる。

そこで、関東弁護士会連合会は、法教育の普及のためのツールとして、法教育のエッセンス・指針を整備することが非常に重要であると考える。

また、法教育が目指す「理想的市民の育成」の具体的な実践場面である授業においては、法教育を実施する者が、「理想的市民」として必要な知識、技能、意欲の具体的なエッセンスの何を獲得目標とするのかを意識した授業を実施することによって、法教育の目的に資するような教育効果が表れるものというべきである。そして、このような具体的なエッセンスが明確にされて初めて、授業に対する評価・検証を行うことも可能となる。

従来は、ともすれば法に関連する何らかの授業を行えばそれが法教育であるとする向きがあったことは否めない。しかし、授業を実施する側において法教育において獲得すべきものが明確でないままに法や法律に関連する授業を行ったとしても、その授業の内容自体が法教育の目的との関係で相応しいものであったかどうか検証することも容易ではなく、場合によっては子どもにとってイベントを体験したという以上の認識を持ち得ない可能性もある。

このように、法教育の実施にあたり、法教育のエッセンスを意識しそれに相応しい授業内容とすることが法教育の効果を上げるために有効である。

以上述べたように、一層の法教育の普及のため、そしてまた、より効果的な法教育を実施するためには、法教育のエッセンスの内容及びエッセンスを教えるための指針が明確に示されることが重要であると考える。

なお、日本に先駆けて法教育を実施してきているアメリカにおいては、法教育を実施している American Bar Association (米国法曹協会　以下、「ABA」という) において、エッセンスが公表されており、かかるエッセンスが、Center for Civic Education (公民教育センター　以下、「CCE」という) 等の各種団体や米国ナショナルスタンダード等の教育カリキュラムの内容に影響を及ぼしているとされている。このようなアメリカの状況も、日本における法

教育の普及を進めるにあたり大いに参考になる。

(2) 日本における、弁護士のための法教育のエッセンス・指針
　(a) (1)で見たように、法教育のエッセンス・指針を設定することの重要性に鑑み、今般、関東弁護士会連合会は、「法教育指導要綱（案）」を作成し、本書の資料編資料2に示した。
　法教育が何を目的とすべきかについても多様な意見があり、具体的な方法論についても様々な意見がある。これらの点については、今後も活発な議論がなされることが望ましいと考えており、この法教育指導要綱（案）の発表を契機として多くの方面から批判的な検討がなされ、日本における法教育がより活性化することが望まれる。
　なお、この法教育指導要綱（案）は、法教育に携わる弁護士や弁護士会の使用を想定したものであり、教育関係者が使用することを想定したものではないので、詳しい説明等は省き、習得してもらいたいことを簡略に指摘するにとどめている。教育関係者がこの法教育指導要綱（案）を用いる場合には、また違った表現や説明が必要となる場合もあろう。そのような場合には、ぜひ弁護士や弁護士会に協力を求めていただきたい。
　(b) 「法教育指導要綱（案）」の構成
　本書末尾に添付した「法教育指導要綱(案)」はその具体的内容として、①知識として、憲法の基本的価値・人権の具体的内容・紛争解決の種類・方法等を習得させ、②技能として、情報の収集・分析に基づいて意見を述べ、他者と対話することを習得させ、③態度・意欲として、民主主義のプロセスに積極的に関与し、社会の維持改善のために積極的に貢献しようとする態度・意欲を醸成すること等を内容としており、その構成としては総論と各論からなる。
　「Ⅰ　総論」においては、日本国憲法の目指す社会の担い手として育成しようとしている市民像を確認し、そのような市民を育てるための方策として法教育のエッセンスを、①知識・②技能・③態度、意欲の3つに分類し、効果的な法教育を行うために講義型の教育手法だけではなく生徒が積極的能動的に参加できる方策を採用すべきことを提言している。
　その上で、「Ⅱ　各論」で、①知識・②技能・③態度、意欲の3つに分類した法教育のエッセンスを掲げ、教育の指針となるべくエッセンスの内容を詳述しているので、巻末の資料編資料2を是非参照されたい。

第2章 これまでの法教育の取組み

I 「法教育」以前の法に関する教育

　「法教育」という概念は日本においては比較的新しい概念であり、この用語が使われ始めるのは後述Ⅱのとおり1990年代に入ってからである。しかし、それ以前の初等中等教育において、憲法を中心とした法に関する教育が行われてこなかったわけではない。特に、社会科教育の分野においては、「憲法教育」を中心として、「平和教育」「人権教育」「消費者教育」「環境教育」などが行われており、社会科の教科書には多くの法律の名前が登場していた。

　しかし、このような「法教育」という概念が登場する以前の法に関する教育については、①法がどのような価値や原理によって基礎づけられ、体系だったものとして構成されてきたのかという視点が弱く、生徒において互いの法の関係や理念などを把握するのが困難であった、②法に関する教育が条文中心主義になってしまっていた、などの問題点があったとされている（渡邊弘「法を学ぶ者のための法教育入門」法学セミナー662号〔2010年〕15頁）。

II 「法教育」への展開

　日本では、1990年代初頭頃から教育学者の世界で、「法教育」という言葉が用いられるようになった。

　「司法教育」あるいは「法教育」という言葉が登場してからも、現在におけるまで研究者、法律実務家、公的機関等において様々な研究や取組みがなされ、徐々に法教育の内容が形成され、充実したものとなっていった。以下においては、その研究や取組みの流れについて詳述する。

Ⅲ　研究者による諸外国の法教育の紹介

　社会科教育学の分野においては、1990年代以降、諸外国、その中でも特にアメリカの法教育の理論的・実践的取組みの研究と、その研究の結果を基礎とした日本における法教育への提言が行われるようになった。
　その研究の背景には、「これまでの憲法中心の教育内容だけで人権擁護の社会の実現をめざしたとしても、『私事化』が進行し権利衝突がいままで以上に想定される社会の中で、実際的な教育的選択であるか疑問である」との問題意識があり、アメリカの法教育について「アメリカでも憲法教育は日本以上に社会科の中心に据えられているが、民主的で自由な社会の実現に密接に関連する責任を自覚する法教育が同じく要請され実行されている」との認識があったようである（江口勇治「法教育の理論——日本型法教育の素描」全国法教育ネットワーク編『法教育の可能性』〔現代人文社、2001年〕16頁）。
　前述Ⅰのとおり、日本における「法教育」以前の法に関する教育が価値・原理の視点が弱く、条文中心主義である等と考えられていたことと比較すると、アメリカの法教育の在り方には学ぶべきものが多く、研究者によって、アメリカの取組みを紹介され、それを基礎として日本の法教育のあるべき姿を構想していくことは、日本における法教育の充実・発展について重要な意味を有するものであった。

Ⅳ　法律実務家による取組み

(1)　法律実務家による「司法教育」
　(a)　1990年代以降、弁護士や司法書士などの法律実務家も、それぞれの立場から、「司法教育」について様々な提言をなし、教育実践を行っていった。
　(b)　弁護士会の取組み
　①　日本弁護士連合会は、1993年5月の定期総会において、司法の機能の健全発展のために市民が司法制度の内容や人権保障の意義等に正しい理解を持つことが不可欠であり、司法及び教育の充実を関係各方面に求めるとする「司法に関する教育の充実を求める決議」を採択し、また、1998年11月には「司法改革ビジョン—市民に身近で信頼できる司法を目指して」を提示し、そのなかで「小・中学校、高等学校における学校教育、大学大学院における教育およびその後の生涯学習を含む社会教育において、司法および人権

についての教育をより充実させるために、教科書の記述内容の充実、小・中・高校生や教師を対象とする裁判傍聴、授業講座への弁護士派遣、副読本作り、弁護士会と大学・大学院との交流強化などを進めます」と宣言した上、「司法教育」の推進について項目を設け提言した。

② この提言等の後、弁護士による「司法教育」の実践が活発化され、初等中等教育における弁護士の講演や模擬裁判の指導、小・中・高校生対象の弁護士会見学や裁判傍聴などが弁護士会等において行われるようになり、また、ビデオ教材等も開発されるようになった。

(c) その他の法律実務家による取組み

① 裁判所においては、裁判官・裁判所職員が講師となって学校に赴き、裁判制度や裁判所の役割、裁判官の仕事内容等について自らの体験談を交えながら説明する講師派遣、準備したシナリオに従って子どもたちに裁判官役や弁護士役等を演じてもらい、裁判手続等を体験してもらう模擬裁判（模擬少年審判や模擬調停を実施している裁判所もある）、裁判官・裁判所職員がガイド役となって子どもたちに裁判所の仕組み等について説明した上で裁判を傍聴してもらったり、審判廷等を見学してもらうガイド付き法廷傍聴・裁判所見学等の取組みを行っていた。

② 検察庁においては、検察庁職員が学校等の教育機関に出向いて社会科授業などに参加したり講演会等に出向いて同様に説明や質疑応答などを実施したりする出前教室プログラム、高校生・大学生・社会人等を対象に刑事裁判傍聴に先立ち刑事事件手続の概要説明や質疑応答を実施する刑事裁判傍聴プログラム、小～大学生や社会人を対象として検察官・検察庁の業務や刑事手続に関する説明、庁内見学等を行う移動教室プログラム等の取組みを行っていた。

③ 各司法書士会単位会においては、1990年代以前から全国各地で「身近な法律問題」をテーマとした法律教室を行っていた。さらに、日本司法書士会連合会は、1999年に提言した「求められる司法のために」において、「司法教育」充実の必要性を宣言し、司法書士が他の法律専門職と協力しながら主体的に「司法教育」を担っていくことを明らかにし、また、「初等中等教育推進委員会」を設置し、法に関する教育の研究を開始した。これ以降、各司法書士会単位会の多くは対応する委員会を設置するようになり、消費者教育を中心とした法律教室の開催を明確に打ち出すようになった（西脇正博「法教育へのアプローチ」『民主主義教育21　vol. 3』〔同時代社、2009年〕253頁）

(d) このような提言・取組みについては、司法の担い手である法律実務家が日常業務において感じていた、市民が日常的に出会う可能性がある法的問題をいかに解決していくのか、そのために市民自身がもつべき法的能力とはどのようなものなのかという問題意識が出発点であったと思われる（渡邊弘「新学習指導要領と法教育」同書 36 頁）。

しかし、このような取組みについては、人権および司法制度・裁判手続についての基礎知識に関する学習を内容としたものであったとの捉え方もされており（北川善英「法教育の現状と課題」同書 205 頁）、また、1990 年代末に政府の司法制度改革が具体化され始めるまで、現場の社会科教育を広範に変革するまでの力を持つには至らなかったとの評価もある（渡邊・前掲論文 37 頁）。

(2) 「司法教育」から「法教育」へ

(a) このような提言・取組みが行われていた中で、2000 年に、社会科教育学研究者、初等中等教育学校教員、弁護士等の法曹実務家によって、初等中等教育における法教育の充実・発展を目的とした研究・教育実践のための組織として「全国法教育ネットワーク」が設立された。

(b) また、関東弁護士会連合会は、2002 年に「子どものための法教育——21 世紀を生きる子どもたちのために」をテーマとするシンポジウムを開催し、同シンポジウムにおいて、「法教育」を前述のとおり定義づけた上で、法教育を我が国の未来を担う子どもにその成長過程に応じた内容の法教育を実施することが重要であり、これを速やかに実践すべきことを宣言した（これが、「はじめに」で紹介した「2002 年宣言」である）。

かかる「2002 年宣言」については、「人権主体としての個人」に対応した法教育を基底に据えてその上に「主権主体としての国民」に対応した法教育を定置した点、法教育の内容を3つの内容から構成される「法的資質」として具体化した点、従来の法に関する教育をそれぞれの目的という観点から法教育に包摂しようと試みている点等が評価されている（北川善英「法教育の現状と課題」『民主主義教育 21　vol. 3』〔同時代社、2009 年〕205 頁）。また、後述Ⅴのとおり、「2002 年宣言」が、その後の弁護士会等の活動のみならず、法務省、文部科学省の「法教育」に対する取組みに対しても大きな影響力があったと思われる。

(c) この 2002 年の関東弁護士連合会のシンポジウムが「子どものための法教育」というテーマとされたことを受けて、日本弁護士連合会においても、

将来的には日本弁護士連合会に委員会を作り本格的に取り組むべきであるという考えを持ち、2002年に「市民のための法教育対策ワーキンググループ」を組織し、「法教育」の検討をはじめた（自由と正義vol.59　10月号〔2008年〕10頁、日本弁護士連合会「時代を担う法教育」『弁護士白書2010年版　特集2』〔日本弁護士連合会、2010年〕）。

その後、2003年に日本弁護士連合会に「市民のための法教育委員会」が設置され、「市民のための法教育シンポジウム2003〜弁護士会が取り組んできたこと・取り組むべきこと〜」が開催された。

(d)　裁判所や検察庁においても従前からの取組みに加え、裁判員制度の実施を踏まえ、模擬裁判や模擬選任手続・模擬評議等を行い、これを通じて裁判員制度に関する理解を育むとともに、ウェブサイト等を利用した広報活動に取り組んでいる。

(e)　司法書士会においても、前述の「初等中等教育推進委員会」が2006年に「法教育推進委員会」に改称され、出前授業や「生きる力となる法教育」をテーマとしたシンポジウム等を行っている。

(f)　このように2000年代に入り、法律実務家の意識としても従来の「司法教育」という呼称から「法教育」へと変化し、その内容についても、単なる知識の習得にとどまらず、それを応用して使いこなす技能等をも習得することとされ、充実・発展していったが、上記の「2002年宣言」はその後の「法教育」に関する様々な取組みを行っていく上で、重要な意味を有していたと言える。

V　法務省、文部科学省における取組み

(1)　司法制度改革における「司法教育」

(a)　政府においては、1990年代末から現実化した政府の司法制度改革の中で「司法教育」が提起された。

(b)　司法制度改革審議会

具体的には、1999年から司法制度改革審議会において司法制度改革について審議がなされ、2001年に意見書が発表された。同意見書においては、「国民」を「統治主体・権利主体」として捉え、事前規制・調整型社会から事後監視・救済型社会への転換、国民の統治客体意識から統治主体意識への転換等についてうたった上で、「司法教育」を「国民的基盤の確立のための条件

整備」であると位置づけた（なお、ここでいう「司法教育」は、日本社会全体をめぐって行われてきた諸改革を国民がどのように下支えするかという政策的意図から打ち出されたものであり、先に述べた法律実務家が取り組んできた「司法教育」とは意味が大きく異なるとの評価もある（渡邊弘「法を学ぶ者のための法教育入門」法学セミナー 662 号〔2010 年〕16 頁）。

(2) 「司法教育」から「法教育」へ

(a) 法教育研究会

上記改革審議会意見書を受け、政府は、2003 年、司法に関する教育の調査・研究・検討するため、法務省に法教育研究会を設置した。

司法制度改革の最後の課題として残されていた「司法教育の充実」について法務省が動き出したのは、前述の関東弁護士会連合会の 2002 年のシンポジウムのすぐ後であり、政府において組織された研究会の名称が「法教育」とされたことについては、前述のとおり、法律実務家において 2000 年頃から「法教育」への取組みを開始し、関東弁護士会連合会において「2002 年宣言」を採択したこと、日本弁護士連合会において同年に「市民のための法教育対策ワーキンググループ」を組織し「法教育」への取組みを宣言したことも一定の影響力を有していたものと考えられ（自由と正義 vol.59　10 月号〔2008 年〕18 頁参照）、とりわけ関東弁護士会連合会の「2002 年宣言」の影響力が大きかったものと思われる。

法教育研究会は、2004 年に調査等の結果を、報告書「我が国における法教育の普及・発展を目指した――新たな時代の自由かつ公正な社会の担い手をはぐくむため」としてまとめた。

かかる報告書においては、法教育の目的について、自立的かつ責任ある主体として、自由公正な社会の運営に参加するために必要な資質や能力を養うこと、日常生活においても十分な法意識を持って行動し、法を主体的に利用できる力を養うこととした。

さらに、法教育を「法律専門家ではない一般の人々が、法や司法制度、これらの基礎になっている価値を理解し、法的なものの考え方を見につけるための教育」と定義し、知識型の教育ではなく、法等の価値観や司法制度の意義を考える思考型の教育、社会参加型の教育を目指すことが重要であるとした。

(b) 法教育推進協議会

さらに、政府は、2005 年に、さらに法教育の普及・推進を図るべく、法

務省に法教育推進協議会を設置した（前述の法教育研究会がその名前を変えたものである）。法教育推進協議会においては、学校教育における法教育の実践等、教育関係者・法律実務家による法教育に関する取組等、裁判員制度を題材とした法教育の教材作成等、その他法教育の研究・実践・普及方法に関する情報交換等がなされており、現在においてもその活動は継続している。

(c) 教育基本法の改正

その後、2006年の臨時国会において教育基本法が改正された。この改正自体には批判されるべき部分も多いが、個人の価値を尊重しその能力を伸ばし、創造力を培うことや主体的に社会の形成に参画すること等が教育目標の一つとして掲げられており、これは、法やルールを守ることの意義や主権者として必要な資質についての教育の必要性等が指摘されたものといえる。

(d) 新学習指導要領

教育基本法の改正を受けた中央教育審議会は、2008年に学習指導要領の改訂に向けた答申を発表した。かかる答申においては、民主主義や法の支配といった基本的な概念の理解がこれらの概念等に関する知識の体系化、知識・技能の活用にとって重要であり、教育内容として重視すべきである旨の基本方針が示され、かかる中央教育審議会の答申を受け、文部科学省は、2008年に上記答申を反映した学習指導要領の改訂案を作成・公表し（以下、「新学習指導要領」という。以下詳細については第2部第5章参照）、この新学習指導要領については、小学校では2011年4月から実施されており、中学校では2012年4月から、高等学校では2013年度入学生から全面実施されることとなっている。

(e) 以上のように、2001年の司法制度改革審議会の意見書が発表されて以降、「法教育」の調査研究が行われ、その成果が、一方では法教育の実践や普及活動に承継・改善され、もう一方では学習指導要綱の改訂に大きく影響を及ぼすこととなった。

第3章 法教育普及のために
～戦略的取組みの必要性～

I 法教育の普及の現状

　前章で述べたように、日本における法教育は、その存在や内容が紹介されてからまだそれほどの年月が経過していない。2002年の関東弁護士会連合会シンポジウムの報告書は、関東弁護士会連合会編『法教育——21世紀を生きる子どもたちのために』（2002年、現代人文社）という書籍として刊行されているが、これは日本における法教育の始まりの時期に発行されたものである。

　その後、研究者や教員、そして弁護士の間で普及に向けた努力が進められ、その結果として新学習指導要領に法教育的な内容が加えられるという成果が出てきたといえる。

　しかし、実際に法教育が実施され、議論されているのはほとんどが学会での発表や各地での授業の実践といったものであり、その重要性に比して法教育が広く普及したとまでは言いがたい状況にある。実際に多くの市民にはその正確な中身はもちろんその存在すら知られていないものと思われる。

　こうした状況を打破すべきことが、関係者において認識されつつも、有効な対策や戦略が描けないまま、現場では草の根的な努力が続けられている状況にあるといえよう。

II 戦略の不存在

　実際に、現場の教員や、子を持つ親に対して、法教育の理念について話をすると、その内容については好意的な評価を受けることが多い。それにもかかわらず、なぜ法教育はもっと普及しないのであろうか。

　その理由はいくつか考えられるが（特に学校教育については、後述第2部

第4章)、ここでは、法教育の具体的内容が不明確であることと、普及に向けて活動する組織的基盤が未だ脆弱と言わざるを得ない状況にあること等を指摘しておきたい。

さらに、法教育が普及しない原因をより大きな視点で見た場合、現在の法教育においては、普及実現に向けて必要となる多くの作業を統一的かつ効果的に進めていくにための方向性や具体的な進め方を指し示す「戦略」がないことが大きな原因になっているのではないだろうか。

法教育にかかわる組織としては、研究者を中心とする学会のほか、法務省、文部科学省、日本弁護士連合会といったものがあげられるが、いずれも法教育普及に向けた明確な戦略は有していないように見受けられる。

Ⅲ 海外における法教育普及の戦略

海外の法教育の普及方法を見ると、日本にはない「法教育普及のための戦略」があるように思われる。今後、日本が法教育の広い普及を目指す上においては、各国の戦略が参考となろう。なお、海外における取組みについては、資料編資料3（185頁以下）を参照されたい。

(1) アメリカにおける戦略

アメリカにおける法教育は、いくつかの法教育推進団体が、教材、普及活動を担って、活発に活動がなされている。

ABAは法教育の推進に力を注いでいる団体であるが、同団体は、法教育を普及させていくための明確な戦略を有しており、それに基づいて普及活動を行っている。同団体はその使命やゴール、そしてゴールを実現するための方法論を詳細に定めており、ある活動が当該戦略の中のどこに位置づけられるかが容易に理解できるようになっている。

また、戦略の一つとして法教育を普及させるために「Essentials of Law-Related Education」という法教育のエッセンスをまとめたものを作成しており、「法教育」において取り扱われるべき要素が具体的に明らかにされている。

さらに、同団体は、組織的にも充実しており、16名もの専任スタッフを持ち、年間約200万ドルもの資金を得て活動している。

加えて、CCEにおいても多くの教材を開発し、市民教育のための資料「CIVITAS」（各種の概念に関する詳細な説明やその指導のために参考となる

ような事例等も挙げられている）も作成されており、法教育を実施していくための環境が整えられている。

　このようにアメリカでは、法教育を普及させていくための明確な戦略の下で多くの行動が積み重ねられて普及が進んでいるのである。

【ABAにおける法教育のエッセンスの紹介】
　ABAは、法教育のエッセンスを集めたものとして、「Essentials of Law-Related Education」を作成・公表している。その内容としては詳細なものが定められているが、目次の項目を挙げると、以下のような内容のものとなっている。
①概念とその内容
　（ⅰ）法、（ⅱ）権力、（ⅲ）正義、（ⅳ）自由、（ⅴ）平等、（ⅵ）重要資料
②態度、信念、価値
　（ⅰ）実体面、（ⅱ）手続面
③技能
　（ⅰ）調査、（ⅱ）思考、（ⅲ）コミュニケーションと社会参加
④教育の実践、背景状況、条件
　（ⅰ）効果的な法教育指導のための必要条件、（ⅱ）教育計画、（ⅲ）評価
　詳細な内容に関しては、下記URLより確認されたい。

[http://www.americanbar.org/content/dam/aba/publishing/insights_law_society/lre_essentials.authcheckdam.pdf]

【CCEの教育カリキュラム】
　CCEは、効果的な市民教育のために必須となる市民としての知識・技能・性質・責任等を定めたものとして、「CIVITAS」を策定・公表している。
　詳細な内容に関しては、下記URLよりご確認されたい。

[http://new.civiced.org/resources/multimedia/60-second-civics]

(2)　**韓国における戦略**
　韓国においては、当初遵法教育の視点から法教育の普及活動が始まったがうまくいかず、その後教育課程の改訂によって市民教育の視点から法教育を行うようになったという経緯がある。

その戦略の最大の特徴は、国を挙げて法教育を推進しようとしている点にあり、法教育支援法を制定して法教育の実施に法的根拠を与え、国の行政機関である法務部が法教育の普及活動を担当している。

そして、法教育の普及を目的とした施設（ソロモン・ローパーク）を建設し、子どもたちや教員に対する法教育プログラムを積極的かつ多人数を対象に実施しているのである。

IV　日本における戦略の必要性

上記のとおり、日本においてこれまで法教育の普及が必ずしも十分でなかったことや、海外における戦略的な取組みを見ると、日本でも普及に向けた明確な戦略を持つことが必要であると思われる。

戦略がなければ、それぞれの活動は有機的に関連していくことが困難となり、散発的なものとならざるを得ない。

前述した法教育の目的、意義に鑑みれば、法教育が全国的に広く実施されることが望ましいが、それだけの規模で普及を図るには、これまでのような草の根的な活動だけでは足りないことは明らかである。

もちろんいきなり最初から全国津々浦々に広げることができないことは自明であって、黎明期においては各地で散発的にでも実施していくことは必要であるし、そういった活動の意義を否定するものではない。

しかし、その後の広い普及を見据えるのであれば、いつの段階で何をどのように行うかといったことについて、明確な戦略を持っておかなければならないのである。そして、その戦略の中では、少なくとも法教育の普及を妨げていると思われる問題の解決、すなわち法教育の内容の明確化や普及活動を行う強力な組織の設立といった具体的な活動内容を指し示す必要があろう。

第 **2** 部

子どもたちへの法教育

第1章　子どもたちを対象とする法教育

I　なぜ、子どもたちへの法教育が重要であるのか

(1)　子どもたちへの法教育の重要性

　法教育は、本来、法律専門家でない全ての国民を対象とすべきものであるが、とりわけ、我が国の未来を担う子どもたち、具体的には、小学校段階から高等学校段階における子どもたちに、その成長過程に応じた内容の法教育が実施されることが重要である。

　法教育が対象としている「法」は、老若男女問わず、またそれを自覚しているか否かに関わらず、極めて身近で重要なものである。日常生活における行動の大部分が、何らかの「法」（ルールや決まりごと）に基づいて行われており、私たちは、子どもの頃から、無意識のうちに常に「法」に関わって生活しているといえる。

　そのような中で、ただ漫然と「法」に従って生活するのではなく、そもそもそういった「法」がなぜ必要なのか、より良い「法」を作るにはどうすればよいか、などを根本原理から理解し、それに基づいて主体的に正しく行動できるようになるための教育を行うことは、子どもたちにとっても、非常に有意義なことである。

　「法教育」において重要なことは、単なる「法的知識の習得」ではなく、その背後にある「法的価値観・感覚の習得」にある。ただ、当然のことながらそのような価値観、感覚といったものは一朝一夕に身に付くものではない。そこで、成長過程にある子どものうちから、具体的には遅くとも小学校段階から、法教育を提供していくことが望まれるのである。そして、幼稚園・保育園等就学前の段階、小学校、中学校、高等学校という各段階において、子どもたちの発達段階に応じて、それに見合ったきめ細やかな法教育を実践し

て行く必要がある。

　日本において民主主義が健全に機能する社会を実現していくためにも、国民一人ひとりが身のまわりの問題を自律的に解決する能力を身につける必要があるが、そのためにも、法教育は非常に重要な役割を果たす。そして、将来の民主主義の担い手となる子どもたちに対してこそ、法教育を実践していくことが必要不可欠なのである。

(2) 子どもの権利と法教育

　また、法教育は、子どもの権利の観点からも、極めて重要である。憲法第26条は、「すべて国民は、法律の定めるところにより、その能力に応じて、ひとしく教育を受ける権利を有する」と定めるが、これは、子どもが、自己の人格を完成・実現するために必要な学習をする権利を有すること、そしてその学習要求を充足するための教育を自己に施すことを大人一般に要求しうる権利（いわゆる学習権）を内包するものと理解されている。

　また、子どもの権利条約（児童の権利に関する条約）では、その前文において「児童が、社会において個人として生活するため十分な準備が整えられるべきであり、かつ、国際連合憲章において宣明された理想の精神並びに特に平和、尊厳、寛容、自由、平等及び連帯の精神に従って育てられるべき」であると規定されており、28条に教育についての子どもの権利が規定されているところ、29条において「締約国は、児童の教育が次のことを指向すべきことに同意する」として、「（b）人権及び基本的自由並びに国際連合憲章にうたう原則の尊重を育成すること」「（d）すべての人民の間の、種族的、国民的及び宗教的集団の間の並びに原住民である者の間の理解、平和、寛容、両性の平等及び友好の精神に従い、自由な社会における責任ある生活のために児童に準備させること」と規定されている。

　このように、憲法や子どもの権利条約によれば、子どもたちには、社会において個人として生活するために、理想の精神、平和、尊厳、寛容、自由、平等及び連帯の精神に従った、自由な社会における責任ある生活のための準備を指向した教育を、大人一般に要求する権利が保障されており、法教育はまさにこのような教育といえる。

　したがって、私たち大人は、全ての子どもたちに対して、上述した権利を充足するための充実した法教育を施すべき責務を負っているというべきである。

これまで述べてきたように、法教育は、子どもたちが健全な民主主義社会を担う有能で責任ある市民（理想的市民）となるために必須のものであるが、それは単に社会全体にとって重要であるのみならず、教育を受ける子どもたち自身にとっても極めて重要なものなのである。

II　子どもたちに対する法教育の取組み

　では、日本では、子どもたちに対し、いかなる法教育が実施されているのであろうか。

(1)　法律実務家による取組み
(a)　弁護士会の取組み

　日本弁護士連合会では、2003年4月に「市民のための法教育委員会」を設置し、同委員会を中心として法教育の普及・実践活動を行っている。同委員会は、自由で公正な民主主義社会の構成員（市民）を育成・支援するための教育方策（法教育）の策定及び実践を行う一方で、子どもたちを対象として、学校等における法教育のための教材の研究・開発や、法教育に関する教育関係者との情報交換などを行っている。

　また、全国に52ある各地の弁護士会のすべてにおいて、法教育に関する活動を行う委員会が設置されているが、各地の弁護士会館などで法教育の授業を行うジュニアロースクール（法教育セミナー、子供ロースクールなど名称は様々である）、弁護士が学校に赴いて行う出前授業、裁判傍聴の引率、教員との共同研究などの活動を行っている。

　2009年度にジュニアロースクールを開催した弁護士会は、東京、横浜、千葉、茨城、栃木、奈良、仙台、札幌など21会にのぼる。

　また、教員との共同研究のありかたとして、教員と弁護士とが協同して法教育の普及活動や授業作りを行う「法教育研究会」がある。

　弁護士と教員が共同してこのような研究会を設置しているのは、2010年3月の時点で茨城、長野など11弁護士会、学校関係者が設立した研究会に弁護士が参加しているのは、横浜、栃木、静岡及び宮崎の3弁護士会にのぼっており、その外の単位会でも法教育の広がりとともに教育関係者と連携するような取組みが見られる。

　以上のように、弁護士会の法教育への取組みは、現場教員と連携して様々

な実践的な試みをしているものと言えるが、大別すると模擬裁判を中心とするものとルール作りなどによる法教育独自の領域を伝えるものに分かれる。

　2002年以降、年々法教育に関する関心が高まり、様々な取組みがなされており、一定の成果を上げていることは評価できる。特に、現場教員と連携する実践的な取組みが行われている点は法教育の成果を上げるための必須条件といえ、この点が強く意識されるようになったのは非常に大きい。

　また、従来高校生を対象とすることが多かった法教育について小中学校までも広くカバーするようになってきた点も評価できる。

　もっとも、従前の取組みの多くは、法教育に関心を持つ一部の個人、団体によって草の根的に行われているため、対象が一部の子どもたちに限定されてしまうという問題があるほか、取組みが時間的・内容的に単発に終わってしまうといった問題が指摘されていた。

　また、実際に行われる授業が様々であることから、法教育が目指すべき到達点を意識して授業が行われているかは必ずしも明らかでなく、また、出前授業などの実施回数も増やしていく必要がある。

　そのため、より法教育の目的に沿う一定のレベルの授業を行う必要性があり、また教育現場と連携して実践的な教材開発、授業内容の検討を行い、法教育をより分かり易く、伝え易いものとすることが期待される。

　(b)　司法書士会

　日本司法書士会連合会では悪徳商法、クレジットカードなどのトラブルに関して積極的に取り組んできた消費者被害の事前救済活動を推進するべく1999年に初等中等教育推進委員会を設置した（その後、2006年に「法教育推進委員会」という名称に改称された）。

　当初は消費者教育が中心であったが、次第に「契約」のしくみについて子どもたちに考えさせるなど、単なる消費者教育を超えるような形に変わってきているようである。

　現在、全国50の単位会のうち約8割が独自に出前授業などを行い、日本司法書士会連合会で「生きる力となる法教育」というテーマのシンポジウムも開催している。

　さらに、司法書士の有志で結成された全国司法書士協議会が全国の児童養護施設などで出張授業などをしている。

　以上のように、司法書士会も法教育の理念を実現していく方向性は見えるが、やはり悪徳商法、多重債務、クーリングオフなどの消費者問題の個別具

体的な場面において法律的な知識を教授することを目的としている。

そのため、広く国民に知識を教授するという点では非常に有用であるも、法の基礎ないし背後にある考え方や理念を伝えることまで踏み込んだ教育がなされているとは言い難い。

今後は、さらなるより法の基礎ないし背後にある考え方や理念を伝えること意識した取組みが期待される。

(c) 法務省・裁判所
①法務省

法務省では、2003年に法教育研究会を発足させ、その後2005年に法教育推進協議会を設置し、法教育について研究・検討を続けてきた。子どもを対象としたものとしては、法教育について分かり易く内容を解説した「初めての法教育」、「はじめての法教育Q&A」、裁判員制度を題材とした教材などを作成するとともにHP上で法教育についての情報を提供してきている。そして、作成した資料などを使って学校などの要望を受けて職員が学校を訪ね、法教育の趣旨を解説し、法教育の授業（ルール作り、私法と消費者保護、憲法の意義、司法などをテーマとして）を行っている。

また、裁判員制度の関係では、2007年度以降、教員を対象として裁判員制度を理解してもらうよう夏期研修会を全国の地方検察庁で実施しているが、その研修に法教育的な内容をも取り入れる動きがある。

さらに、様々な機会を利用して、教育関係者をも対象として、法教育を積極的にPRする広報活動を行っている（教育シンポジウムの開催など）。

このように、法務省は法教育推進協議会を中心として専門家や現場教員などの様々な意見を取り入れつつ、教材開発などを積極的に行い、また、年々積極的に法教育に積極的に取り組んでおり非常に評価でき、今後も専門家や現場教員の意見を取り入れた実践的な取組みが期待される。

②裁判所

裁判所では全国の地方裁判所、家庭裁判所などのHPで、学校への出前授業などのPRをして随時募集を募っている。

そして、要望のあったところに裁判官が出かけていき体験談を交えながらDVDやパンフレットを使って裁判の仕組みや裁判所の仕事の講義・講演などを行っている。

同様に裁判傍聴や裁判所見学についても裁判所ごとにHPで募集を募り、ガイド付きで法廷傍聴や裁判所見学を行っている。

裁判員制度については、HPや広報グッズを配布したり、ブックレットや映画（アニメーションもある）を作成し全国の図書館、大学、大学院、高等学校などに配布したりしている。
　以上のように、裁判所の取組みについては確かに多様な授業内容が用意されているが、法教育に関するもののうち司法制度やその手続に関する部分の紹介・説明に重点が置かれてしまいがちである。今後は、法の基礎ないし背後にある考え方や理念を伝える教育がなされることが期待される。

(2) 教員・教育関係者らによる取組み

　教育研究者らによって法教育が我が国に紹介されてから、法教育に関心を持つ教員らが、社会科研究会などを通じて弁護士などの法律実務家と連携し、法教育のための教材開発を行い、授業実践を行うようになってきた。
　授業実践に携わる教員らは、各種勉強会やシンポジウムでお互いの経験を踏まえて情報交換等を行うようになり、教育研究者や法律実務家の意見も取り入れつつ、より現場に即した法教育を行えるよう研究・努力している。
　また、このような動きを受けて、教育研究者らにより、教材の研究・開発や、授業実践例の紹介など等がなされ、市販の教材として出版されたものもある。
　さらに、新学習指導要領の作成過程を通じて、「法」に関する教育の重要性が学校教育の現場においてもある程度認識され、取り入れられるようになってきた（新学習指導要領については、第2部第5章を参照）。

(3) その他

　上述以外にも様々な団体が法教育を実践するべく授業などを行っているが、その中でも、2002年以降に設置された法科大学院における法教育を取り上げたい。
　法科大学院は「専門職大学院であって、法曹に必要な学識及び能力を培うことを目的」として（法科大学院の教育と司法試験等との連携等に関する法律・第2条第1項）、2004年4月に設置された。法科大学院の課程の標準修業年限は、原則3年、ただし、各法科大学院で法学既修者の水準にあると認められた場合、2年とされている（専門職大学院設置基準）。
　法教育の実践については各法科大学院に任されているところであるが、法科大学院の学生が、主に中高生を対象にして、教材の開発や授業実践を行う

例もみられる。

例えば、東京大学法科大学院では、学生有志の自主的な取組みとして「出張教室」と呼ばれる法教育が行われている。「出張教室」に参加する学生たちは、少人数のグループに分かれて各地の小中学校・高等学校に自主的に連絡を取り、年度末に法教育の授業を実施している。授業の内容は、各グループごとに自主的に作成され、これまで実践された授業内容の一部は書籍化もされている（東京大学法科大学院・出張教室編著『ロースクール生が、出張教室。法教育への扉を叩く9つの授業』〔商事法務、2008年〕）。

この試みは、法科大学院開設以来今年で7年目を迎え、近年は高齢者等といった学生以外にも対象を拡大している。今後もより広く法教育の機会を提供していくような積極的な活動が期待される。

III 全ての子どもたちに法教育を実践していくために

先に述べたように、全ての子どもたちに対して、充実した法教育を施していくことは、私たち大人が負っている責務であるというべきである。

この「全ての子どもたちに対して充実した法教育を行う」という命題を実現するためには、これまで行われてきたように、法教育に関心のある一部の法律実務家や教員による草の根的取組みでは自ずと限界があるといわざるを得ず、やはり教育の中心である学校教育において広く法教育が実践されることが必要不可欠である。

そのためには、まず、広く人々に法教育の重要性を認識してもらい、法教育が学校教育に取り入れられるよう国や教育機関に働きかけていく大きな流れを作っていくことが重要である。

また、学校教育における実践の場面においては、その内容を充実したものとするために、新たな取組みが必要となる。例えば、法律の専門家ではない教員と、教育の専門家ではない法律実務家が連携することによって、法や法教育に関する理解を深め、ともに授業を作り上げていくといったことが重要であろう。

私たちは、それぞれの立場から、子どもたちのために、あるべき法教育とは何か、それを実践していくためには何が必要かを、常に模索し続ける必要がある。

[コラム１]

「ジュニアロースクール」って何？

　ジュニアロースクール（法教育セミナー、子供ロースクールなどとも言われている）とは、弁護士が各地の弁護士会館などで授業を行うものである。

　ジュニアロースクールでは、身近な問題や実際にあった事件などを題材として刑事模擬裁判や民事模擬裁判、民事模擬調停、ルール作りなどを行っており、裁判や調停の基本的考え方の理解を促しつつ、受講者が自ら考え討論することで、法の基礎ないし法の背後にある考え方や理念も習得してもらうことを目的としている。

　各単位会では対象者がより興味をもって授業に取り組んでもらえるよう様々な試みが見られ、弁護士による寸劇、パワーポイントを用いた紙芝居などを行っている単位会もある。

第2章 学校教育における法教育で重視すべきこと

　現在の日本における法教育については、第1部第1章「法教育がめざすべきもの」において「法教育の目的」や「法教育のエッセンス・指針」で論じ、第1部第3章において「法教育普及の戦略の必要性」を論じているように、その教育目的や、それを達成するための教材、教育方法を確立し、教育現場に定着させていこうという段階にある。そこで、本書においては、法教育の教育目的を実現するための学校教育内容や学習活動及びこれらを検討、確立するための留意点を論じ、学校における法教育に取り組むにあたって重視すべきことについて検討し、提示したい。

I　教育目的

　法教育もあくまで教育である以上、一定の教育目的を掲げ、教育内容もその達成を目指して定められるべきものである。従って、学校における法教育のあり方を考えるに当たっては、まず、法教育における教育目的をどう捉えるかが問題となる。

　この点については、法教育の目的は、「法の基礎にある考え方を理解させ、社会に生起する多様で具体的な問題を主体的に公正かつ妥当に解決していくための知識、技能、意欲を持った理想的市民の育成」にある。かかる教育目的の達成のために教えるべき法教育のエッセンスは、①知識、②技能、③態度、意欲に分類することができると思われる。これらの内容については、第1部第1章「法教育がめざすべきもの」、資料編資料2「法教育指導要綱（案）」をご参照いただきたい。

II 学校教育課程全体を通じて重視すべきこと

　法教育は、前記のような教育目的を達成するため、学校教育課程全体を通じて一貫して施されるべきもので、その過程を一連一体のものと捉える必要がある。以下、学校教育全体において「法教育に関連する学習項目」を扱うことの意義、小中高の各学校や各学年において共通して妥当する事柄や、一貫して念頭に置いておくべき留意点について触れていきたい。

(1) 発達段階に応じた教育

　第1に、子どもの発達段階に応じた教育でなければならないという点に留意する必要がある。

　例えば、法教育においては、立憲民主主義を基礎づける自由、平等、権利等の抽象的概念も少なからず学習対象となるが、かかる抽象的概念を思考能力等が未発達な小学校低学年の子どもに全て理解させようとしても限界があるだろう。逆に、例えば高校生なら、知的能力も発達しており、概念の理解や受動的な知識の獲得、講学的な教材の検討にとどまらず、自発的な知識の獲得や現実社会における課題、問題の検討といった、実践的な学習が可能となろう。

　また、知的能力のみならず、子どもたちの精神的及び社会的な発達の程度にも留意する必要がある。

　一口に法教育といっても、子どもの発達段階によって大きな違いが生じうるのであるから、こうした違いに配慮して教育内容を定めたり、カリキュラムを組み立てることが重要である。

　とはいえ、いずれの発達段階にある子どもたちでも、民主主義社会の一員であり、学校をはじめとする現実社会の一員でもあり、法教育は、彼らが生活の中で必要となる資質・能力を身につけることに資するであろう。例えば、小学校低学年の子どもに法教育に関連する学習項目を学ぶ機会を与えて、教室でルールを守ることの大切さ等を理解することにつなげることは、学級運営上有効であろう。つまり、未発達だからといって法教育にはまだ早いという発想ではなく、未発達だからこそ発達段階に応じた法教育を行う必要があり、学校教育の初期段階から法教育的な取組みは積極的に導入していくべきであろう。

(2) 子どもの主体性及び体験の重視

　第2に、子どもの主体性を重んじ、体験を伴うものであることが有用であるという点が挙げられる。

　前記のとおり、法教育には、単純な知識の記憶にとどまらず、抽象的概念を理解させる教育が避けられないが、これらについては、座学や講義等教師からの受け身の授業のみで身に付けるのは困難である。子どもの発達段階に応じて、寓話、身近な模擬事例、現実社会で起こった問題等を通じて、子ども自身が中心になって主体的に考え、体験し、理解を深める機会をセッティングしていく必要がある。

　また、法教育において身につけるべき技能としては、法的概念や問題となっている事象に対する思考能力、思考の結果を表現する能力、他者とのコミュニケーション能力も含まれるが、こうした能力は、子どもが自ら中心となって実際に体験していかなければ、身につけ、発達させていくことができないものである。

　したがって、法教育に関連する学習項目を扱う授業では、旧来からの知識中心・正しい答えありきの教育方法ではなく、子どもに主体的な思考を促し、体験を重視し、正解の決まっていない授業プログラムを利用した取組みが推奨されるべきである。とりわけ、答えを導き出すプロセスを体験することを通じて法教育のエッセンスを身につけさせることを目的とする授業等では、教員からの答えの押しつけや誘導は排除するよう意識することが肝要である。

(3) 科目横断性及び連結性

　第3に、科目横断性及び連結性という観点がある。

　法や法に関連する事項は、生活のありとあらゆる場面に関連するが、現在の学校教育は科目という枠組みで構成されている。そうすると、現実問題として、法教育に関連する学習項目が学校教育に組み込まれるにあたっては、各科目を横断する形になる。具体的にどのように横断することになるかの詳細は、本部第6章を参照されたいが、例えば、法教育において身につけるべき思考・表現・コミュニケーション能力は、国語の教育内容とも密接に関連している。また、ルールを守ることや他者を尊重すること等、道徳で取り扱う内容は、法教育と密接に関連を持つであろう。このように、学校教育における位置づけが科目横断的になることは法教育の宿命とも言え、学校での法

教育に取り組む際にはこのことを常に意識する必要があるだろう。

一方、法教育の目的を達成するためには、各科目に散りばめられた法教育に関連する学習項目をただ分断的に扱うだけで足りない。むしろ科目の枠を超えて相互連関させて学ばせなければ、社会に生起する多様で具体的な問題を主体的に公正かつ妥当に解決するための法的資質を育成する機会を失することになりかねない。

したがって、科目間での連結的なプログラムで取り組んでいく必要があるだろう。

(4) 連続性及び累積性

第4に、連続性及び累積性という点がある。

法教育の最終的な教育目標が、立憲民主主義社会における理想的市民の育成というところにある以上、いずれかの学年、あるいは学校における教育のみで理想的市民が育つというようなものではなく、小・中・高の全課程を通じた法教育の積み重ねにより、目標の達成を図るべきものである。また、先に触れたとおり、子どもたちも現実の民主主義社会の一員であり、発達段階に応じてその役割を果たしていくべき存在である以上、その途上において必要な教育が断絶することは当然避けなければならないところである。

こうした観点からは、学校教育全体において一貫した法教育を行うため、前の発達段階あるいは学年においてなされた教育内容を踏まえてそれを活かし、また、次の発達段階あるいは学年においていかなる内容の教育が施されるのかを理解して適切につないでいくという視点を欠かすことはできないといえる。

III 各学校課程における法教育で重視すべきこと

次いで、各学校課程において、どのような点を重視し、又はどのようなことに留意していかなる法教育を行っていくことが求められるか、検討する。

(1) 小学校低学年

まず、小学校低学年については、発達段階の初期であり、その理解能力や精神的及び社会的な発達の程度は相当未熟であることは否定できず、抽象的

な概念を頭の中で繰り広げることも困難であるから、こうした特質への配慮を欠かすことはできない。それゆえ、施すべき法教育の内容を確立することは必ずしも容易ではなく、寓話的な題材を用いる等して、可能な限り法教育を施すべきと考える。

例えば、関東弁護士会連合会編『法教育―21世紀を生きる子どもたちのために』（現代人文社、2002年）においては、アメリカにおける法教育の紹介の一環として、熊の家族を題材とした寓話を用いて正義について学習する授業風景が取り上げられている。こうした題材を利用して、①知識：「法」「正義」「平等」といった概念を体験的に身につけさせる、②技能：その題材における問題点や解決方法を考えさせ、発表させ、他者の意見を聞かせる、③意欲：その過程を通じて、自分の意見を述べることやそうすることで問題解決の過程に参加していくことへの意欲を育むということを試みていくべきと考える。

また、このような寓話を利用することや、法と道徳の関連性、発達段階の初期において法と道徳の峻別を強いることの困難性を考慮すれば、この段階における法教育については、国語や道徳の時間や教材の活用も積極的に考慮すべきと思われる。

(2) 小学校高学年

小学校高学年については、知的能力ならびに精神的及び社会的な発達について、ある程度の発達が認められると思われ、これに応じて、身近で具体的な題材を用いて、小学校低学年よりは深い考察を試み、意見発表、議論等を行わせるべきと考える。その際には、題材の内容、考察や意見の内容と、「正義」「公正」「公平」といった概念を関連づけて考え、具体的に理解できるようになることが望ましいといえる。題材としては、寓話レベルを脱し、学校・クラスの問題等、身近でかつ具体的な問題を取り上げ、自分自身の問題として、これを考え、意見を述べ、議論し、具体的な解決に導くプロセスを体験させたりするものが考えられる。

さらに、知識的な面でも、こうした法的概念や、日本における法教育が基盤とする日本国憲法の内容や成立の歴史的経過、実社会の法的制度についても、ある程度の導入、さらにいえば、単なる知識の刷り込みにとどまらない、法教育の観点も踏まえた導入がなされるべきと考える。新学習指導要領においても、小学校6年生の社会科の内容として、四民平等、大日本帝国憲法、

不平等条約の改正、日本国憲法の基本的内容、国民主権と政治の役割、三権分立、国民の司法参加等が記されており、子どもの能力的にも、こうした導入は十分可能と思われる。

(3) 中学生

中学生レベルとなれば、題材については、理解しやすい平易なものを選ぶとしても、実際の社会で問題となりうる事件やトラブル、問題を扱い、ルールづくり、模擬裁判、模擬調停、模擬契約等、実際の法的制度、法的過程に沿った方法での検討・解決について体験させることが妥当と思われる。その際、法的価値や法的概念についても自分なりに理解し、こうした法的制度、法的過程を模した授業の中で実際に活用し、子ども自身の思考、意見、議論に活かせるようになることが望ましいといえる。また、合わせて、こうした法的制度や法的価値が、子ども自身の社会における立場、権利、自由や社会自体の維持にどのようにつながっているかについても理解が及ぼされるべきと考える。

また、知識面でも、小学校高学年で導入した事項を一層深化させ、民主主義社会や、憲法をはじめとする現在の法や法的制度、法的価値がどのような意義を持ち、どのようにして確立し、現在どのような役割を担っているかを理解し、社会の一員として、これらを維持発展させていく過程に参加することへの意欲に結びつけることが必要と思われる。

(4) 高校生

高校生レベルとなれば、知的能力はほぼ成人に近いところまで発達していると思われ、その教育自体、義務教育の範囲は超えているのであるから、完全な社会の一員として、社会における現実の諸問題の検討・解決に実際に参加し、民主主義社会の担い手となるに必要な知識、技能、意欲を備えさせることが目標というべきである。

教材としては、社会で現実に問題となっている政治的課題や、民主主義ないしこれに密接に関連する重要な法的価値が問題となった事件等を題材に、レポート発表、(3)で述べたような実際の法制度、法的過程に沿った方法での検討・解決について体験させたり、ディベート、議論等を行い、合わせて、自身の意見を現実の社会に反映させるため、どのような社会的、政治的、法的手段が存在するか、こうした課題や事件の結果により、自分たちにどのよ

うな影響が及ぶか、あるいは及んだかを検討させるといったことが考えられる。また、こうした高度の検討や考察を行わせる以上、基本的かつ重要な法的概念・価値については、子ども自身が理解するだけではなく、その思考や論理に組み込み、他者に理解できるように説明したり、これらを生かして意見発表が行えるところまで理解を深めることを目標とすべきである。

また、知識を得るための方法、例えば、法令、判例、公文書等の高度な法的情報へのアクセス方法や、その読み解き方、解釈の仕方等にも重点を置き、知識は誰かに教えてもらうだけではなく、自ら獲得するべきものであるということへの理解と知識獲得への意欲の向上を図るべきであり、こうして得た知識を、前記のような授業に活かせることが望ましいと思われる。

[コラム2]

弁護士が教員と出会うためには

　現状では、弁護士による法教育に関する取組みは、弁護士会やその他勉強会・研究会単位によるものが多い。

　既知の教員がいる場合、その教員と、あるいはその教員から紹介された他の教員と、授業実践を行うというケースが多いのではないだろうか。また、弁護士会のホームページでアピールし、法教育授業の依頼につなげている会も少なくない。

　しかしながら、法教育を「普及」させるためには、弁護士はより多くの教員と接点を持っていく必要がある。多くの教員との接点を持つためには、まず、学校あるいは都道府県や市区町村の教育委員会と接点をもち、そこから多くの教員と知り合っていく、という流れが理想的である。実際、学校や教育委員会経由で話が伝わるほうが、現場の教員も授業を実践しやすいのは確かだ。

第3章 学校における法教育の現状分析

　本章では、関弁連シンポジウム実行委員会で行ったアンケートの結果をもとに、学校における法教育に関連する現状・問題点を考察・分析する。

I　アンケートの目的と実施方法

(1)　目的

　関東弁護士会連合会が「2002年宣言」を採択して以降、法律実務家、教育現場、教育学者の間においては、様々な教材開発等がなされてきた。また、裁判の現場においては2009年5月より裁判員制度が実施され、さらに、学習指導要領が改訂され教育現場に法教育が取り入れられるようになる等、法教育を取り巻く社会的背景も変化してきた。このように法教育への関心が高まるにつれ、今後、学校における法教育の重要性が、以前より高まることは十分に予想される。

　もっとも、いかに社会的背景に変化が生じ、法教育に対する関心・重要性が高まりを見せたとしても、教育現場において十分な法教育の授業実践を図るためには、教育現場における法教育の現状、及び問題点を把握することが不可欠である。

　また、関東弁護士会連合会としては、今後の教育現場における弁護士と教員の連携を行うこと、そして、その連携のあり方を模索するところであるが、弁護士と教員が連携を図る上で、教育現場の現状・ニーズを把握することは極めて重要である。

　そこで、関東弁護士会連合会では、本シンポジウムに先立って、法教育を「2002年宣言」の掲げる内容として捉えることについて教育者（研究者・教員）の共通理解が得られているのか、教育現場における法教育が「2002宣言」の意義に即したものとなっているか、教育現場において法教育をどのように

普及されることができるのか、法教育の普及にあたって、法律実務家と教員はどのように連携できるのか等を把握することを目的として、教育現場において活動する教員に対するアンケートを実施した。

なお、本アンケートは、現在実践されている法教育の現状・問題点を把握することを目的とするものであるため、アンケート対象者を、法教育に関する授業に関与した経験のある教員等を中心としていることが特徴である。

(2) 対象

本アンケートは関東弁護士会連合会が主催するシンポジウムにあたって行ったものであることから、関東弁護士会連合会に所属する各弁護士会が所在する1都10県内の教員（小学校教員・中学校教員・高等学校教員）を対象として行った。

〈実施人数〉　131人

(3) 実施時期

2011年6月から7月

(4) 実施方法

実施方法は、関東弁護士会連合会から、関東弁護士会連合会を構成する各単位会及び関東弁護士会連合会シンポジウム委員にアンケート配布を依頼し、これまで法教育に関わった経験のある教員等を対象としてアンケートを実施した。

なお、本アンケートにおいては「法律実務家」のかわりに「法曹関係者」という用語を用いて実施したが、本書において便宜上、法律実務家に用語を統一した。

II　アンケート(1)

(1) 【1】から【3】の設問の趣旨

アンケート(1)は、本アンケートの前提として、アンケート対象者の属性を把握するための質問である。本アンケートは、関東弁護士会連合会管内の法教育に関わったことがある教員等を対象として実施している。そのため、アンケート対象者は、小学校課程の教員から高等学校課程に従事する教員など

様々である。児童生徒の発育段階及び教育課程において、授業実践の方法に違いが生じると考えられることからアンケート対象者が属する教育課程を把握することを目的としている。

また、アンケート対象者が担当する科目によって、授業時間の確保・実践の方法に違いが生じると考えられることから、アンケート対象者の担当科目の把握も行っている。

(2) 【1】から【3】の設問と回答結果
【1】いずれの過程を担当されていますか？
　　①小学校過程……………………………………………… 45 人
　　②中学校過程……………………………………………… 60 人
　　③高等学校過程…………………………………………… 33 人

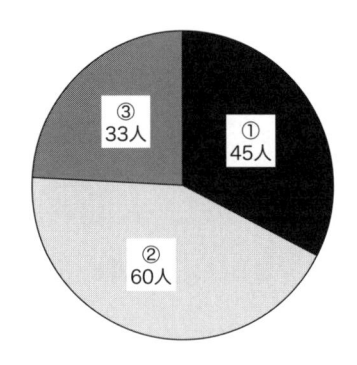

【2】お住まいの都道府県をおしえてください。
　　①東京都…………………………………………………… 39 人
　　②埼玉県…………………………………………………… 25 人
　　③千葉県…………………………………………………… 5 人
　　④神奈川県………………………………………………… 5 人
　　⑤茨城県…………………………………………………… 20 人
　　⑥栃木県…………………………………………………… 0 人
　　⑦群馬県…………………………………………………… 20 人
　　⑧静岡県…………………………………………………… 2 人
　　⑨長野県…………………………………………………… 3 人
　　⑩新潟県…………………………………………………… 0 人
　　⑪山梨県…………………………………………………… 22 人

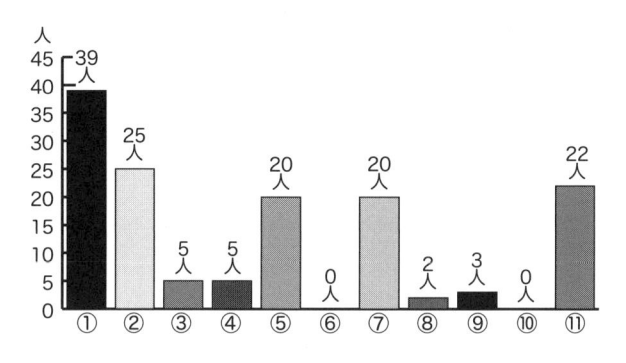

(グラフ: ① 39人、② 25人、③ 5人、④ 5人、⑤ 20人、⑥ 0人、⑦ 20人、⑧ 2人、⑨ 3人、⑩ 0人、⑪ 22人)

【3】ご担当の科目をおしえてください。
　①社会科系··· 94 人
　　（社会・現代社会・日本史・世界史・政治経済等）
　②社会科以外··· 22 人
　　（国語・英語・家庭科・数学・理科等）
　③全教科··· 25 人

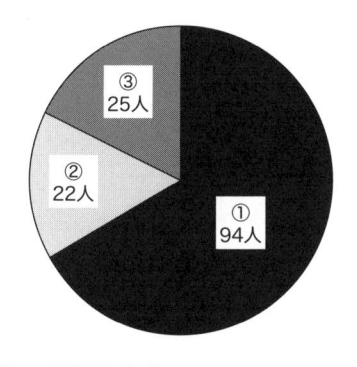

(円グラフ: ① 94人、② 22人、③ 25人)

(3) 【1】から【3】の分析と考察

　本アンケート【1】の結果から、本アンケートが、小学校過程から高等学校過程に携わる教員まで、満遍なく行われていることが分かる。なお、本アンケートは、131名の教員に対して行われているが、本アンケート【1】～【3】の合計数は、131名を超えているが、これは、複数の回答が寄せられたことによる。

　本アンケート【3】の結果から、社会科系を担当する教員が本アンケート

対象者として多いことが分かる。本アンケートにおける社会科系とは、社会、地歴、歴史、現代社会、日本史、世界史、公民、政治経済を意味する。なお、全教科と回答した教員については、概ね小学校過程に携わる教員を意味する。

3分の2程度の教員が、担当科目を社会科系としていることからすれば、これまで法教育を学校現場において実践する場合に、社会科系の授業に組み込まれることが多かったものと考えられる。

Ⅲ　アンケート(2)

(1)　【4】から【7】の設問の趣旨

関東弁護士会連合会が行った「2002年宣言」は、法教育の意義について、「法律専門家」ではない人々を対象に、法とは何か、法がどのように作られているか、法がどのように用いられているのかについて、その知識技能の習得にとどまらず、それらの基礎にある原理や価値などを教えるとともに、その知識等を応用し適用して使いこなす具体的な技能と、さらにそれを踏まえて主体的に行動しようとする意欲と態度について併せ学習し身につける機会を提供することと意義づけている。

法教育は「法」の基本的な原理や価値の習得やそれらを使いこなす技能を習得させるものであることから、関東弁護士会連合会は、「法」の専門家として活動する弁護士が、法教育に関与することによって、法教育の充実を図ることができると考えている。

もっとも、教育現場における教育活動については教員が中心として活動しているのであるから、弁護士が教育現場における法教育に関与する場合には、現時点において法教育が教育現場においてどのように取り扱われているかを把握する必要がある。

そのため、教育現場における法教育の現状を把握し、今後の課題を見いだすことが、【4】から【7】の設問の趣旨である。

(2)　【4】から【7】の設問と回答結果

【4】これまでにどのような法教育の授業を実施しましたか？（複数回答可）
　①憲法に関する授業……………………………………………… 61人
　（テーマ例）
　　・憲法の意義について考える

- 明治憲法と現行憲法を比較する
- 人権について（平等権、外国人の人権等）
- 私たちの暮らしと日本国憲法
- 判例研究から課題を考察する
- えん罪について
- 多数決の原理と個人の尊重

②ルール作り……………………………………………………………… 44人
（テーマ例）
- ルールの判断基準とは
- 身近な学校生活のルール作りから社会のルールへの発展
- 学級活動（学級会）
- 公共の場における集団としての態度・行動
- 掲示コーナーの使い方を考える
- 清掃・給食の役割分担の仕方について
- ゴミ収集に関するルールを作ろう
- マンションのルールを作ろう
- 地域社会で生きる、安心して暮らせる町

③模擬裁判・模擬評議………………………………………………… 66人
（テーマ例）
- ある少年事件（ロールプレイ）
- 映画「それでもぼくはやっていない」を見て考える
- 窃盗事件をテーマとした模擬裁判
- 交通事故による刑事事件について考えよう
- 裁判員裁判制度ビデオ
- プライバシーと表現の自由

④模擬調停……………………………………………………………………… 0人
⑤弁護士による講演…………………………………………………… 23人
（テーマ例）
- 弁護士の仕事（総合学習として）
- 教員向け講演
- 裁判員制度について
- 法学部志望者に向けて
- インターネットの利用の仕方

- 基本的人権と弁護士の仕事

⑥契約作り……………………………………………………………… 12人

（テーマ例）
- 契約自由の原則とその現代的修正
- 契約が解消できるとき、できないとき
- 賢い消費者になろう
- 商品を買うということ
- クーリングオフ
- 契約って何？

⑦その他……………………………………………………………… 28人

（テーマ例）
- 配分的正義について
- 小学校における「身近な問題の解決法」について
- 話し合いによる問題・疑問の解決
- 校則と自由
- 犯罪と刑罰
- 国際法と平和
- 法政策の提案
- 死刑や裁判員制度の是非についてのディベート
- 裁判の傍聴
- 社労士による法（契約・労働）に関するワークショップ
- 検察官による講演

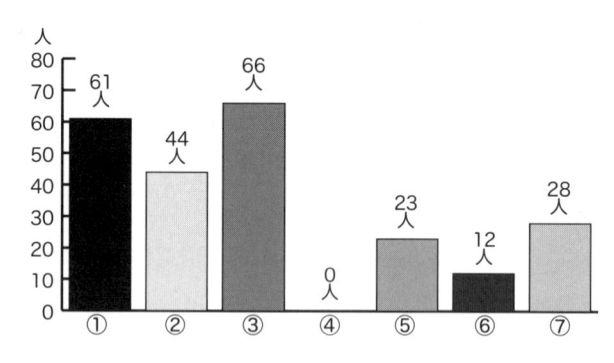

項目	人数
①	61人
②	44人
③	66人
④	0人
⑤	23人
⑥	12人
⑦	28人

【5】法教育の授業はどのような機会に実施しましたか？（複数回答可）

①社会科の授業時間………………………………………………… 89人

②道徳の授業時間……………………………………… 18人
③特別活動の授業時間………………………………… 42人
④ホームルームの時間………………………………… 14人
⑤その他………………………………………………… 19人
　・総合的な学習の時間
　・家庭科
　・講習
　・国語
　・教員の研修として
　・夏休み前の特別講座の時間
　・高校3年生の三学期
　・社会科見学
　・高校大学連携の一環として
　・課外期間中
　・放課後・土曜日に実施

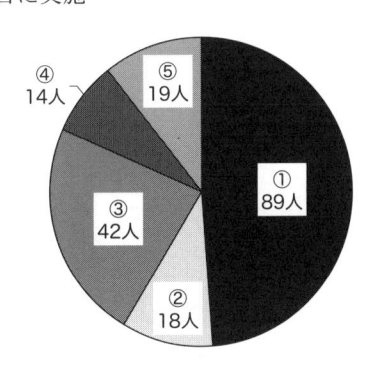

【6】これまで実施した法教育の授業ではどのようなことを目的（獲得目的）としたものでしたか？（複数回答可）
　①物事を多面的な観点から考察する能力を身につける。…………… 73人
　②人がそれぞれ多様な意見や見解を持つことを理解しつつ、自己の考え、信念、意見を説得的に伝える能力を身につける。………………… 88人
　③交渉、妥協を通して合意を得、紛争を解決する能力を身につける。26人
　④法的な問題につき、調査し分析する能力を身につける。………… 19人
　⑤法や法的問題について理解し、批判的に評価する能力を身につける。
　　……………………………………………………………………… 32人

⑥法が特定の事実状況に当てはめられるかを理解する能力を身につける。
……………………………………………………………………………… 14 人
⑦共同でルールを作り、目標を設定することに参加する能力を身につける。
………………………………………………………………… 49 人
⑧社会における法の存在意義の理解。…………………………………… 46 人
⑨法の基礎にある原理や価値の理解。…………………………………… 36 人
⑩法と生活の関わりについての理解。…………………………………… 55 人
⑪法に関する知識の習得。………………………………………………… 39 人
⑫司法制度の理解。………………………………………………………… 39 人
⑬その他。…………………………………………………………………… 6 人
・弁護士の仕事をしている人と身近で関わり接することができる。
・基本的人権についての理解。
・裁判員裁判についての理解。
・人権と法のかかわり。
・キャリア教育。

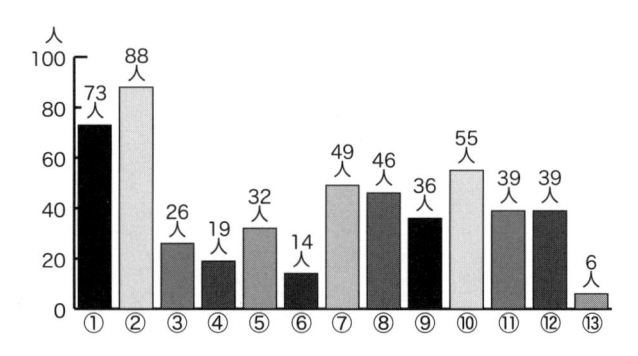

項目	人数
①	73人
②	88人
③	26人
④	19人
⑤	32人
⑥	14人
⑦	49人
⑧	46人
⑨	36人
⑩	55人
⑪	39人
⑫	39人
⑬	6人

【7】法教育の授業実施後、生徒の考え方や生活態度にどのような変化がありましたか？（複数回答可）
①授業への関心が高くなった。…………………………………………… 59 人
②議論が活発になった。…………………………………………………… 34 人
③単なる知識だけではなく、法制度の背景にある理念に沿った理解を示すようになった。………………………………………………………… 49 人
④クラス運営が容易になった。…………………………………………… 15 人
⑤特に変化はなかった。…………………………………………………… 13 人
⑥その他……………………………………………………………………… 17 人

- 新聞やニュースへの関心が高まった。
- 思考の広がりを意識し始めた。
- 他の考え方を取り入れることの良さを認識し始めた。
- 自分から問題に対して諦めずにアプローチすることの大切さを理解し始めた。
- 多様な考え方があることを楽しみ、みんなで力を合わせて話し合うことを意義があると感じていた。
- 法制度への関心が徐々に高まった。
- 自分と他者のかかわり方が変化。
- 法曹への関心が高まった。
- 短期的な結果は見えにくいが、憲法、法律、裁判員制度への関心が高まったと思う。
- 将来の職種として、弁護士、検察官、裁判官を選ぶ動機付けができた。
- 社会についての関心の高まり。

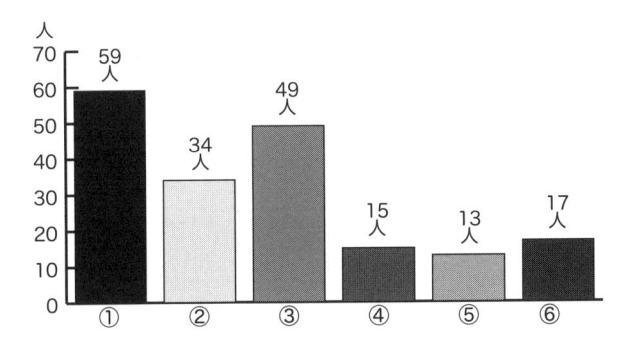

人
① 59人
② 34人
③ 49人
④ 15人
⑤ 13人
⑥ 17人

(3) 【4】から【7】の分析と考察

本アンケート【4】の結果から、現在の教育現場において、法教育が憲法に関する授業の一貫として取り扱われていることが分かる。授業の具体的内容について見てみると、憲法の原理や各種人権についての知識を教える教育が行われている。このことからすると、法的知識の習得を中心とした授業が行われていると思われる。また、憲法に関する授業と同じ程度に模擬裁判も実施されていることがわかる。模擬裁判のような教材を利用した法教育の授業が多く行われている実態からすると、教材作成・開発の重要性が認められる。さらに、映画を題材に授業を行っている学校もあるが、身近な題材を工夫することにより生徒児童の関心を引きつけようとする手法は、今後の法教

育の授業を普及させる上でのヒントになると思われる。

　本アンケート【5】の結果から、法教育を実践する授業時間として社会科の授業時間が多く利用されていることが分かる。これは、本アンケート【3】において担当教科を社会科とする教員が多いことからも想定されることである。もっとも、仮に、法教育を実践するため社会科の時間を確保できたとしても、年間の授業計画の中で法教育の時間をどこに位置づけるかということについては、さらに検討する必要があると思われる。また、「その他」の回答の中に、「高校3年の三学期」等、通常の授業時間以外の時間に法教育を組み込んでいる学校も認められる。これは、通常の授業時間に、法教育を組み込むことが難しい実情を表すものといえる。

　本アンケート【6】の結果から、教員が、法教育を授業で実施する際、その授業目的について、どのように考えているかが分かる。「物事を多面的な観点から考察する能力を身につける」「人がそれぞれ多様な意見や見解を持つことを理解しつつ、自己の考え、信念、意見を説得的に伝える能力を身につける」ということを授業目的に掲げている教員が多いという結果であった。

　本アンケート【7】の結果から、法教育の授業を実施したことによる効果が分かる。「授業への関心が高くなった」「単なる知識だけではなく、法制度の背景にある理念に沿った理解を示すようになった」という効果が生じたと回答した教員が多い。現段階においても、法教育を実践することにより、子どもたちに対し教育効果が生じており、教育現場において法教育を実践することの意義が認められると考える。

Ⅳ　アンケート(3)

(1)　【8】から【17】の設問の趣旨

　教育現場において、法教育が十分かつ適切に実践されるためには、弁護士と教員とが連携を果たすという方法が考えられる。

　現時点においても、各地の弁護士会において出前授業などが行われ、弁護士と教員が連携する機会は存在している。

　しかしながら、そのような機会が存在していたとしても、はたして、弁護士と教員間において十分な連携が行われ、その連携が法教育の実践に十分寄与しているかについては改めて検討されなければならない。仮に、弁護士と教員の連携について問題点があれば、その問題点を明らかにし、今後の課題

としていくことが、今後の法教育の充実に繋がるからである。

そこで、まずは、【8】から【10】において、現在、弁護士がどの程度学校現場における法教育の実践に関与しているのかを把握することを試みている。

また、弁護士と教員が連携を果たす上で、前提として、アクセスに関する問題も存在すると考えられる。仮に、弁護士側の受け入れ体制が整っていたとしても、教員からのアクセス方法が十分でなければ、十分な連携を図れない。そこで、【11】は、教員側から弁護士に対するアクセスの方法を把握することを目的としている。

さらに、関東弁護士会連合会としては、弁護士と教員の連携した場合、これに伴う一定程度の効果が認められると考えている。そこで、【12】は、弁護士が関与したことにより一定程度の効果が認められた事案を把握し、今後弁護士と教員の連携方法を検討する上での資料として活用することを目的としている。

また、逆に、弁護士と教員が連携を図り、連携を充実したものとするためには、連携することによる問題点、及び教育現場からの要望を把握することが必要となる。【13】から【17】においては、教員の視点からの問題点、及び要望を把握することを目的としている。

⑵ 【8】から【17】の設問と回答結果
【8】これまで行った法教育の授業には、弁護士等の法律実務家が関与しましたか？
　①は　い【質問9へ】……………………………………………… 77人
　②いいえ【質問13へ】…………………………………………… 49人

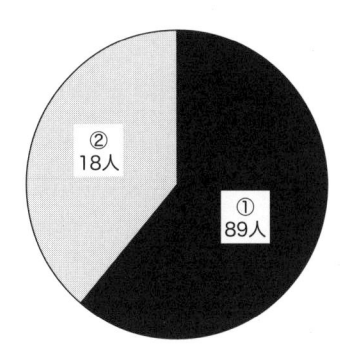

②18人
①89人

【9】これまで実施した法教育の授業回数、そのうち弁護士等の法律実務家が関与した法教育の授業の実施回数をおしえてください。

　法教育の授業の実施回数（　　　　）回
　　・1回 …………………………………………………………… 24人
　　・2回 ………………………………………………………………8人
　　・3回〜5回 …………………………………………………… 20人
　　・6回〜10回 …………………………………………………… 15人
　　・11回以上……………………………………………………………7人
　　・平均…2.8回
　その内、法律実務家が関与した授業の回数（　　　　）回
　　・1回 …………………………………………………………… 36人
　　・2回 …………………………………………………………… 12人
　　・3回〜5回 …………………………………………………… 17人
　　・6回〜10回 ………………………………………………………5人
　　・11回以上……………………………………………………………2人

【10】どのような形式で法律実務家が関与しましたか？（複数回答可）
　①法律実務家に授業を行ってもらった。……………………… 41人
　②法律実務家とともに授業を行った。………………………… 39人
　③授業案を作成する際にアドバイスをもらった。…………… 22人
　④授業を行った際に観覧してもらい、生徒からの質問に回答してもらった。……………………………………………………… 18人
　⑤その他。……………………………………………………… 11人
　　・授業計画のスタート時点から法律実務家とともに作っていった。さらに、検証もともに行い改善していった。
　　・裁判所にいって実際に裁判を見学し説明してもらった。
　　・弁護士会館へ社会科見学に出かけ、弁護士から話を聞いた。
　　・模擬裁判の事前指導、アドバイザーになってもらった。

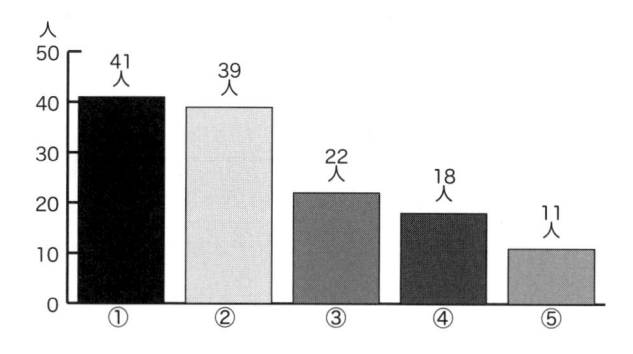

【11】法律実務家が関与した法教育の授業を行うにあたって、どのような方法で法律実務家に協力を依頼しましたか？（複数回答可）
　①知り合いの法律実務家に依頼した。………………………… 20 人
　②弁護士会等法律実務家の団体が開設するホームページを閲覧して、協力要請をした。……………………………………………… 20 人
　③知り合いの教員に紹介してもらった。……………………… 11 人
　④その他。………………………………………………………… 30 人
　・勉強会を通して。
　・同じ法教育研究会のメンバー。
　・学校長がシステム化してくれた。
　・夏の中学生向け・教師向けの学習会に参加した。
　・研究会に参加した。
　・弁護士会からの出前授業の案内。
　・法律実務家からの問い合わせ。
　・大学との連携による。
　・文部科学省の指定で法教育の授業研究をしたので、弁護士が来てくれた。
　・ホームページ。

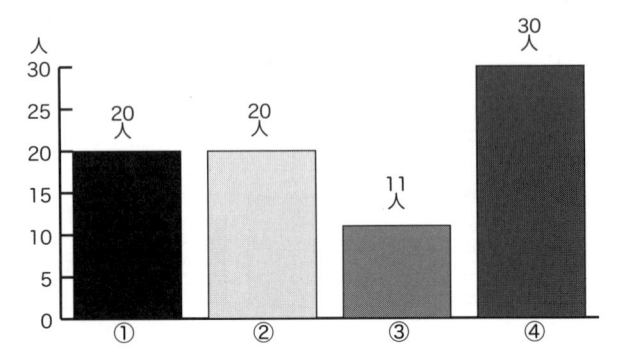

【12】法律実務家が関与した授業と法律実務家が関与しない授業を行ってみて、授業内容、生徒たちの反応、教育効果等に違いはありましたか？ 違いがあった場合にはどのような違いがありましたか？

　①あった。 ……………………………………………………………… 60人
（内容）
- 本物のことばの説得力。
- 説得力や複数の大人で授業ができること。
- 授業への意識・集中力・緊張感が高まった。
- 弁護士の行う授業では、①授業の内容・質が高くなる②生徒の意欲・関心が高いなどの効果がある。教師単独の授業では、生徒の実態にあった授業展開が可能などの違いがある。
- 法律実務家に自分の思いを伝える経験や話を聞いてもらえたという思いを通して気持ちが安定したと感じた。
- 納得のいくような説明を弁護士がしてくれた。
- 児童の目線に合わせた話・聞き方をしてくれた。
- 弁護士の話を聞ける機会はあまりないので、授業に対する関心が高かった。
- 法律の概念が教員とは違うものを持っているので、偏った教員だけの憲法の概念を教えずにすんだ。
- 深く考えようとしている様子が見られた。
- 生徒が論理的に考えていた。
- 身近な問題であると実感できたようである。
- アドバイスをもらいながら実施することで身近な進路のひとつになっているように感じた。

- アドバイスの受け入れ方が分かった。
- 論理的に物事を見る又は構成するという点が強く印象的であった。
- 難しいものというイメージのある法律・裁判等を生活に密着したものととらえることができる。
- 弁護士、裁判官に興味を持ちだした。

②なかった。……………………………………………………………… 2 人

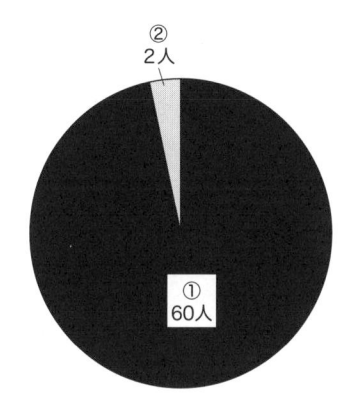

【13】法教育の授業を実施するにあたって、弁護士その他法律実務家が関与した方がよいと思いますか？
　①関与した方がよい【質問 14 へ】………………………………… 111 人
　②関与しない方がよい【質問 16 へ】……………………………… 6 人
　③当面は関与した方がよい【質問 14 へ】………………………… 5 人

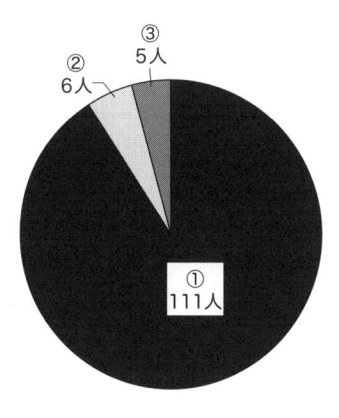

【14】法教育の授業を、弁護士その他法律実務家がどのように関与することが望ましいと思いますか？（複数回答可）
　①法律実務家がゲストティーチャーとして授業を行う。……………101人
　②授業案の作成の際に法律実務家がアドバイスをする。…………… 39人
　③教員と法律実務家とともに授業を行う。………………………… 63人
　④法律実務家が法教育の教材等を作成する。……………………… 44人
　⑤法律実務家が教員に対して講演を行う。………………………… 35人
　⑥法律実務家が保護者に対して講演を行う。……………………… 20人
　⑦教員が行う法教育の授業を法律実務家が観覧しアドバイスをする。19人
　⑧法律実務家が教材となる事例を提供する。……………………… 66人
　⑨その他。…………………………………………………………… 6人
　　・教員と法律実務家が協力して教材を作成する。
　　・授業のプロと問題解決のプロとが対等に創り上げる。

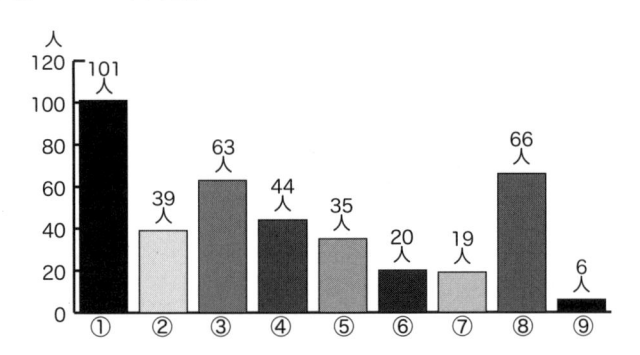

【15】弁護士等の法律実務家が法教育の授業に関与することにはどのようなメリットがあると思いますか？（複数回答可）
　①法の存在意義に関する理解を深めることができる。……………… 74人
　②法の基礎にある原理や価値の理解を深めることができる。……… 63人
　③身近な生活において法が深く関わっていることの理解を深めることができる。……………………………………………………………… 97人
　④生徒たちに法に関する知識や法制度について正確な情報を提供することができる。………………………………………………………… 72人
　⑤法を批判的に評価するという視点を生徒たちに提示することができる。……………………………………………………………… 19人
　⑥生徒たちの専門的な質問に対して即座に対応することができる。 50人

⑦多角的に物事を捉えるという視点を生徒たちに提示することができる。
　　　　　　　　　　　　　　　　　　　　　　　　　　　　……… 53 人
⑧生徒たちの活発な発言を促す題材を扱うことができる。………… 33 人
⑨生徒たちに興味を持ってもらえるような授業ができる。………… 67 人
⑩その他。…………………………………………………………………… 6 人
・キャリア教育にもつながる。
・児童生徒の出した答えに法的な価値付をすることができる。
・進路に影響するようになる。
・職業観人生観を養うことにも繋がる。

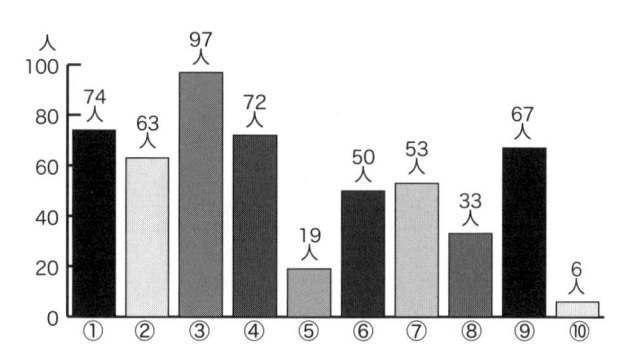

①	②	③	④	⑤	⑥	⑦	⑧	⑨	⑩
74人	63人	97人	72人	19人	50人	53人	33人	67人	6人

【16】弁護士等の法律実務家が法教育の授業に関与することにはどのようなデメリットがあると思いますか？（複数回答可）
①準備に時間がかかりすぎる。………………………………………… 47 人
②正規の授業時間に組み込みにくい。………………………………… 64 人
③その他。………………………………………………………………… 20 人
・お金がかかる。
・授業内容や資料作成等で事前の打ち合わせが十分にできない場合が多い（と聞く）。また、教員は、授業のねらいや目的も重要だが、授業で扱った内容の結論・正解を示すことが必要と考えているので、正解がない授業には、（生徒も）戸惑うようである。そこで、授業の展開は教員が指導し、「まとめ」の時間を確保し、弁護士にじっくり解説（結論や実際の裁判例などの一応の正解を説明あるいは質疑応答）する時間を取ると良い授業になると思う。
・敷居が高い。
・人数の折り合いが付けづらい。

- 教員が教えたい点と法律実務家が教えたい点のズレを合わせること。
- 教員の教材研究がしづらい。
- 打ち合わせ等の時間が取りにくい。
- 1つのクラスだけというわけにいかないので、それなりの時間を割いてもらわなければならない。
- 窓口が見つかるまで時間がかかった。
- 難しい話題をかみ砕いて話すということ（後のフォロー）に時間を要する。
- 教科等の教育目標に合う話題か分からない。
- 特定のクラスのみにしか実施できない。

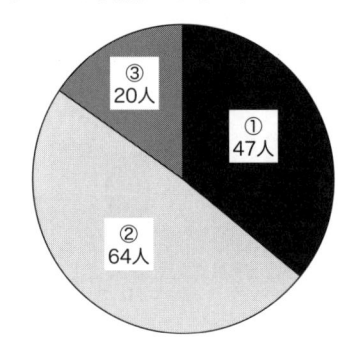

① 47人
② 64人
③ 20人

【17】今後どのような法教育の授業を実施してみたいと思いますか？
　①憲法に関する授業。……………………………………………………… 51人
　（テーマ）
　・憲法が日常の暮らしの中で、どのように生かされているか
　・身近な生活におけるルールについて
　・人権について生活とのかかわり
　・障害者と法
　・日の丸君が代問題
　・沖縄基地問題
　・一票の格差
　・裁判事例から見る日本国憲法
　・冤罪
　・憲法が身近にどう関わっているか
　②ルール作り。…………………………………………………………… 40人

（テーマ）
- 相手の立場を重視する
- 学級活動・児童会活動を行う中で、自分たちでルールを作り守る活動
- 学校以外の場における複数の人が生活活動する場のルール作り
- 学級憲法を作る
- マンションのルール、地域のルールを作ろう

③模擬裁判・模擬評議。……………………………………… 70人
（テーマ）
- 少年犯罪と少年法
- 冤罪事件
- 刑事裁判と民事裁判の違い
- 小学校高学年ができるテーマの開発

④模擬調停。………………………………………………… 12人
（テーマ）
- 友達同士のケンカ、争いごとの調停

⑤弁護士による講演。……………………………………… 20人
（テーマ）
- 学校の中における法、法とマナーの違い
- 弁護士の役割・仕事の内容・やりがい
- 身近な生活と法律
- 男女共同参画社会

⑥契約作り。………………………………………………… 19人
（テーマ）
- 基本的人権の尊重
- 労働契約を作ってみよう
- 悪徳商法・クーリングオフ

⑦その他。……………………………………………………… 6人
- 学級会の事前学習としての法教育。
- 裁判所・検察庁の見学。
- 他文化社会における法の関わり。

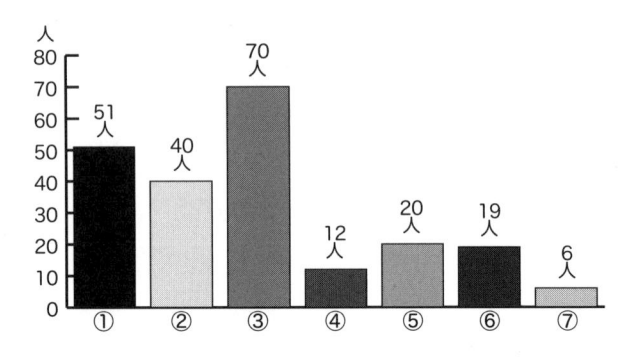

```
人
80
70 ──────── 70人
60
51人
50 ──
40 ──── 40人
30
20 ──────────────── 20人  19人
12人
10
                                              6人
 0  ①    ②    ③    ④    ⑤    ⑥    ⑦
```

(3) 【8】から【17】の分析と考察

　本アンケート【8】の結果から、法教育の授業に、多くの弁護士等の法律実務家が関与していることが認められる。また、本アンケート【9】からは、法教育の授業が、教員1人あたり平均2.8回行われ、その内法律実務家が関与したケースが187回に上り、過半数の授業に法律実務家が関与していることが認められる。この結果からすると、今後も、法律実務家が法教育の授業に関わっていく余地は十分にあり、法律実務家と教員が適切な連携を図ることによって、教育現場における充実した法教育の実践が実施できる可能性があるといえる。

　本アンケート【10】では、「法律実務家がゲストティーチャーとして授業を行う」という回答が最も多かった。次いで、「法律実務家とともに授業を行った」という回答が多かった。

　本アンケート【11】の結果から、教員が法律実務家に協力依頼をする場合、知り合いを通じて依頼することが多いことが認められる。「その他」と回答した教員においても、勉強会等を通じて知り合った法律実務家に対して依頼していることなどからすると、教員が法律実務家に対し協力依頼をする場合、個人的な伝手をたどるという方法がとられているようである。法律実務家へのアクセス方法について、個人的つながりが中心となっている結果からすると、法律実務家と教員が連携を図る前提として、教員が法律実務家に対しアクセスするためのシステム作りを充実させることが必要であると考えられる。

　本アンケート【12】の結果から、法律実務家が関与したことにより教育効果等に違いが生じたケースが多いことが認められる。

　また、本アンケート【13】の結果からは、教員側から、法律実務家の関与

に対して肯定的意見が多数存在することが認められる。

　【12】【13】の結果からすれば、教員は、法律実務家が法教育の授業に関与することを望んでいると考えられる。法律実務家はこの教員からの要望に応えるべく、学校現場における法教育に関与していく姿勢が必要になると思われる。

　本アンケート【14】の結果からは、法律実務家が法教育の授業に関与する方法として、教員がどのような方法を希望しているかが分かる。回答結果の多いものから順番に、「法律実務家がゲストティーチャーとして授業を行う」「法律実務家が教材となる事例を提供する」「教師と法律実務家とともに授業を行う」となっている。

　本アンケート【15】の結果は、法律実務家が関与することのメリットとして「身近な生活において法が深く関わっていることの理解を深めることができる」という回答がもっとも多かった。

　一方、本アンケート【16】は、法律実務家が関与する場合のデメリットを問うものであるが、「正規の授業時間に組み込みにくい」という回答が一番多かった。このことから、法律実務家が、学校現場における法教育に関与する場合、正規の授業に組み込みやすいプログラムや教材の開発が必要になると思われる。学習指導要領が改訂され、法に関する教育が盛り込まれたことから、今後、教科書等において、法に関する教育が取り挙げられることになると思われる。法律実務家が、各学校が使用する教科書の内容に即した法教育の実践を意識することにより、教育現場において正規の授業に法教育の授業を組み込むことが容易になると考えられる。また、「その他」の回答中に見られる、「敷居が高い」「窓口が見つかるまで時間がかかった」など、法律実務家へのアクセスに対する問題点を指摘する回答が存在することについても、法律実務家側において配慮する必要がある。本アンケート【16】は、今後、法律実務家と教員が連携を考える上で、教員側からの貴重な指摘であることから、法律実務家が教員と連携を図ろうとする場合、特に注意を要する点であるといえよう。

　本アンケート【17】の結果から、今後、教員がどのような授業を実践したいと考えているかを知ることができる。回答の中でも「模擬裁判」「憲法」「ルール作り」が多く挙げられていた。実践したい授業の具体的内容を見ると、知識の習得を目的とした内容が多く見られる。また、特徴的な点として、「身近な生活」に関係した題材を用いた授業を実践したいという回答が存在した。

法教育の授業を身近な問題に落とし込んでいくことにより、子どもの関心を高めるという発想は、教育現場に従事する教員ならではの指摘であると思われる。

Ⅴ　アンケート(4)

(1)　【18】から【21】の設問の趣旨

　関東弁護士会連合会は、「2002年宣言」を採択して以来、法教育の普及に取り組んできた。
　関東弁護士会連合会が定義づけた法教育に基づき、法律実務家と教員が連携を果たすためには、法律実務家と教員の間において、法教育に対する考え方が共有されなければならない。
そのため、【18】から【21】は、関東弁護士会連合会の考える法教育が教員に理解されているのか、また、関東弁護士会連合会の考える法教育を教育現場において実践するためにはどのような方法が考えられるかを把握することを目的としている。

(2)　【18】から【21】の設問と回答結果

　【18】関東弁護士会連合会は、平成14年に「法教育」を「法律専門家ではない人々を対象に、法とは何か、法がどのように作られるか、法がどのように用いられるのかについて、その知識の習得にとどまらず、それらの基礎にある原理や価値、例えば、自由、責任、人権、権威、権力、平等、公正、正義などを教えるとともに、その知識等を応用し適用して使いこなす具体的な技能と、更にそれを踏まえて主体的に行動しようとする意欲と態度について併せ学習し身につける機会を提供すること」と位置づけ、活動を行ってきました。この観点から授業案を考えた場合、どのような授業が実践できると思いますか？（複数回答可）
　①生徒たちに主体的に身近な事例に関する問題を解決させることによって、法の原理、原則、権利等について学ばせる。……………… 77人
　②生徒たちにディベートを行わせ、その後、生徒の理解を深めるために、法律実務家のアドバイスとともにワークショップを行う。……… 63人
　③模擬裁判を行い、法律実務家が助言する。……………………… 78人
　④模擬調停を行い、法律実務家が助言する。……………………… 17人

⑤契約作りを行い、法律実務家が助言する。……………………… 24人
⑥道徳の授業などで、公平、正義、人権といった内容の授業を行う。52人
⑦身近なルールづくりの授業を行う。……………………………… 71人
⑧現在の法律の意味、問題点等について生徒たちに議論させたり、クラス内における法律や罰則を作らせてそれについて議論させる。…… 32人
⑨教科や領域を限定せずに、日常の学級や生徒会などで法教育の意義に基づいた体験的な題材で生徒たちに協議させる。………………… 30人
⑩ドラマや映画などを題材に、法とは何か、人権侵害と権力との関係などを話し合う。………………………………………………………… 52人
⑪法律実務家が講演を行う。………………………………………… 27人
⑫日本国憲法に関する授業を行う。………………………………… 31人
⑬その他。……………………………………………………………… 1人
・「憲法改正」時において私たちが心構えとして準備しなくてはいけないこと。

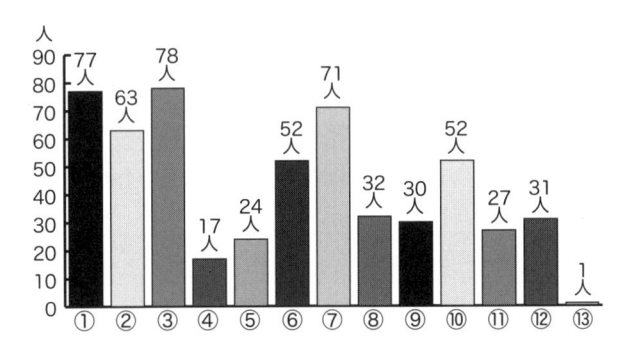

【19】現在実践されている法教育が関東弁護士連合会の考える法教育の意義に即したものであると思いますか？
　①は　い【質問21へ】……………………………………………… 95人
　②いいえ【質問20へ】……………………………………………… 18人

① 95人
② 18人

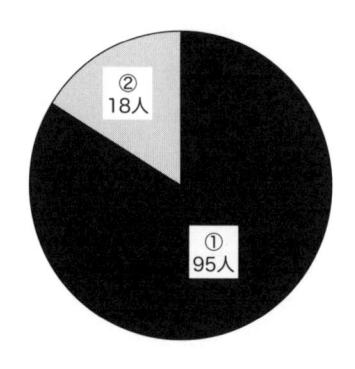

【20】法教育について共通理解を得られない、または法教育が実践できない原因は何であると考えますか？（複数回答可）

①法教育という言葉自体が認識されていないし、その名称がなじめない。
……………………………………………………………………… 9人
②法教育の意義が理解しづらく、何を獲得目標としているかわからない。
……………………………………………………………………… 8人
③社会科の教諭が教える専門分野であるという先入観が強い、または、どの教科で実施すべきか不明確である。……………………… 9人
④法的な専門知識がないと実践が難しいという印象が強い。……… 19人
⑤使用すべき教材、実践方法がわからない。………………………… 17人
⑥現在使用されている教科書を用いて法教育を実践することが困難である。……………………………………………………………… 13人
⑦法教育の授業を実践する時間的余裕がなく、また、教員が多忙で法教育に関する研究会・研修会等に参加する時間がない。………… 20人
⑧授業は「評価」を伴うが、法教育の授業において「評価」という考え方が馴染まない。……………………………………………… 3人
⑨生徒たちの発達段階に応じて配慮すべきことが多く実践しづらい（模擬裁判において殺人事件を取り扱うと、「死」を問題とすることになる等）。………………………………………………………………… 9人
⑩法律実務家の協力を得る方法がわからない。…………………… 8人
⑪法教育よりも必要な授業が他にある。…………………………… 4人
⑫その他。…………………………………………………………… 5人
・法教育で1時間と考えるよりも、法教育の意義を教員が理解し、教育

活動の中で法教育を意識していくと良いのではないか。現在の教育活動の中にもたくさん法教育という視点で行われているものがあると考えられる。
- 小学生対象であると児童にわかりやすく伝えることが難しい。法律実務家に来ていただいてすぐに授業ということにはならない。
- 時間がない。

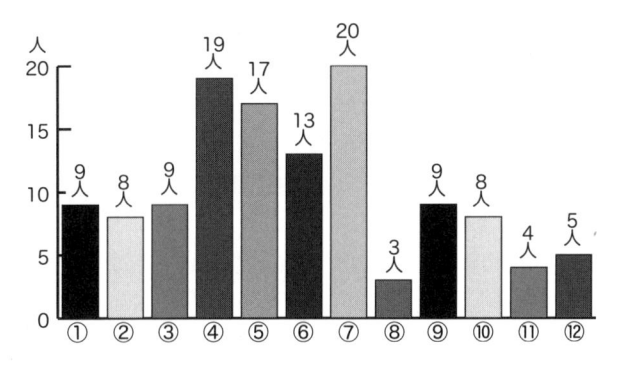

（棒グラフ：①9人 ②8人 ③9人 ④19人 ⑤17人 ⑥13人 ⑦20人 ⑧3人 ⑨9人 ⑩8人 ⑪4人 ⑫5人）

【21】法教育について共通理解を得るため、法教育の実践が可能となるためにはどのようなことが有用だと思いますか？（複数回答可）
　①教育現場と法律実務家が長期的かつ計画的に協力するプログラムを創設する。……………………………………………………………… 49人
　②教科書の内容を組み込んだ法教育の教材を作成し、教員に資料として配付する。………………………………………………………… 61人
　③法教育を行う科目を設定し、小学校低学年から段階的に、１学期・１年間を通じたカリキュラムを編成する。……………………… 24人
　④社会的な出来事等を自分の立場に置き換えて考えるという機会を社会科の時間だけでなく各教科において取り入れていく。………… 29人
　⑤時間をかけずに簡単に実践できる法教育の授業案を作り上げていく。
　　………………………………………………………………………… 68人
　⑥模擬裁判を開催する（授業、文化祭等において）。……………… 47人
　⑦大学の授業（教職課程）で法的な考え方の基礎知識や情報を得られるようにすることを推進する。………………………………… 18人
　⑧教職課程で法教育について学べるようにする。………………… 31人
　⑨教員が気軽に申し込める（生徒向けの）出張授業や講演を法律実務家が実施する。……………………………………………………… 76人

⑩法律実務家が教員に対し法教育についての研修を行う。………… 24人
⑪教育委員会が普及に努める（研究授業を公開する、法教育を教育委員会主催の研修会・勉強会を頻繁に行う等）。……………………… 23人
⑫広報活動を活発に行う（法教育に関するシンポジウムを頻繁に行う、マスコミに法教育を取り上げてもらう、法律実務家がもっと啓蒙活動を行う、国民に関心の高い裁判員制度と関連させてアピールする等）。24人
⑬他国の実践例を法律実務家の視点からも分析して、現場の実践者に対して助言をする。…………………………………………………… 14人
⑭法教育に関して、簡単で手軽に読める漫画等を作成する。……… 24人
⑮その他。……………………………………………………………… 4人

- 校内研修として取り上げてもらい実践発表していく、できれば教育委員会の研修実践指定がよい。
- 特別活動・社会科等の研究会とタイアップしていく。
- 「法教育を実践しよう」というと心理的にハードルが高いので教員が誰でも取り組めるようなテーマを作りそれを実践してもらい少しずつ仲間を増やす取組みをしていきたい。
- 法律実務家の窓口が分からず、連携までとても時間がかかった。窓口をはっきりさせ、周知させる必要がある。地裁・地検の取組みの方が早かった。
- 教員1人でケースを増やすのには限界がある。どこかで実践例をストックしたり実践者が意見交換できる場を作る必要がある。
- 教員、法曹、研究者が分断されており、横の連携が必要。

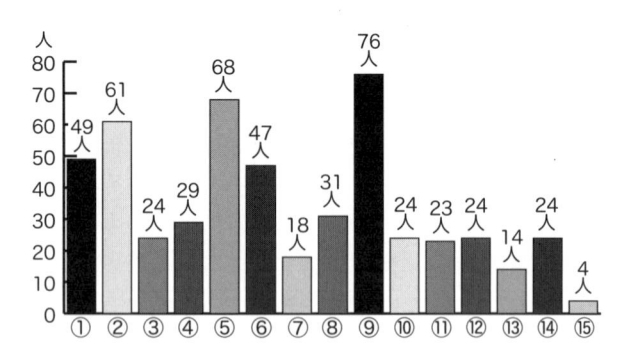

人
① 49人　② 61人　③ 24人　④ 29人　⑤ 68人　⑥ 47人　⑦ 18人　⑧ 31人　⑨ 76人　⑩ 24人　⑪ 23人　⑫ 24人　⑬ 14人　⑭ 24人　⑮ 4人

(3) 【18】から【21】の分析と考察

本アンケート【18】の結果から、関東弁護士会連合会の「2002年宣言」

に基づく授業としてどのような授業が考えられるかという点につき、教育現場に携わる教員側からの意見を知ることができる。回答が多かったものから順に、「模擬裁判を行い、法律実務家が助言する」「生徒たちに主体的に身近な事例に関する問題を解決させることによって、法の原理、原則、権利等について学ばせる」「身近なルールづくりの授業を行う」という回答が挙げられる。

本アンケート【19】の結果から、多くの教員が、現在実践されている法教育が関東弁護士会連合会の考える法教育の意義に即したものであると考えていることが分かる。

本アンケート【20】の結果としては、1番に「法教育の授業を実践する時間的余裕がなく、また、教員が多忙で法教育に関する研究会・研修会等に参加する時間がない」という回答が多く、現在の教員の多忙さがうかがえる。また、「法的な専門知識がないと実践が難しいという印象が強い」「使用すべき教材、実践方法がわからない」という回答も多く、教員が、法教育をどのように実践していくべきか悩んでいるという印象が認められる。

本アンケート【21】の結果から、法教育について共通の理解を得て、法教育を実践していくために、どのようなことが必要であると教員が考えているかが分かる。1番回答が多かった選択肢は、「教員が気軽に申し込める（生徒向けの）出張授業や講演を法律実務家が実施する」であった。

VI　まとめ

本アンケートの結果から、現在の教育現場においては、知識教育を中心とした教育が行われていると思われる。また、教員が今後行いたい法教育の実践内容についても知識の習得に関するものが多く挙げられていたことからすれば、多くの教員の考える法教育は知識の習得に重点を置いた内容であると考えられる。

もっとも、法教育は、知識を習得することに尽きるものではなく、知識等を応用し適用して使いこなす具体的な技能と、更にそれを踏まえて主体的に行動しようとする意欲と態度について併せ学習し身に付けることも重要である。

また、本アンケートの結果からわかるように、学校において法教育の授業を実践するにあたって、約97％もの教員が法律実務家の関与することを望

んでおり、また、法律実務家が授業に関与することには、①身近な生活において法が深く関わっていることの理解を深めることができる、②法の存在意義に関する理解を深めることができるといったメリットを感じている教員が多い。さらに、法律実務家が授業に関与することによって、授業の内容・質が高くなる、生徒たちの意欲・関心が高くなる等の効果が得られている。このように、学校において教育効果の高い法教育を実践するために、法律実務家が関与することが求められているのであって、今後、益々、教員と法律実務家とが連携して法教育を実践していく必要があると思われる。

そこで、以下の章においては、学校における法教育の現状や教員と法律実務家との連携のあり方等について検証する。

[コラム3]

教員が弁護士と出会うためには

教員が、法教育の授業について弁護士の協力を得たい、と思ったときは、まずは学校所在地の都道府県にある弁護士会に連絡をとることをおすすめする。

現在、ほとんどの弁護士会では、法教育に関する取組みを行っており、弁護士会に連絡すれば、弁護士会の法教育関連の委員会の活動や、法教育の分野に明るい弁護士を紹介してもらえる可能性が高い。弁護士会のホームページに情報が載っていることもある。

教員に弁護士の知り合いがいれば、その弁護士に相談してみるのもよい。しかし、個々の弁護士の法教育の分野に対する理解・造詣の深さは一様ではない。教員のニーズに合った弁護士を紹介してもらえるよう、まずは上述のとおり弁護士会に問い合わせるのがよいであろう。

ところで、弁護士に相談する、となると、相談する側からすれば「費用」の点が気になるのではなかろうか。確かに、学校が弁護士に講演を依頼すれば、講演料等の費用が発生することはある。また、弁護士会の中には、法教育の重要性に鑑み、教育現場が法教育予算を

確保すべきであるとの見解も存在する。
　しかし、現状では、弁護士会による法教育の取組みの多くが無報酬（学校の費用負担なし）もしくは低額で行われている。
　まずは一度、弁護士会に問い合わせてみて欲しい。

第4章 学校教育における普及の障害、問題点

I はじめに

　法教育への取組みは、全国各地に広がりを見せているが、学校教育において法教育が十分に浸透しているとは言い難い。
　そこで、本章では、教員や法律実務家（主に弁護士）が抱える問題点を様々な角度から検証し、何が学校教育における法教育の普及の障害となっているのか、さらなる法教育の普及のためにどのようなことを克服すべきかを明らかにしたい。

II 教員の「法教育」に対する認識・理解の問題点

(1) 「法教育」の内容の不明確性

(a) 「法教育」という言葉に対するイメージ

　第1章で述べたとおり、文部科学省・法務省・日本弁護士連合会・裁判所・検察庁などの諸機関は、これまでも法教育の推進に積極的に取り組んできた。しかし、教育現場では、「法」という言葉自体の持つイメージからか、「法教育はとても難しそう」「自分の専門分野ではない、社会科・公民科の教員がやることだ」等と感じ、法教育に正面から取り組もうとしない教員も少なくないという問題がある。
　今回、関東弁護士会連合会が、配分的正義や公平をテーマに各地で実践授業を行ったところ、「これらの問題がなぜ法教育といえるのか」という問いが教員から相次いだ。このことからもうかがわれるように、教員の中には、「法教育は裁判等を含んだ具体的な法律の適用場面を扱う授業である」という認識を持つ者も多く、そのような認識が、法教育へ取り組む敷居をより一層高

くしてしまっていると考えられる。

(b) 授業内容に対するイメージ

教員にとっては、「法教育」の授業のイメージが曖昧で、いかなる内容の授業を行えば教育目的を達成することができるのかが不明確であるという悩みがある。教員としては不明確なイメージのものを実際に授業に取り入れることは内容的・技術的に困難であり、それゆえ「法教育」の授業を行うことを躊躇するという事態が生じうる。

(2) 法教育に関する情報を入手することの困難さ

法教育に熱意のある教員は、法教育に関する情報を自ら積極的に集めていくものと思われるが、他方で、法教育をある程度認識している、あるいは聞いたことがあるという程度の教員は、周囲に法教育に関する情報が乏しいため、法教育に関する情報の入手に一定の困難を伴うという問題がある。

現に、法教育の熱心な教員の異動に伴い、その学校に法教育の担い手がいなくなり、法教育が実践されなくなってしまったという問題点も指摘されているところである。

III 学校での教育カリキュラムにおける問題点

(1) 法教育に取り組む時間の確保の困難さ

法教育の担い手となるべき個々の教員自体が極めて多忙であり、法教育へ取り組む意欲を持っても、それを持続することが難しいという問題点もある。教員は、日々の授業に加えて、生徒指導・課外活動への関与・保護者との懇親・各担当教科の研究会への出席等に追われており、自分の専門分野に関係がないと思われる研究会や、関心の乏しい研究会へ出席するまでの余裕を持たない者が多い。前述II(2)のとおり、法教育に関する情報提供の機会が多いとは言えない中で、教員がその情報にアクセスする時間がないという事実が、法教育の担い手が育たない現実に拍車をかけている。

(2) 学習指導要領上の問題

従来、個々の教員が法教育についての知見を得ても、「法教育」という科目があるわけではないことから、実際にどの教科で法教育を扱うべきか不明

確であるという点が教員の悩みとなっていた。法教育に意欲的な学校や教員は、社会科・公民科のみならずその他の教科においても、教科書等や独自の教材を用いながら、法やきまりの意義、司法の仕組みなどについて理解させるような試みを行っていたが、「法教育は社会科・公民科の教諭の専門分野である」という先入観が強い教員も多く、全国的な広がりを持たせることはできていなかった。

　この点、新学習指導要領では、義務教育の過程で「法」に関する教育を取り扱うべきことが随所で示されている（新学習指導要領については、第5章を参照）。それによれば、小学校では社会科・生活科・家庭科・体育科・道徳・特別活動、中学校では社会科・音楽・美術科・保健体育科・技術家庭科・道徳・特別活動、高等学校では公民科・保健体育科・芸術科・家庭科・情報科・特別活動において、法教育を取り上げることとなっている。学校教育の根幹ともいえる学習指導要領に「法」に関する教育が意識的に取り上げられたのは、法教育の普及にとって大きな前進と評価できよう。しかし、新学習指導要領においても未だ「法教育」が体系的に取り入れられたとは言えず、全ての教育課程において子どもたちの発達段階に応じ連続的・累積的に法教育が実施できる状態には至っていない。現状としては、学習指導要領の中で法教育に関連する記載を拾い出し、その範囲で個々の教員が個別に創意工夫して法教育を実践せざるを得ないというのが実態である。

(3) 年間カリキュラム上の問題

　関東弁護士会連合会が行った教員アンケート等を通じて明らかになったように、各学校では、年間カリキュラムで決められた枠の中で、法教育をどのように組み込むのかが難しいという悩みが尽きないようである。

　学校教育においては、学習指導要領等によって各科目の指導内容が定められており、教員は科目ごとに割り当てられたコマ数の中で指導することが予定されているため、法教育に割くことができるコマ数には自ずと限界がある。例えば、社会科の年間カリキュラムをみても、歴史の受験を控えた生徒には様々な知識を教えなければならないという要請が強く、例え法教育に熱心な教員であっても、高等学校受験や大学受験を控えた生徒に対しては、法教育を実践する時間が確保できないという悩みに直面している。

(4) 学習成果の評価の問題

　学校教育においては、学習成果を客観的に測定するために筆記試験を用いるのが通常である。しかし、法教育の狙いは、知識等の習得に限らず、知識等を応用し適用して使いこなす具体的な技能と、さらにそれを踏まえて主体的に行動しようとする意欲と態度を育むことにあるため、その評価方法として筆記試験を用いることは適さないという面がある。教員にとっては、どのような評価基準を用いれば適切であるかが判断できず、それゆえ法教育の授業が実践しにくいという問題がある。

IV　授業実践における問題点

(1)　法教育に関するマニュアル・学習教材不足の問題

　第3章のとおり関東弁護士会連合会が行った教員アンケートによると、現在使用している教科書を用いて法教育を実践することが困難であること、法教育の意義や指針を具体的に示す法教育のマニュアル・学習教材が乏しいことが、法教育に取組むことの障害になっているという問題も浮き彫りになっている。

　法務省の法教育研究会（http://www.moj.go.jp/shingi1/kanbou_houkyo_index.html）や法教育推進協議会（http://www.moj.go.jp/shingi1/kanbou_houkyo_kyougikai_index.html）、法教育フォーラム（http://www.houkyouiku.jp/textbook.html）のホームページでは、法教育の学習教材が複数掲載され、教員は無償で使用することができるが、教材の数として十分であるとは言い難い。また、そもそも肝心の学習教材の掲載サイトを把握していない教員も多く、残念ながら認知度は高くないとも指摘されている。また、インターネット上の掲載に加えて、紙媒体で教員に学習教材を配布することも考えられようが、紙媒体で配布するための資金源の確保が困難であるのが現状である。

(2)　教員の法的知識・理解不足の問題

　そもそも教員は法律の専門家ではない以上、必ずしも十分な法的知識・理解を備えているとは言い難い。かかる法的知識・理解の不十分さから、教材開発・授業実践において以下のような問題点が生じている。

(a)　学習教材開発をめぐる問題

　前述(1)のとおり、法教育に関する学習教材不足を打開するためには、学習

教材開発の地道な努力が不可欠である。しかし、学校現場には法学を専門にしている教員が殆どいないため、教員のみで学習教材を作ることが難しいという問題がある。

教員が、法的知識・理解で分からない点をいつでも法律実務家に聞くことができる体制が整っていれば、特段の問題は生じないであろうが、法律実務家への個人的人脈をもつ教員は極めて稀である。また、現状では、学校予算の限られた枠の中で、法律実務家への依頼がどの程度の費用を要するのか不透明であるという点も、法律実務家への柔軟なアクセスを阻む一因となっている。

(b) 授業実践をめぐる問題

授業実践の場面においては、法的素養が不十分な教員が生徒向けに学習教材にアレンジを加えたい場合、自らの手で法的な疑問が解消できないときには、その教材を取り扱うのを断念せざるを得ないといった問題がある。また、教員が、ある法的知識に関して、自らの捉え方と学習教材の目指す獲得目標とに齟齬があると感じたにもかかわらず、その疑問を消化しないままで授業を行おうとすると適切に教えることができないといった問題が生じる。

もちろん、実際の授業に法律実務家が立ち会う場合には、問題が顕在化するおそれは低いが、現状においては法律実務家との連携は十分とは言えない。

(c) 教員の法的知識の習得をめぐる問題

教員になる際に、法的知識・理解を習得する機会が不足しているという問題もある。例えば、中学社会科の教員免許制度では、2科目を専門科目として取得することが求められているが、実際の学校側の需要としては、歴史（世界史・日本史）と地理の教員免許を取得している教員を求める傾向が強い。そこで、教員を目指す学生には、公民を含まず、歴史（世界史・日本史）と地理の免許を取得しようとする流れが生じている。このような教員採用時の事情ゆえ、公民を専門とする教員が少ないことが、結果的に法的知識・理解の乏しい教員を多数輩出してしまっている面は否めない。

また、教員免許更新講習において法教育を取り扱う県もみられるが、その数は未だ少ないと言える。

V　法律実務家の担い手の問題点

前述のように、教員のみで法教育に取り組むには様々な障害があり、その

障害を取り除くためにも法律実務家の関与は欠かせないと言える。しかし、以下に詳述するとおり、法律実務家も法教育の取組みにあたり様々な問題点を抱えている。

(1) 法教育への意欲不足、担い手不足

法律実務家全体で見れば、法教育への関心は必ずしも高いものとは言えず、法教育の担い手となる法律実務家の数が、未だに不足しているという問題がある。法律実務家にとっても「法教育」の内容はまだまだ不明確な部分があると言わざるを得ず、このことが法律実務家において法教育に対する関心・意欲を持つことに対する障害となっている。

(2) 法教育に取り組む時間の確保の困難さ

法律実務家である弁護士の法教育の取組みは、現在、全国各地の弁護士会の中で組織されている委員会を中心に行われている。しかし、弁護士が法教育の活動に関与できる時間が少ないことが、様々な問題を生じさせている。

まず、各弁護士が、特定の学校で継続的に法教育の授業に関与するだけの時間が確保できず、どうしてもイベント型・企画型授業を中心とした関与しかできないという問題点がある。このようなイベント型・企画型授業においても、法教育の授業が実践されたということは評価できるものの、子どもに対する法教育の教育効果を感じ取りにくいといった面が否めない。また、その都度法教育の授業を担当する法律実務家が代わることで、法教育に関与した法律実務家の反省や教訓を生かすことが難しくなっている。

また、例えば、過疎地域等の学校では、同一の都道府県の委員会に属する弁護士でさえアクセスに時間を要することから、現地に赴く機会が満足に確保できないといった問題もある。

(3) 教育現場における配慮の不十分さ

法律実務家が、教育現場の状況を十分に認識しておらず、教育学・心理学等に精通していないがゆえに、法教育の学習教材作りや授業実践の場面で、発達段階の子どもたちに対する説明の仕方や授業に対する集中力を保つための工夫等の配慮を欠落しがちであるという問題もある。

VI　教員・法律実務家の抱える問題の克服のために

　本章で述べてきた教員が抱える問題点、法律実務家が抱える問題点を解決するには、教員と法律実務家それぞれが持つ特性を活かして、相互に連携していくことが有用であろう（具体的な連携のあり方としては、第6章を参照されたい）。

［コラム4］

お互いの仕事のリズムを把握した上で連携する

　教員も弁護士も「多忙」な職業といわれる。
　教員の多忙さについては、昨今、様々なメディアで取り上げられているところである。加えて、新学習指導要領の完全実施により「教員のさらなる多忙化」を危惧する声も聞かれる。
　まずは、教員も、弁護士も、お互いが多忙であることを認識しつつも、双方の連絡がとりやすい時間帯を把握する等して、できる範囲で「連携」を模索することが重要である。

●学校・教員への申入れを行うタイミング
　弁護士から法教育の授業を申し入れる場合、学校・教員側が対応しやすい時期を見計って行うことができるのであればそれが望ましい。教員は、春休み（3月頃）から翌年度の年間授業計画を作成し、4月にはシラバスを完成させて保護者会等に見せることがあるので、年間授業計画が固まる前に授業の申入れをすれば、比較的柔軟に対応してもらいやすいと思われる。
　しかしながら、教員の転勤がある公立学校と原則転勤がない私立学校では、担当教員の決定時期に違いがみられ、体育祭、文化祭、

修学旅行などの行事の開催・実施時期も学校ごとに異なることから、対応しやすい時期は一様に決まっているわけではない。学校側に早期の打診を心がけ、実情を尋ねながら進めることが必要である。

●**弁護士への申入れを行うタイミング**

　弁護士会の活動は年間を通じて行われているため、弁護士会への申入れについては、特に申入れ時期を気にする必要はないだろう。

　ただ、弁護士会の活動の多くは年度単位で行われているため、年度初め（4月頃）のほうが、スケジュール調整等で柔軟に対応できるのではなかろうか。

　また、担当する弁護士を決め、より充実した授業を行うためには、ある程度の準備期間が必要である。余裕をもって、遅くとも授業の数か月前までには申入れをする必要がある。

第5章　新学習指導要領の下での学校における法教育

I　新学習指導要領における法教育

(1) 新学習指導要領の制定・実施

　文部科学省は、「生きる力」の育成、基礎的・基本的な知識・技能の取得、思考力・判断力・表現力等の育成のバランスという目的を掲げ、2008年2月、小・中学校の学習指導要領及び幼稚園教育要領を、2009年3月、高等学校の学習指導要領を改訂し（これらの学習指導要領を本書では「新学習指導要領」という）、その「目標」や「内容」において、法に関する教育が盛り込まれることとなった。新学習指導要領は、小学校では2011年4月から実施されており、中学校では2012年4月から、高等学校では2013年度入学生から全面実施されることとなっている。

(2) 新学習指導要領における法教育
(a) 新学習指導要領における法教育

　新学習指導要領においては、義務教育の過程で「法」に関する教育を取り扱うべきことが随所で示されており、法教育に関連する学習項目の導入が図られている。
　小学校では社会科・生活科・家庭科・体育科・道徳・特別活動、中学校では社会科・音楽・美術科・保健体育科・技術家庭科・道徳・特別活動、高等学校では公民科・保健体育科・芸術科・家庭科・情報科・特別活動において、法教育的な指導内容を取り上げることとなっている。
　例えば、中学校の社会科の公民的分野において、次のような記述が追加されている。
　「人間は本来社会的存在であることに着目させ、社会生活における物事の

決定の仕方、きまりの意義について考えさせ、現代社会をとらえる見方や考え方の基礎として、対立と合意、効率と公正などについて理解させる。その際、個人の尊厳と両性の本質的平等、契約の重要性やそれを守ることの意義及び個人の責任などに気付かせる」

　これについて、文部科学省による中学校の新学習指導要領の解説によれば、新学習指導要領における「対立と合意」「効率と公正」の概念は、現代社会をとらえる概念的な枠組みである見方や考え方の基礎となるものを養うための基盤・概念的枠組みであると位置づけられている。「対立と合意」については集団において「対立」が生じた場合、多様な考え方を持つ人が社会集団の中でともに成り立ちうるように、また、互いの利益が得られるよう、何らかの決定を行い、「合意」に至る努力がなされていることについて理解させることを意図している。また、「効率と公正」については、合意の妥当性について判断する際に用いるべきものであり、「効率」については、「合意」された内容は無駄を省く最善のものになっているかを検討することを意味し、「公正」については、様々な意味合いの公正さ（手続の公正さ、機会の公正さ、結果の公正さ等）があることを理解させた上で、「合意」の手続の公正さや内容の公正さについて検討することを意図している。

　これは、法の基礎にある原理や価値を教えるという、法教育に関連する学習項目が新学習指導要領においても取り入れられた記載であるといえよう。

(b)　各教科等における主な指導内容

　前述のとおり、新学習指導要領においては、各教科において、横断的に、法教育に関連する学習項目の導入が図られている。

　各教科等における主な指導内容は巻末の図のとおりである（東京都教育委員会作成「『法』に関する教育カリキュラム」より引用）。

II　新学習指導要領導入に対応した教科書等の内容

(1)　旧学習指導要領下における教科書

　新学習指導要領が制定される前の旧学習指導要領の下においても、教科書に法教育に関連する学習項目は盛り込まれていた。例えば、中学校公民などにおいては、法教育に関連する学習項目が多く記載され、それに伴って対応する教科書や教材等にも、日本国憲法、人権、裁判などに法教育に関連する

授業の素材が盛り込まれていた。しかしながら、それらの教科書の記載は、「法教育」を十分に意識した記載とはいえず、法や法制度等について知識習得を重視した記載に留まっており、法教育的視点である様々な制度や規範の根幹をなす価値や背景について深く考えたり、討論したり、さらには知識を応用させる技能を習得することに対してはあまり重点が置かれていない印象を受けるものであった。

(2) 新学習指導要領を踏まえた教科書の内容の変化

本書執筆の平成 23 年 7 月末日時点では、新学習指導要領の導入を控えて新しく編成された教科書が、小学校については既に発刊済みであり、中学校についても既に検定済みとなっている（新学習指導要領を踏まえた高等学校向けの教科書は未発刊）。

これら新学習指導要領下における教科書について、旧学習指導要領下における教科書と比べて、より多くの法教育に関連する学習項目が記載されるようになっている。以下、中学校公民分野の教科書を紹介する。

中学校公民は、前述のとおり、「対立と合意」等、新学習指導要領において法教育に関連する学習項目が多く盛り込まれた。中学校公民の教科書についても、法教育要素に関する記載が、一定程度増加したという傾向が見られる（ただし、具体的に各教科書に法教育に関連する学習項目が盛り込まれた程度については、その発行会社により大きな差異が存在する）。

変化のあった教科書の全体的な特徴としては、法教育に関連する学習項目が取り上げる箇所が単純に増えただけでなく、「話し合ってみましょう」「考えてみましょう」との記載が格段に増えたことが挙げられる。特に、日本国憲法に関する分野や人権に関する分野において、その増加が顕著であり、他にも行政や司法に関する分野等、社会問題から身近な問題まで、単なる知識の習得にとどまらず考察や討論の対象とすべき具体例も多数記載されている。例えば、決まりを作る目的や方法について考察、プライバシーと表現の自由の関係についての考察や討論、模擬裁判の体験等を促す記述等が見られた。

ただ一方で、旧学習指導要領下の教科書からほとんど変化が無かった教科書も見受けられ、教科書発行会社によって法教育関連の学習項目の取り扱いにはばらつきがあるのが現状のようであった。この点は、どの学校でも一定程度の法教育が提供されるようにするためには、全ての教科書への十分な盛

り込みが必要であり、改善の余地があると思われる。

(3) 教員向け解説書における内容の変化

新学習指導要領の導入及び(2)で触れた教科書の変化に伴い、教員向けの解説書にも法教育に関連する事項が盛り込まれている。

解説書においては、総論部分において、新旧の学習指導要領の比較が行われ、学習指導要領にどのような改訂が行われたかが検討されている。その上で、どのような狙いの下に、これら学習指導要領の改訂が行われ、また、目指すべき資質・能力が記載されている書籍も認められ、その中には、法教育の目指すべき資質・能力が多分に記載されているものも存在する。

また、具体的授業案の提案については、法教育を中心とした授業案が1つ提案され、その中においても、新学習指導要領において求められている内容につき検討が行われ、中には法教育という文言を用い、法教育として取り上げられるべき事項について検討している書籍も存在した。例えば、明治図書出版株式会社発行の「中学校社会科『新教材』授業設計プラン」においては、「ルール・法の役割はこう教える」との一節が設けられ、その中において、法教育という語句が多く使われている。その上で、日本における法教育研究の進展や、法教育研究会の報告書の内容、さらには、法教育推進協議会による社会科におけるルール・法に関する認識内容についても触れられており、法教育授業実践に向けて、法教育授業未経験の教育関係者に、法教育の概念を理解してもらおうという意図が強く感じられる（ただし、具体的授業案において検討されている法教育として取り上げられるべき事項は、解説書の執筆者ごとにおいて理解が異なると思われ、そのため、提案されている具体的授業案が、関東弁護士会連合会の目指す法教育と合致するか否かについても、差異が存在している）。

解説書については、1冊のみ選定される教科書と異なり1冊のみを使用することに限定されるわけではないため、複数の解説書を参照する等により、複数の法教育授業案を検討し、よりよい法教育授業を実践することは十分に可能である。

III 法教育の実践案

新学習指導要領の下で、実際に学校教育においてどのような法教育の実践

が考えられるか。小学校及び中学校課程について、その実践案の提示を試みる。

(1) 『学校でのルールを考える』（小学校1・2年　生活科）
(a) ねらい
　学校が公共の場であることに目を向け、公共の施設・公共物など身の回りの物がみんなで使う物であること、みんなで気持ちよく使うためにルールがあることなどを気づかせる。
(b) 学習内容
・学校にはどんな道具や設備が備えてあるか、実際に生徒たちが学校内を見て回って考えてみる。
・学校生活のルールにどんなものがあるか、話し合う（例えば、廊下は走らない、遊具は使ったら元の場所に戻す、など。）。
・そのルールがなかったらどんなことが起きるか、想像して発表し合う。

(2) 『ゴミ処理問題で地域社会を考える』（小学校3・4年　社会科）
(a) ねらい
　地域社会の生活上で大切な法や決まりについて取り上げ、地域社会でのルールの目的やその必要性を理解するとともに、ルールが形成される過程にも目を向けさせる。
(b) 学習内容
・自宅近所のゴミ集積所のゴミ出しルールを調べてくる。
・清掃工場を見学し、そこで働く人達に仕事の大変な面を聞く。
・ロールプレイングにより、ゴミ出しのルール作りを体験する（例えば、ある町内会において起きたゴミ集積場の置き場所を巡る紛争について、各当事者役を決めて話し合って、ルールを策定するなど）。

(3) 『模擬選挙』（小学校6年　社会科）
(a) ねらい
　国民主権、三権分立の概念を理解するとともに、法の形成過程を体験して理解する。
(b) 学習内容
・国会、内閣、裁判所の三者の関係について調べ、図にしてみる。

・開催中の国会の様子をテレビ等で視聴する。
・クラスで、選挙の争点を決め、模擬投票を行ってみる。

(4) 『ルール作りの体験』（中学校　社会科）
(a) ねらい
　身近な問題について生徒にルール作りを体験させることにより、社会生活では様々な利害関係が「対立」しているが、社会を成り立たせるために「合意」に至る努力がなされていることを理解し、「合意」の内容として無駄のない最善のものであって、内容（機会・結果）・手続において公正さが必要であることを理解させる。
(b) 学習内容
・複数の利害関係人が関係する身近な問題（娯楽施設の騒音、放置自転車、ノラ猫へのエサやり等）について調べてくる。
・生徒がそれぞれの立場から意見を述べ合い、話合いによりルールを決定させる。

(5) 『模擬裁判員裁判』（中学校　社会科）
(a) ねらい
　国民主権、三権分立や司法制度の意義、裁判のプロセスにおける法曹三者の役割を理解させるとともに、国民の司法参加の意味について考えさせる。
(b) 学習内容
・新聞記事で最近起きた刑事事件を調べ、どんな法に違反したと疑われている事件なのか、刑事事件のプロセスのどの時点について報じられているのか考える。
・裁判所で一般の刑事事件の裁判傍聴をしてみる。
・刑事事件の原則（証拠裁判主義、疑わしきは被告人の利益に等）がなぜあるのか話し合ってみる。
・裁判官、検察官、弁護人、裁判員などの役割を分担し、架空の刑事事件について模擬裁判員裁判を行う。

(6) 『契約の意味と契約の解消』（中学校　技術・家庭科）
(a) ねらい
　日常の消費生活に関心を持ち、私的自治の原則や、消費者の権利や責任に

ついて理解させる。
  (b) 学習内容
  ・日常の消費活動にどのようなものがあるか列挙し、契約行為にあたるものはどれか検討する。
  ・日用品の購入やアパートの賃貸借契約などの身近な消費活動について、実際に契約書を作成してみる。
  ・契約により、誰にどんな責任が発生するか考える。
  ・消費者契約法等により契約を解消する余地があることを学ぶ。

Ⅳ 課題

(1) 法教育への関心の高まり

　新学習指導要領の制定と法教育に関連する学習項目の導入は、法教育に対する教育現場及び社会の関心を広げ、法教育の実践の普及を進める大きな契機となりうるものである。教科書における法教育に関連する事項が飛躍的に増大し、教員向け解説書においても法教育について理解を深める記載が存在し、単なる法律や制度の知識習得に留まらない法教育授業の実践を行うことが従来以上に容易になったと考えられる。また、言い換えれば、法教育への関心の高い一部の教員だけが自主的に取り組んできたというこれまでとは異なり、好むと好まざるとにかかわらず、すべての教員が法教育的な要素を意識しながら教鞭をとっていかざるを得なくなったとも言えるかもしれない。

　このような状況のもと、教育現場における法教育への関心は、これまで以上に高まっていくであろうし、実際高まりつつあると言えよう。

(2) 学習指導要領等の課題

　しかし、一方で、新学習指導要領下においても、法教育普及のためには、課題は多い。

　まず、新学習指導要領やその下で作成されている教科書においては、未だ法教育が体系的に取り入れられていないことが挙げられる。その結果、立憲民主主義社会における理想的市民の育成という最終的な教育目標を念頭に、全ての教育課程において、児童・生徒の発達段階に応じ、連続的・累積的に法教育を施すことが困難となり、学習指導要領の中で法教育に関連する記載を拾い出し、その範囲で各自が個別に創意工夫して法教育を実践せざるを得

ない状況となっていると感じられる。こうした教育目標が単発の授業で実現できるものでないのはもちろん、抽象的な法的概念・価値を、具体的な理解につなげていくためには、発達段階に応じた具体的体験に基づく教育を継続的に施していく必要があり、こうした現状はぜひとも改善される必要があると考える。

　また、教材不足という点も挙げられる。既存の法教育教材についても単発の授業を前提とすれば、優れた教材は多数存在するが、一方で、小学校から高等学校までの全ての教育課程を全てカバーする体系的な教材や、前後の学年や発達段階、あるいはそこで用いられる教材との関連性を意識した教材は、日本においてはまだ開発されていない。発達段階を意識した体系的で、かつ教育現場で利用しやすい教材を開発することは、法教育普及のためには必須であるし、新学習指導要領が制定された今、急務であろう。

　さらに、法教育の担い手として十分な能力や経験を持つ教員の不足、学年の年間の授業計画内での法教育に割く時間が担保されていないこと等は、新学習指導要領の下であっても、なお法教育を普及させるための重大な課題である。

　法教育への関心が高まっている今だからこそ、法教育の普及のために、これらの課題を克服してゆくことが求められる。

(3) 法律実務家と教育者との連携の必要性

　前記のような課題の克服にあたっては、法教育の体系的カリキュラムの策定と導入、教材作り、法教育授業の実践や教員研修等において、法律実務家が果たせる役割は大きいだろう。法律実務家が教育者と連携し、教員のフォローや教材をうまく利用しての実践活動の積み重ね、教材の開発・改善等について協同して行い、今まで以上にその連携を強化する必要性が高まっているといえる。

　新学習指導要領においては様々な分野において法教育として取り上げられるべき事項が盛り込まれており、これは法律実務家が関わって行われてきた様々な法教育に関する取組みが実を結んだ１つの成果でもある。過去に積み上げてきた活動によって得られた成果をうまく活用し、今後の「法教育」の普及・発展につなげていくためにも、法律実務家と教育者との連携が重要といえる。

第6章 法律実務家と教育者との連携

I なぜ、法律実務家が法教育に関与すべきなのか

(1) 法律の専門家である法律実務家の役割

　第1部第1章で述べたように、法教育とは、「法律専門家でない人々を対象に、法とは何か、法がどのように作られるか、法がどのように用いられるかについて、その知識の習得にとどまらず、それらの基礎にある原理や価値、例えば、自由、責任、人権、権威、権力、平等、公正、正義などを教えるとともに、その知識等を応用し適用して使いこなす具体的な技能と、さらにそれを踏まえて主体的に行動しようとする意欲と態度について併せ学習し身につけてもらう教育」である。

　上記のような法教育を実践するにあたっては、法、法制度のみならずこれらを基礎づける基本原則や価値に関する知見を持ち、現実社会において法がどのように適用され、これらの基本原則や価値がどのような場面で問題となっているのかについて十分な知見や経験を持つ者が関与することが不可欠である。そこで、法を専門的に学び、法に関する知識と技能を有して、社会において活動している法律実務家は、市民に対して法に関する有益な情報を提供することができる存在として法教育に関与することが必要である。

(2) 弁護士の役割・使命（人権の擁護と社会正義の実現）

　ところで、法律実務家、特に弁護士が法教育に関与することは、その使命からも希求されるものである。

　すなわち、弁護士法第1条（弁護士の使命）は、第1項において、「弁護士は、基本的人権を擁護し、社会正義を実現することを使命とする」と規定し、第2項は、「弁護士は、前項の使命に基き、誠実にその職務を行い、社会秩序

の維持及び法律制度の改善に努力しなければならない」と規定し、弁護士の社会的存在意義の根底を示している。

　しかしながら、「基本的人権の擁護」「社会正義の実現」「社会秩序の維持及び法律制度の改善」は、弁護士のみによって実現できるものでないことはいうまでもない。社会においてこれらが実現されるためには、すべての市民一人一人が、人権とは何か、なぜ人権を尊重することが重要なのか、法とは何か、なぜ法が必要であり、法はどのようにして制定されるのか等について理解し、知識、自覚及び意欲を持って、法や権利について深く考え行動を起こす力を身につけることが不可欠である。そして、このような知識、自覚及び意欲は、生まれながらに備わっているものではなく、これらの能力を身につけるために、「法教育」を行うことが必要不可欠である。

　そうであれば、弁護士が法教育に関与して、市民に対しこれらの能力を身に付けるための支援を行うことは、弁護士法1条が規定する使命を果たすための一つの方法と言え、弁護士は、その社会的存在意義から、法教育に積極的に関与することが求められているのである。

　また、第1章Ⅰ(2)で述べたとおり、子どもたちには、法教育を自己に施すことを大人一般に要求する権利が保障されているのであり、基本的人権の擁護を使命とする弁護士には、子どもたちの法教育を受ける権利を擁護するべく活動することが求められている。

　以上のように、弁護士は、自らの役割を自覚し、法教育に積極的に関与すべき責務がある。

Ⅱ　法教育の実践にあたって、法律実務家に期待されること

(1)　教員から期待されること

　第3章のとおり関東弁護士会連合会は、法教育の授業を実践したことのある教員に対してアンケートを行い、このアンケートで法律実務家との連携することにどのようなメリットがあると感じているのかと質問をしたところ、身近な生活において法が深く関わっていることの理解を深めることができる、法の存在意義に関する理解を深めることができる、生徒たちに法に関する知識や法制度について正確な情報を提供することができるとの回答が多く寄せられた。

また、法律実務家が授業に加わることで生徒の意欲・関心が高まるという趣旨の回答も複数存在した。

さらに、関東弁護士会連合会では、法教育を実践している教員の座談会を実施し、法教育の授業を実践するにあたっては、法律実務家に何を期待するのかという質問をしたところ、①授業案や教材を作る上で、法に関する内容についてその根拠（法的根拠）や概念を示してもらえること、②①により教員が法的根拠等を調査する時間や労力を省くことができること、③実際に法律実務家が扱った事例を参考事例として提供してもらえること、④子どもたちに法律実務家の体験・経験に基づいた話をしてもらえることを期待するといった意見が多かった。

(2) 研究者から期待されること

また、関東弁護士会連合会は、法学研究者及び教育研究者に対して、法教育を実践するにあたって法律実務家にどのようなことを期待するかについてヒアリングを行ったところ、「法教育は、法律実務家、現場教員、研究者の連携が不可欠であり、法律実務家には法的知見からの助言が期待される」、「専門的分野の視点を示すことによって、事例を深く解釈することが可能となる」、「現場教員の視点とは異なる視点からの意見が期待される」といった意見が聴かれた。

Ⅲ　法律実務家と教育者が連携することによる効果

前述Ⅱのとおり、法律実務家は、教員や研究者（以下、合わせて「教育者」という）から、専門的知見の提示、経験に基づく具体的な事例の提供等が期待されているところ、法律実務家と教育者とが連携して、互いの専門知識や技能を持ち合うことにより、以下のとおり教育効果の高い法教育を実践することが可能となる。

すなわち、法教育が広く実践されるためには、学校において法教育が浸透することが重要であるところ、このためには、教員が主体的、継続的に法教育の授業を行うことが不可欠である。もっとも、日本においては、法律が身近なものと捉えられていない傾向があり、また、教員は日々の授業及びその準備等に大部分の時間を費やしているため、新たな取組みを行うには時間的

な制約がある。このような現状において、教員が法教育の授業を行おうとする場合、法律に関する知識等を補うために膨大な時間を費やす必要が生じ、これによって、教員が法教育の授業の実践を躊躇することが予想される。

そこで、法教育の授業を実践するにあたっては、その授業を行うために必要な法的知識、法的概念及び法理念について、法律実務家が教員の知識等を補うことが重要であり、これによって、教員は十分な理解の下に法教育の授業を実践することができる。

また、法律実務家は、その職務において、利害が対立する当事者の抱える問題を法律的に解決する場面を取り扱っており、物事を多面的に捉えること、論点の整理、根拠のある論理的な説得、当事者間の利害調整といったことを日常的に行っている。こうした法律実務家が、法教育の授業に関与することによって、子どもたちに法的知識を教授するだけではなく、状況を多面的に捉え分析し、建設的な意見を構築し、問題解決のために他者と協同できる能力を養うための支援をすることができる。

さらに、法律実務家が学校に赴いて、法教育の授業に参加することにより、子どもたちは、専門家と直に触れ合い、法を身近なものとして感じる機会を得ることができ、子どもたちの授業に対する興味関心をより高めることができる効果もあると考える。

このように、法律実務家と教育者が連携するならば、教育的効果の高い授業を展開することができると考える。

Ⅳ　どのような連携が可能か（考えられる連携の方法）

(1) 教育現場における連携

第2部第1章Ⅱで述べたように、日本においては、これまで、法律実務家が学校等に赴いて、ルール作りや模擬裁判等の授業を行ってきた。特に、平成21年5月の裁判員制度の導入に伴い、裁判員制度の説明や、実際に模擬裁判の授業を行う際に、法律実務家に対して協力を要請する学校が増えた。以下、これまでの連携例を踏まえつつ、今後、教育現場において、法律実務家と教員とが連携する方法としてどのような方法が可能であるかを考察する。

(a) 授業内容等検討の際のアドバイス

　法教育の授業に法律実務家が実際に参加するか否かを問わず、より教育効果の高い授業を実現するためには、法律実務家と教員との事前の打ち合わせが不可欠である。なぜなら、教員は、授業を行う前に、獲得目標を設定し、学習内容や授業の構成・流れを検討し、指導案を作成することが一般的であり、これに沿った授業が展開されるのであるが、法律実務家が教員の作成した指導案を全く認識せずに授業当日に参加しても、専ら法律実務家が法的知識を提供するだけの授業となる可能性が高く、教育効果が限定的なものとなってしまうからである。そこで、法教育の理念に沿った授業を実践するには、学習内容や授業構成を検討するにあたって、教員と法律実務家とが授業の獲得目標を共有化することが重要であり、また、法律実務家は、授業における獲得目標に則した具体的な事例を提示し、法的観点からの助言を行い、これに対して、教員は、法律実務家の提示した具体的事例が、子どもたちの発達段階や現状に応じたものであるかを検討する等、法律実務家と教員との間で事前に十分な打合せを行うことが重要である。

　もっとも、教員も法律実務家も多忙であることから、複数回の打合せを行うことが難しいことも予想できる。そこで、インターネットや電話・FAX等を活用して、教員が抱える疑問等を法律実務家に対し気軽に投げかけ、法律実務家がこれに迅速に対応できるような態勢づくりも重要であると思われる。この点、長野県においては、2009年11月に、法律実務家、小・中・高等学校の教員、研究者等が協力連携して法教育の効果的な実践・研究を進めるための組織として、「信州法教育研究会」が立ち上げられており、この研究会においては、教員が法教育の授業を作り上げる際に、法律実務家の協力を得る態勢が取られ、教員は、授業案を作成する際に法的問題等について疑問点等があれば、メーリングリストによって質問を投げかけ、法律実務家は、この質問に迅速に回答するという態勢が取られているとのことである。この取組みは、今後の教員と法律実務家との間の連携のあり方として参考にしたい。

(b) 補助役としての関与

　(a)で述べたとおり、授業内容の検討に際して法律実務家が関与することは有意義であるが、法律実務家が授業に参加する場合に補助役として参加する方法も有意義である。これまでは、法律実務家が学校に赴く場合、法律実務家が教壇に立って授業を行ったり、講演をしたりする等、法律実務家主導型

の授業を行うことが多かったと思われる。しかし、法律実務家は教育のプロではなく、授業の構成を決定したり、子どもたちを主導することは、教育のプロである教員の方が適役である。そこで、法律実務家が授業を単独で引き受けるよりも、教員が授業全体をリードし、法律実務家は授業のまとめの部分で専門的意見を述べる等して教員を補助し、教員と法律実務家がともに授業を行うスタイルの方が、子どもたちに対して、より教育的効果の高い授業が実践できると考える。このような方法がもっとも適合する授業形態としては、具体的な事例を通じて、生徒相互間で積極的な議論を積み重ね、知識や理念を身につけてもらう生徒参加型の授業形態（グループ討論、ディベート、ロールプレイング）があげられる。生徒参加型の授業形態は、子どもたちに自由に意見を述べる雰囲気を作り出す必要があり、また、子どもたちから出た様々な意見を集約したり、発展させたり、異なった視点からの意見を述べることによって議論を深める必要があるところ、多様な価値観を前提としつつ相互の調整を図ることを仕事としている法律実務家が、グループ討論のコーディネーター役を務めることによって、子どもたちの議論をより深いものにできると思われる。このような議論を行うことによって、子どもたちは、自己の意見を述べる機会が与えられ、自然と参加の技能を身につけ、他者と討論しながら対立利益との調整を考え、合意形成の技能や民主的な手続に関する技能を身につけていくことができるのである。

(c) 教科書の内容に基づく、またはそれを発展させた法教育授業の実践

第5章で述べたように、新学習指導要領に法教育に関連する指導内容が含まれた結果、改訂された教科書にも法教育に関する学習項目が多く盛りこまれている。教員は、学校教育において、学習指導要領に沿った内容の授業を行うことが一般的であるところ、今般、新学習指導要領において法教育に関する要素が取り込まれたことは、現場の教員が法教育に取り組む契機となると考えられるし、また、学校教育の手段として使用される教科書にも法教育として取り上げられるべき事項が多く取り込まれたことは、法教育の普及にとって非常に喜ばしいことである。

法律実務家は、新学習指導要領によって改訂された教科書の内容を吟味し、教科書の内容を踏まえて、またはそれを発展させて、教員とともに法教育の授業を作りあげていくべきであると考える。

例えば、ある中学公民の教科書では、「きまりは何のためにつくられるのか」といった内容や、「わたしたちはどのようなときにきまりを変えるのでしょ

うか。また、見直せばよいのでしょうか」という内容が新たに盛り込まれており、このような教科書の内容を踏まえて、教員と連携して法教育の授業案を実践することができると考える。

(2) **教材、教育カリキュラムの研究開発における連携**
　(a)　教材の開発・作成
　これまで法律実務家は、学校に赴き授業を行う等により法教育の普及を推進してきた。しかし、学校におけるすべての法教育の授業に法律実務家が参加することは、人員的な限界がある。また、学校教育は、本来、教育の専門家である教員が主体となって行われるべきであって、法教育の授業についてもそれが望ましい。

　そこで、教員が法教育の授業を比較的容易に実践できるよう、法教育の教材の開発・作成が不可欠である。これまでにも、法教育を実践するための教材として、資料編資料5に紹介するような教材が作成されているが、この中でも、鈴木啓文ほか『法教育Q&Aワーク中学校編』(明治図書、2008年)、教師と弁護士でつくる法教育研究会『教室から学ぶ法教育・子どもと育む法的思考』(現代人文社、2010年)は、教育者と法律実務家(弁護士)が共同して執筆されたものであり、両図書とも、子どもたちの視点に立って事例を設定し、その事例を通して自由、責任、権利、平等、公正について理解を深め、また、法が自分たちの生活に密接に関わっていることを理解できるような内容となっている。

　このような教材の開発・作成にあたっては、子どもたちの興味関心のある事例を設定することが重要であるし、また、子どもたちの発達段階に応じた配慮が必要である。さらに、日本での法教育の浸透を目指すには、日本の教育の歴史・背景を意識した教材作りを行うことも検討に値するといえよう。そして、子どもの発達段階や日本の教育の歴史・背景については、教員が豊富な知識や経験を有していることから、法教育の教材の開発にあたっては、教育のプロである教育者と法律のプロである法律実務家とが連携することが非常に重要であると考える。

　さらに、法教育は、社会科の授業を通して実践されることが多いものと考えられるところ、法教育的な視点は、その他の教科において取り入れることも十分に可能であるから、社会科だけに留まらず、様々な教科において活用できる教材の作成が求められる。

例えば、社会に参画する資質や能力は、学校における学級運営において育むことも可能であり、子どもたちに学級における身近な問題を議論させることによって、子どもたちに社会に参画する資質や能力を形成することが可能であると思われる。また、体育の授業において、子どもたちに試合のルールを作らせるということによって、ルール（法）の必要性やルール（法）の制定や改正に主体的に取り組むことの重要性を理解させることができるであろう。さらに、国語の授業においても、取り上げる題材によって法教育の意義に即した授業を構成することも十分に可能であると考える。

(b) 法教育カリキュラムの開発

　子どもに対する法教育は、その発達段階において相応しいものが施されなければならず、長期的な期間において体系的に行うことが必要である。しかし、現在、学校において行われている法教育は、単発的であって、また、中学校３年に行われる公民の授業や高等学校における現代社会、政治経済で実践されることが多い。幼稚園または小学校低学年から体系的に行われてはいないのが現状である。そこで、今後、法教育を広く普及させるためには、法律実務家と教育者が連携し、子どもの発達段階に応じた法教育のカリキュラムを研究・開発することが必要であると考える。

　この点、アメリカにおいては、ABAの作成した法教育教材である「I'm the People」が、幼稚園から小学校低学年レベル、小学校高学年レベル、中学生レベル、高校生レベルに分けて各段階に応じた細かな授業計画が立てられ、それぞれに獲得目標が掲げられている等、発達段階に応じたカリキュラムが設定されている。

　また、韓国においても、子どもたちの発達段階に応じて、幼少期より体系的に実施されるような学校教育のカリキュラムが組まれており、特に、11学年及び12学年（高校２年生及び３年生）においては、「法と社会」（来年からは、「法と政治」という名称になる）という教科を設けて、週に３時間、年間90時間もの時間をかけて憲法、民法、国際法等の授業を行っている（詳細は、巻末資料編資料３、Ⅴ参照）。

　さらに、日本においても、大阪府松原市では、小学校低学年では身近なルールやそのルールの必要性について、小学校高学年では権利と責任について、中学校では公正な見方、考え方について学ぶというように、小学校から中学校にかけて、子どもの成長に応じて段階的に法に関する教育を行うカリキュラムが組まれている。また、東京都高等学校法教育研究会においても、法教

育カリキュラムの全体構想に取り組んでいる（渥美利文「高等学校における法教育の展開―東京都高等学校法教育研究会の議論を手がかりとして―」(2010年9月5日付・法と教育学会第1回学術大会研究発表)ことは注目に値する。このような取組みは、今後、法教育のカリキュラムを検討する上で参考になろう。

(3) 研究会等における連携

現在でも、札幌市、神奈川県、茨城県、栃木県、静岡県、長野県、福井県、岡山県、佐賀県、宮崎県等では法律実務家と教育者とが連携して法教育に関する研究会が設立されているが、さらに他の都道府県、市町村においても、このような研究会が設立されることが望まれる。また、教員が実践する法教育の授業を研究授業とすること等によって発表する機会を多く設けることは、教員が法教育の実践方法を理解する上で大変有意義であると思われる。そこで、今後もこのような各地の研修会・研究会・研修組織等による研究授業等を全国的に展開して行く必要があると考える。

また、教員に対して、法教育の意義が遍く浸透していない現状においては、法律実務家が法教育に関する研修会を定期的に開催することも必要である。現在、法曹三者は、毎年子どもたちの夏休み期間を利用し、中学校、高等学校の社会科教諭等に対して「法教育に関する教員研修」を実施しているが、法教育を実践する教員をより一層の育成するためには、このような法律実務家が主催する研修会の開催の頻度を多くすべきであろう。

[コラム5]

授業実践の準備時間を確保するために

●教員が準備しやすい時期

学校には夏休み・春休みがあり、その間は授業がない。春休みは年度末のため、教員にとっては夏休み頃が比較的時間的余裕がある時期といえるかもしれない。

また、新年度の担当教員やカリキュラムの大枠が決まる年度末（3

月頃）は、具体的な打ち合わせを行いやすい時期といえるだろう。

　1学期に授業を行うのであれば新年度直前（3月頃）に打合せを、2学期に授業を行うのであれば7月末から8月末までの間に打合せを、というのも、授業実践のスケジュールの目安となろう。

●弁護士が準備しやすい時期

　3月末から4月初旬及び7月末から8月末までの間は、弁護士に比較的時間的余裕がある時期といわれている。

　弁護士の多くは、通常、訴訟代理人として頻繁に裁判所に出向くが、毎年3月末から4月初旬にかけては裁判官の人事異動があるため、また毎年7月末から8月末までの間は裁判所の夏期休廷（裁判所全体が休みになるわけではないが、裁判官が区々に法廷を開かない期間をとる）のため、訴訟期日が入りにくくなる。そのため、3月末から4月初旬及び7月末から8月末までの間は、他の月に比べ、弁護士が裁判所に行く回数は少なくなるのである。

　このように、弁護士にとっても、教員同様、1学期に授業を行うのであれば新年度直前（3月頃）に打合せを、2学期に授業を行うのであれば7月末から8月末までの間に打合せを、というのが、都合がよさそうである。

●相手に対する「早期の意思表明」も重要

　弁護士と教員がお互いをよく知ることは重要だ。しかし、知らないからといって接触しないのでは、なかなか法教育は普及しない。

　相手をよく知ることと同様に大切なことは、まずは相手に対し「連携して法教育を行いたい」と意思表明をしておくことだ。細部については後に調整して決定すればよい。「思い立ったが吉日」。まずは互いに接触を図ることが重要なのである。

第3部

現場における連携の実践例

第1章 # 授業実践について

I　授業実践の目的

　関東弁護士会連合会は、平成23年度シンポジウムのテーマとして、弁護士と教育現場、研究者の連携を取りあげた。
　これら関係者の連携の態様として端的なものが授業の実践であることから、実際に関東弁護士会連合会管内の各地の学校で弁護士と教員、研究者との連携の下に授業案の作成から実施に至るまでを協同して行うこととした。
　そして、その連携の過程や結果としての授業内容を分析・検討することで、弁護士が教員、研究者らと連携することの意義や利点が明らかとなり、他方で各当事者間の連携の障害となるものやその原因、さらにはその克服方法も明らかになって今後の法教育普及のカギを握る「教育現場、研究者と弁護士の連携」に役立つのではないかと考えた。
　本章では、こうした考え方の下で実際に連携しながら作成した授業案やその過程での議論内容を紹介するとともに、そうした内容を分析する。

II　授業実践の方法

　上記趣旨を実現する方法として、授業実践においては、統一のテーマの下にそれぞれの弁護士や教員、研究者に授業を作成することを依頼した。
　同じテーマを使用することで、同じような成果や障害を見出すことができれば、その結果は一定程度の一般性を持つ可能性があるためである。
　また、今回授業を引き受けてくれる学校は小学校から高等学校まで多様性を有していたことから、発達段階に応じて同じテーマが手段、状況設定、到達目標等の点でどのように変化するのかを知る良い機会にもなると考えた。

III　実践する授業のテーマ

　選択したテーマは「配分的正義」すなわち何が正しさに適うかという「正義」概念のうち、利益や義務の分配を行う場面における「公平」について理解を深めることを目的とした問題である。

　これは江口勇治監訳『テキストブック私たちと法』(現代人文社、2001 年) や橋本康弘ほか編著『法を教える　身近な題材で基礎基本を授業する』(明治図書、2006 年) でも取り上げられ、以前にも横浜の小学校での研究授業においても採用されていたものである。

　ここでは児童・生徒があらかじめ持っている漠然とした「公平」(配分の際の「正義」の基準となる) の概念をいくつかの視点でより分析的に考える方法を提示し、「公平」概念を実質的にとらえることを目的としている。

　授業の依頼にあたっては、この配分的正義の考え方をもとにした授業の目的、「公平」を判断する基準の例、憲法との関係といった授業の根幹をなす部分を説明した文書を作成した。この文書には小学生用と中高生用があり、さらに、それぞれについて弁護士用と教員用を作成した。

　概ね弁護士用についてはより細かく具体例を交えて説明し、教員用は基本的な内容にとどめている。これは、教員側が主体となって独創的な授業内容を作成してもらいたいという狙いもあり、弁護士側であまり細かく提案すると、対象が「法」教育であることから、教員側が一種の遠慮をして授業案作成の裁量の幅を狭めるおそれがあると考えたためである。

　弁護士はこの骨子案を持って教員に授業案作成の依頼をすることになるが、上記のおそれがあったことから弁護士用の骨子記載の細かい授業の態様や授業例については準備に行き詰まりが生じるまではできるだけ開示しないようにした。

IV　授業実践の実施校

　こうした内容によって授業案作成を依頼し、実際に授業案作成に至った学校の内訳は以下のとおりである。

　発達段階で分けると、小学校が 4 校、中学校が 9 校、高等学校が 2 校であり、学校の種別で分けると私立校が 3 校、国公立校が 12 校となっている。

　なお、本書執筆の締め切りまでに授業を実施できたのは 11 校であり、そ

の他の学校についてもその時点までにできていた準備を基に分析の対象に加えている。

第1章　授業実践について

第2章 実践例
～配分的正義を題材として～

　実際の授業実践の一例として、2011年6月7日に授業実践が行われた、長野市立三本柳小学校のケースを紹介する。

I　授業実践を行うに至った経緯

　長野県弁護士会では、「信州法教育研究会」で行う法教育の授業において、「配分的正義」をテーマに授業を実践することとした。
　「信州法教育研究会」は、2009年に法律実務家、教育者（小・中・高等学校等の教員）、大学研究者等が協力連携して法教育の効果的な実践・研究を進めるための組織として立ち上げられた組織であるが、同研究会では、定期的に部会に分かれて、法教育の授業を実践している。そして、長野県弁護士会が今回の授業実践を提案した2011年2月の時点で、長野市立三本柳小学校で法教育の授業を行うことは既に決まっていたところ、その授業のテーマを、今回授業実践のテーマとなった「配分的正義」を題材として行うこととなった。

II　本番までの作業・打合わせ

　2011年2月、長野県弁護士会から信州法教育研究会に対し、関東弁護士会連合会シンポジウムのテーマに合わせた授業実践を行うことを提案して以来、同年6月7日の授業本番までの間、5回の打合せが行われている（4月11日、18日、27日、5月18日、6月1日）
　打合せでは、主として
　①授業内容（事例の選定）
　②弁護士関与の方法
の2点について時間を割いて話合いを行ってきたが、その他にも

③授業のコマ数（2コマにするか、1コマにするか）
④用意する資料（ワークシート等）
などについても話し合いを重ねてきた。

以下、教員や弁護士がいかなる打合せを行ったか、時系列で紹介する。

(1) 第1回打合せ（4月11日）

この日、三本柳小学校5年3組（担任　町田祐介教諭）にて、6月7日に、2コマ（計90分）を利用して授業実践を行うことが確認された。

そして、弁護士から、授業で扱う事例について、関東弁護士会連合会シンポジウム実行委員会が用意した「授業の骨子」を交付して、今回のテーマである「配分的正義」について説明を行った。

授業で扱う事例については、まず、担当教員が、次回打合せまでに、生徒たちに対して「日頃不公平と感じること」についてアンケートを行い、アンケート結果を参考にしながら決定することとした。

(2) 第2回打合せ（4月18日）

担当教員が実施した、生徒に対するアンケートの結果について説明を受けた。

アンケートは、①学校生活の中で不公平と感じること、②学校生活以外の中で不公平と感じること、という2項目について自由回答形式で行った。

①学校生活の中で不公平と感じること、では、「1、2年生だけがプレイコート（小学校内にある、上履きで入れる中庭）を使用でき、3～5年生が使用できないのは不公平」という意見が最も多かった（35名中14名）。

②学校生活以外の中で不公平と感じること、では、家庭における兄弟間の取り扱いの違いについて触れている回答が比較的多かった。

このアンケート結果を受けて、まず、プレイコートの事例を題材に、公平か、不公平か、もう一度考えさせてみようということになった。

また、授業では、生徒たちにその場で考えさせる事例も必要となるが、それについては、

　一見「不公平」に見え、実際「不公平」であると思われる事案
　一見「公平」に見えるが、実は「不公平」と思われる事案
　一見「不公平」に見えるが、実は「公平」と思われる事案

というパターンがあることを踏まえ、以後、複数の事例を検討し決定するこ

ととした。

(3) 第3回打合せ（4月27日）

(a) 担当教員から、授業のコマ数について、当初予定の2コマではなく、1コマ（45分）が適当であるとの意見が出された。

その理由として、小学5年生ということもあり、生徒の集中力が持続しないため、2コマ連続して授業を行い（計90分）、法教育の授業に集中させるのは困難である、とのことであった。

この意見を受け、授業は1コマで行うことになった。

(b) 事例について、「配分的正義」「公平」を考える際の基準となる、「必要性」「能力」「適格性」について、弁護士からの説明を行い、意見交換を行った。

担当教員からは、「必要性」「能力」「適格性」という用語は、小学5年生には理解できない、との指摘がなされた。

これを受け、弁護士からは、例えば「必要性」は「必要かどうか」、「能力」は「できるかどうか」、「適格性」は「ふさわしいか否か」に置き換えてはどうか、という意見が出された。

その上で、弁護士から、授業の目標として、生徒が3基準を理解し、今後それを道具として使えるようにするというところまで求めるべきか、という問題提起がなされた。

これに対し、担当教員からは、小学5年生という発達段階では難しい、という意見が出された。

その結果、上記3基準に相当する視点が出て、一見「公平」に見えるが実は「不公平」である事案や、一見「不公平」に見えるが実は「公平」である事案が存在することに気付くことができれば、成果としては充分であろう、という意見でまとまった。

そして、授業では、3基準を説明するというスタイルではなく、事例を考える過程で出された生徒の意見の中から、3基準に相当するものを教員が抽出して（黒板に書く等）、生徒に意識させ、その上で、新たな事例について、もう一度考えさせてみる、ということで意見がまとまった。

具体的事例としては、以下のような案が出された。

(必要性に関する事例)

焼肉の量について、体格の異なる者で均等に分けることは公平か

(能力に関する事例)

リレー選手を希望者全員の中からくじで決めることは公平か

(適格性に関する事例)
　3人兄弟のうちの一人がお使いに行ってある物を3個買ったら、1つおまけでもらった場合に、そのおまけをどう分けるか
(義務の負担の事例)
　委員会の義務の負担の問題
　これらの事例について、次回打合せまでに、担当教員が具体例を作成することになった。
　(c)　弁護士の授業への関わり方
　①　弁護士の授業への関わり方には、さまざまな方法があるが、例としては
・弁護士が生徒のグループ討論の中に入っていく方法
・弁護士が主導して授業を行う方法
・弁護士が授業の一部（解説等）を担当する方法
・弁護士は事前の授業案の作成等に携わるのみで授業自体には登場しない、プロデュース的な方法
　がある。
　②　今回の授業実践における弁護士は関わり方について、打合せでは、以下のようなやりとりがあった。
「今回、不公平な事案について、社会的話題や体験などを弁護士が紹介することも考えられる」（弁護士）
「弁護士は法律のプロであり、教員は授業・指導のプロであり、それぞれの特性がある」（教員）
「前回（注：同研究会で3月に行った中学1年生のクラスの法教育授業）は弁護士が解説を担当した。さまざまなスタイルを、実践して試してみたい」（弁護士、教員）
「今回の授業内容からは、教員だけでも十分対応できる」（教員）
「時間的な制約もある」（弁護士、教員）
　このような議論を経て、今回は、担当教員のみで授業を行う（弁護士は授業当日は出番なし）ということになった。

(4)　第4回打合せ（5月18日）
　(a)　担当教員から、前回挙げられた事例の具体案として、以下の4案が示された。
　事例1　保育園、小学生、中学生の3人兄弟が焼肉の量を等しく分けるこ

と（「兄弟の焼肉」事例）

事例2　5、6年生だけが委員会の当番活動があり、休み時間に自由に遊べないこと（「委員会活動」事例）

事例3　運動会のリレーの選手を希望者全員の中からくじで決めること（「リレー選手くじ引き」事例）

事例4　3人兄弟の末っ子がお使いに行き、おまけに1個余分にコロッケをもらった。それをその子がもらった（「おまけコロッケ」事例）

(b)　上記案について、以下のような意見が交わされた。

「『おまけコロッケ』事例については、誰がもらうべきかについてさまざまな意見が予想されるので（例えば、お金を出したお父さんがもらうべき、3等分すべき等）、生徒に初めから考えさせるのもよい」

「『おまけコロッケ』事例は、事例1ないし3についてグループ討論・発表して更に考えさせた後に検討させてはどうか」

「アンケートで不公平との意見が多かった、プレイコートの利用方法について、授業の最後にもう一度考えさせてはどうか」

(c)　また、担当教員からは、授業で使用するスライド（パワーポイント）の案に関して、「『これって公平？不公平？』の絵（焼肉を異なる量で分けた絵）を見せるか、『どっちが不公平？』（同じ量で分けた絵と異なる量で分けた絵を並べたもの）を見せるか、どちらがいいか」という相談があった。これに対しては、弁護士側から、以下のような意見が出された。

「選択肢をこちらが絞らない方がよい。生徒の自由な発想が出なくなるおそれがある」

「後者（『どっちが不公平？』）だと、どちらも公平という答えが出てくるかもしれない」

「前者の絵（『これって公平？　不公平？』）に、もう少し考えるヒントとなるセリフを追加してはどうか」

「授業にあたっては、形式的平等と差異を設ける実質的平等の両方の考え方が出るように意識する必要がある」等々。

教員がいかに細かな配慮をもって授業に臨んでいるかがうかがえる出来事であった。

(5)　第5回打合せ（6月1日）

(a)　本番前最後の打ち合わせとなったこの日は、当日の進行の説明、確認

が行われた。

　当日は、授業は6限（14時40分から15時25分）の45分であること、その直後に授業検討会を行うことが確認された。

　(b)　その他、今回の授業で弁護士が授業を担当しないことと関連して、担当教員からは

「弁護士が必ず入らないと授業出来ないということになると、法教育は広まらない。教師だけでも授業が出来る資料を弁護士も参加して作っていく必要がある。教師は、指導案と教材があれば、授業は出来る」

という発言があった。

　弁護士からは、

「法教育の授業が一時的なイベントで終わるのではなく、継続的に当たり前のこととして続いていかなければならない。そのために、これを見れば教員であれば誰でも授業が出来るという完結した授業案になっていることも必要である」

という発言があった。

　(c)　その他、法教育が普及しにくい理由等についても、意見が交わされた。

Ⅲ　授業実践本番（6月7日）

(1)　授業経過

　当日の授業は、以下のような流れで行われた。

(a)　導入（5分）

　まず、授業冒頭において、アンケート結果を発表し、高学年がプレイコートで遊べないことを不公平と考えている生徒が多かったことを指摘し、この点について、数名の生徒から理由を聞いた。

(b)　展開（25分）

　モニターを使用しながら、動物のイラストを用いて事例1ないし3を紹介し、それぞれの事例について、公平か、不公平か、3〜4名のグループに分けて討論させた。

　グループ討論の結果は、以下のようなものとなった。

事例1（「兄弟の焼肉」事例）については、1つのグループのみ「不公平」、残りは「公平」との結論

事例2（「委員会活動」事例）については、全グループが「公平」との結論

事例3（「リレー選手くじ引き」事例）については、全グループが「不公平」であるとの結論

グループ討論では、ある生徒が同じグループの他の生徒から、自分では気が付かなかった視点からの意見を聞かされる、あるいは、他のグループの発表を聞いて、自分たちのグループでは気が付かなかった視点に気づく、という様子が見受けられた。

　※　なお、事例4（「おまけコロッケ」事例）については、事例1ないし3についての討論終了後に、再度グループで討論させるという予定であったが、事例1ないし3の討論のための時間を確保する必要から、担当教員の現場判断で、当日の授業では取り扱わないことになった。

(c)　まとめ（10分）

生徒全員に、感想記入カードを配布し、授業の感想とプレイコートの事例についての意見を再度記入させたうえで、生徒数名から意見を聞いた。当初は、小学校高学年生がプレイコートを使用できないことが不公平と考えていた生徒の多くが、自分たちも低学年生の頃は自由に使えていたことや、低学年の子どもたちには特別な遊び場が必要であること等を理由に不公平ではない、と考えるように変わっていた。

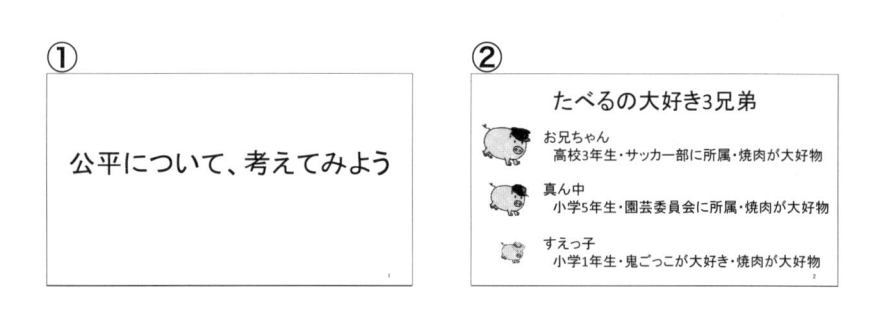

① 公平について、考えてみよう

② たべるの大好き3兄弟
お兄ちゃん　高校3年生・サッカー部に所属・焼肉が大好物
真ん中　小学5年生・園芸委員会に所属・焼肉が大好物
すえっ子　小学1年生・鬼ごっこが大好き・焼肉が大好物

③ これって、公平？
～その1　お肉編～

④ 仲良し3人兄弟が
6個の焼肉を
わけることになりました。

⑤ これって公平？
- サッカーの練習のあとは、おなかすくんだよな。
- お前はいつも、二つめ残してるからひとつで十分。
- お兄ちゃんたち肉が多くて、ずるい！

⑥ これって、公平？
～その2　委員会活動編～

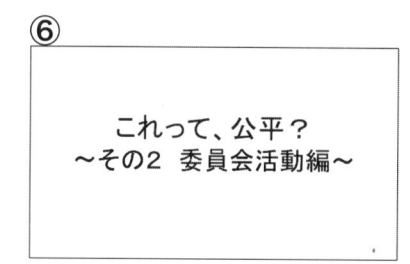

⑦ ある日の休み時間…
- 今日は委員会の当番活動の日だ…。ドッジボールで遊びたいなぁ。
- まて〜！

⑧ これって公平？
- 低学年は委員会活動がなくて遊んでばっかり…。ぼくも、遊びたいのに。こんなの不公平だ！

⑨ これって、公平？
～その3　リレーの選手決め編～

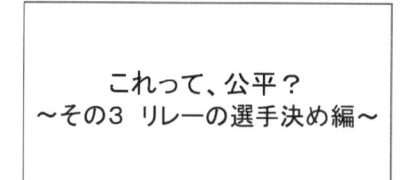

⑩ 運動会のリレーの選手を決めるとき…
- トラさんは走るの速くて、うらやましいなぁ
- きっと今年もトラさんがリレーの選手だよ。
- ぶっちぎりで一番早いもんなぁ。

⑪ 運動会のリレーの選手を決めるとき…
- ぼくも、一回ぐらいリレーの選手になってみたいなぁ…。そうだ！いいこと思いついた！

⑫ これって公平？
- 今年の運動会のリレーの選手は、くじ引きで決めようよ！くじ引きならみんなにチャンスがあるよ！
- えっ、、！？

第2章　実践例　～配分的正義を題材として～

121

⑬

これって、公平？
～その4　コロッケ、どうしよう～

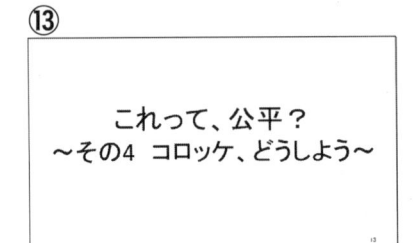

⑭ ある日の夕方...

受験勉強が忙しいから、ぼくは無理。

夕食を作るから、おつかいにいってきておくれ。

宿題やらなきゃいけないから、ぼくも無理。

めんどうくさいなぁ。

じゃあ、ぼくがいってくるよ！

⑮ お店に行くと...

コロッケください！

ぼうや、遠くまでおつかいできてえらいね。コロッケ1個、おまけしちゃおう！

やったぁ～！

⑯ どうするのが公平？

受験勉強の夜食にほしいなぁ。

おまけでもらったコロッケ、どうしようか。

兄弟みんなで平等に分けようよ！

おつかいに行ったぼくがもらって当然！

(2) 所感

　事例4（「おまけコロッケ」事例）は、時間が足りなくなったため、担当教員の判断で省略された。この判断は、生徒が考えさせる時間を十分に確保するためにも良い判断であった。

　生徒からは、担当教員・弁護士が期待していた意見（必要性、能力、適格性のそれぞれの視点からの意見）は概ね出されていた。また、感想記入カードの記載等から、多くの生徒が、一見「公平」に見えるが実は「不公平」である事案や、一見「不公平」に見えるが実は「公平」である事案が存在することに気付くことができていた。授業実践の目的は充分達成されたといえるだろう。

　今回のクラスには積極的な生徒が多く、何度も手を挙げる生徒も数名いた。グループごとの討論でも多くの生徒が発言しており、総じて授業は盛り上がっていた。

　これは、事例の選定など授業内容についても生徒の関心を引き付けるよう様々な工夫が施されていることに加え、導入の棒グラフ、事例紹介のパワーポイントなど視覚的に引き付けるツールが非常に効果的であったことを示している。事例のキャラクター（小ブタのイラスト）などにも、生徒が楽しそ

うに興味を示していた。

　担当教員は生徒との接し方を熟知しており、また、生徒との間の信頼関係も見て取れた。

　「教員はやはり生徒のことをよく知っている」ということを率直に感じた。

　弁護士のみによる法教育には限界がある。今回の授業を目の当たりにし、あらためて、法教育のさらなる普及のためには、法律のプロである弁護士と、教育のプロである教員との連携・協働が必要であることを実感させられた。

第2章　実践例　～配分的正義を題材として～

第3章 実践により確認された連携の意義

I 教員が法教育授業を行うことの意義

　今回の実践では、弁護士が完成した授業案をもって教員のもとを訪れるのではなく、互いの連携の下、教員が主体となって授業案を作成することを予定していた。また、弁護士の関与の程度は各実践によって異なってくることが予想されたが、結果的に、すべての実践例において授業の進行は教員が中心になって行うことになった。

　実践に携わった弁護士からは、教員は、児童・生徒の理解力を含めた発達段階、興味・関心、置かれている状況等について把握しており、これらを踏まえた適切な事案の選定や教材作成に優れているという感想が挙がった。

　また、授業の導入や進行についても、プロである教員が行うことにより、児童・生徒を授業に引き込むことができるということが確認された。

II 弁護士が法教育授業に関わることの意義

　ある教員は、授業の準備段階で弁護士から法の原理や考え方を教えてもらうことにより、教員がそれらをきちんと理解して授業に臨むことができ、これが教員から見た弁護士との連携の意義であると述べていた。

　他方、今回の実践に参加した弁護士からは、設問やワークシートの作成において、法教育的な観点からのアドバイスをできたことが報告された。また、法的な観点からの事案の分析や、より抽象化された判断基準と具体的な判断基準とを結び付けることについては、教員よりも弁護士が慣れているということを実感した旨の意見が寄せられている。さらに、生徒による班別のディスカッションに加わる形で授業に参加した複数の弁護士から、「意見の理由

を深めること、概念の定義づけを行うという点では、弁護士から質問を投げかけることによる介入が役立った」との声が上がった。

　また、ある中学校での実践においては、生徒を対象に授業後のアンケートを実施したところ、「弁護士の方がいると、話し合いがうまくいったし、意見がまとまった」「弁護士さんのおかげでうまく話を進めることができ、自分の意見を伝えられました」「弁護士さんが来てくださったということで、『あっ、そういうこともあるか』などと思ったことがあった」「みんなと話したり、弁護士の人と考えていると、いろんなアイディアが出てきて、しかもまとまったし、一人で考えるより楽しかった！」等、弁護士が議論をサポートすることについて肯定的な感想が多く寄せられた。

　弁護士は、利害が対立する当事者の抱える問題を法律的に解決する場面で仕事をしており、物事を多角的に検討すること、基準への事実のあてはめ、論点の整理、根拠を挙げての論理的説得、当事者間の利害調整といったことを日常的に行っている。

　そのため、連携において弁護士の側では、法的知識を教授するという面だけでなく、法教育で重視されるディスカッション等の技能面においても、貢献していくことが可能であると考えられる。

　さらに、生徒に対するアンケートに「普段会うことのできない専門家のアドバイスをもらえた」「本物の弁護士の方に会えてすごく良い経験になりました」等、弁護士が授業に参加すること自体に新鮮さや喜びを感じた旨の感想が寄せられた。このような感想からは、弁護士が授業に参加することにより、生徒の意欲・関心が高まる可能性が感じられた。

第3章　実践により確認された連携の意義

第4章 実践により明らかになった連携方法についての考察

　今回の各校での授業案作成を通じて、いくつかの点で教員・研究者と弁護士の間には日常の活動フィールドの違いからか認識のずれや考え方の違いといったものがあることが明らかとなった。
　以下ではこうした「ずれ」のようなものを紹介するとともに、授業案を作成するにあたって弁護士の視点から気づいた点や調整に時間がかかった点などを紹介する。

I　教員と弁護士との間における法教育についての理解のずれについて

(1)　教員の法教育についての理解

　今回の授業実践にご協力いただいた教員の方々については、実践開始時において、法教育についての理解の程度は様々であった。
　大きく分けると、①関東弁護士会連合会の考える法教育について理解の深い教員、②法教育という言葉は耳にしたことはあっても、その内容についてイメージを持っていない教員、③法教育について何らかのイメージは持っているが、関東弁護士会連合会の考える法教育と一致していない教員に分けることができよう。
　①については、弁護士もメンバーになっている法教育研究会に継続的に参加している教員や、これまでに何度も弁護士会と連携した法教育授業を行ったことのある教員であるが、全体の中では少数であり、②あるいは③に該当する教員が大多数であった。
　②に該当する教員については、連携の初期の段階で、弁護士が今回の授業テーマや関東弁護士会連合会の考える法教育について説明すると、違和感な

く受け入れてもらえた。教員の側からは、法教育の目指す「民主主義社会の担い手の育成」という目標は、「公民的資質の養成」という社会科の目標と同様であるという旨の指摘もあった。但し、弁護士の側からは、こうした認識を前提として法教育の内容や手法について正確に伝えていくことが弁護士の役割であるとの意見もあった。

(2) 教員と弁護士との間における法教育に関する理解のずれ

では、③に該当する教員の持つ法教育のイメージと、関東弁護士会連合会の考える法教育とは、どのように異なっていたのか。

象徴的だったのは、授業実践に携わったり授業を見学した複数の教員が、今回の授業のテーマである「配分的正義」「公平」の問題がなぜ法教育なのか、このような授業に弁護士が関わる意義は何か、という疑問を抱いたことだ。授業で扱った事案について、「実際の法律を適用すると、どのような結論になるのか」という質問をした教員もいた。弁護士側の考える法教育の内容や目的についての周知が不十分であることがうかがえる

これらの教員の持っている法教育のイメージは、裁判を含め、具体的な法律の適用場面を扱う授業であると考えられる。教員にとって、具体的な法律の適用場面を扱う授業に弁護士が参加することについては違和感がないということである。

したがって、仮に模擬裁判の授業であれば、これらの教員の持つ法教育のイメージと関東弁護士会連合会の考える法教育との間の不一致は、今回の授業テーマほどには顕在化しなかった可能性もある。

また、法教育の手法において、弁護士の側が議論の時間を長くとる必要性を感じるのに対し、教員側では必ずしもそう感じていないと思われ、この点でもずれが見られた。

(3) 理解のずれをなくすためには

上記のようなずれをなくしていくためには、どうしたらよいのだろうか。

今回の授業実践において、「配分的正義」「公平」といった法の基礎的価値について理解を深める授業に弁護士が関わることの意義が再確認された。

まずは弁護士自身が、今回再確認されたような、弁護士が法教育に関わることの意義、また、法教育で扱うテーマや手法について何故それが法教育に含まれるのかについて、十分に理解し、教員にわかりやすく説明できるよう

になることが必要である。

そのためには、ABAの作成しているエッセンシャルズのような、弁護士向けの指針を作成することが有益と思われる。

また、今回の授業実践において、弁護士がメンバーになっている法教育研究会に継続的に参加している教員や、これまでに何度も弁護士会と連携した法教育授業を行ったことのある教員は、法教育についての理解が深かった。したがって、教員に、法教育の意義・弁護士が法教育に関わることの意義について理解してもらうためには、やはり教員と弁護士との連携の機会を増やすことが必要である。教員と弁護士とが連携して授業を作る実践を多く行うとともに、長野や茨城で行われているような、教員と弁護士とが参加できる法教育研究会を各地で立ち上げることが望まれる。

II 授業題材の選定について

題材の選定の場面において、教員の側と弁護士の側で、その考え方に相違があるか否かを検討する。

(1) まず、題材の選定にあたって、配分的正義の授業においては、取扱う題材を生徒たちが普段経験している身近な題材とするのか、あるいは、社会問題や時事問題とのつながりを意識して社会的な題材とするのかのいずれとすべきかという点が問題となる。

この点、取扱う科目や学習指導要領との関係で教員側にいずれかを扱いたいとの要請が強い可能性があるとも考えたが、結果としては全体的には教員、弁護士ともに特に強いこだわりは見受けられなかった。ただ、中学校の実践において「小学生ではないので、できるだけ社会的なテーマを扱いたい」という教員の声はあった。

なお、社会的な題材を取り扱う場合、他の授業において生徒たちが何を学習してきているかが、題材選定の参考となった学校は多い。

例えば、

①小学校5年生を対象とした授業で、直近の社会の授業において日本の国土の違いを勉強したため、それを題材にした授業としたい、と要請から、各都道府県における補助金の配分方法を題材とした例

②中学校2年生を対象とした授業で、税金の学習を授業で行っていないことから、今回の授業でも扱うべきでないとされた例

③中学校３年生を対象とした授業で、中学校３年生の公民の授業において選挙制度や人権を扱うため、これに関連する題材としたいとの要望があった例等が挙げられる。

この理由としては、まず、教員としては他の授業の内容と可能であれば関連付けながら法教育の授業を実施したい、との要請があるものと思われる。また、社会的な事象にいついての知識や理解は生徒ごとに異なるため、学校で授業があったものであれば全員の理解が得られやすいのではないか、との配慮もあるのではないかと考えられる。配分的正義の題材については、題材に関する十分な理解が生徒たちの活発な議論の前提条件となるところ、例えば２コマの授業等では、題材の説明に十分な時間を割けないといった事情もあるように思われた。

他方で身近な題材を取り扱う場合にはこのような制約は見られなかった。

(2) 題材の選定にあたっては、教員の側の方が日々生徒と接している分、生徒たちの興味関心や、ある題材への理解度、予想される反応等を良く把握しているため、教員からの生徒たちの状況についての情報が具体的な題材の選定にあたって役立つ場面が見られた。

例えば、公平か不公平かの生徒たちの感覚について、教員から、給食の配分に対して給食を多く分けられることを不公平と感じていること（残食ゼロを目標にして苦労して食べている子が多いため）、夏休みの飼育係の当番を義務の負担としてはとらえず、むしろ利益と考えている（担当したがっている）こと等、当初弁護士側が抱いていた感覚とは異なる生徒たちの感覚について説明を受けたようなケースもあった。

弁護士は、一般的な議論としては発達の段階に応じた題材の選定の必要性を認識しているものの、具体的な題材についてどのような反応が返ってくるかについては予想が十分できない部分があることは否定できない。そこで、弁護士が題材を設定する場面においても、教員側からの対象となる生徒の状況、予想される反応に関する聴取り等を行うことは必要であると考えられる。

また、教員からは、学年ごとに状況が異なるというのみならず、場合によってはクラスによっても理解度や雰囲気が違うということもあり、この点も考慮した授業の進行を考える場合があるとのことであった。このような点についてはまさに教員ごとの専門的な能力による臨機応変な対応が必要とされる場面であると思われる。

(3) 年齢の違いにより取扱う題材自体に顕著な変化が見られるかという点について、小学生が身近な題材を取扱い、中学生、高校生になるにつれて社会的な題材を扱う傾向がある可能性があるかと考えたが、必ずしもこのような傾向は見られなかった。

小学校5年生においても補助金の配分といった社会的な問題を取り扱うこともあれば、高校生においても部活動の部費の配分という身近な事例を取り扱うこともあった。

この点についての理由は必ずしも明確でないものの、社会的な事例でも、ある程度簡略化することで小学生でも議論が可能となる一方、身近な事例においても設定を複雑化することにより高校生等でも十分議論に耐えられる題材となったり、あるいは配分的正義という題材上、事例が単純であってもその分理由を深めて議論することも可能であったりするためかと考えられる。

Ⅲ 教員にとっての学習指導要領の位置付け

法教育の学校での実施にあたっては、教員にとっての学習指導要領の位置付けがどのようなものであり、これが実際の法教育の実施にどのように影響しているか（あるいは制約となっているか）を理解する必要があると考えられる。

実際、教員の作成する指導案には学習指導要領のどの箇所に該当するかについて明示されているものがほとんどである。

この点、多くの学校においては、学習指導要領が直接弁護士との協議の場において重大な問題となったり、授業づくりの制約となったりすることはなかった。

また、一般的に公立学校においては学習指導要領の影響が強く、私立学校においてはその影響がそれほど強くないと言われることが多いことから、公立学校と私立学校においてこの点に違いが見られるか、という点についても比較したところ、実際に実施した学校においては顕著な差異は見られなかった。なお、小学校、中学校、高等学校といった学校の段階別に応じた大きな差異といったものも見受けられなかった。

むしろ、教員の側からは、学習指導要領にどこまで気を配るかは、個人差が大きい事項であるといった意見もあり、学習指導要領の存在により実際の

法教育の授業内容が強く制約されるといったことはむしろ少ないのではないかと考えられる。

実際にも、学習指導要領との関係について強いこだわりを持っていた教員との連携においても、実際には学習指導要領から外れるとして、法教育の授業の実施が不可能あるいは内容面の修正を迫られたところはなく、何らかの科目に該当させる形で実施が出来ている。

今回の授業実践を担当した弁護士からは、法教育をどの科目で行うにせよ指導要領のどこかには位置づけられるため、実施には問題はないのではないか、との意見が寄せられたほか、教員からの発言としても、学習指導要領にはもちろん拘束されるが、どこかに関連付けて行うことは十分可能であり、教員のやる気、工夫次第である、といった声もあり、この点が具体的な実施に対しての制約となるものではないと考えられる。

また、別の教員からは新学習指導要領においては言語活動が重視されることとなり、この観点からも様々な科目で法教育的な授業が実施しやすくなるのではないかとの意見もあった。

上記の通り学習指導要領の改正を踏まえれば、現状よりもより実施は容易になることが予想され、この点は特段の支障となるものではないと考えられる。

IV 弁護士の授業参加の要請の有無、その理由

(1) 弁護士が教員と連携して法教育に取り組むとき、弁護士が授業自体に参加する場合としない場合がある。

弁護士が授業自体に参加する場合、弁護士の関わり方としては、教員の代わりに授業のすべてを担当する、教員と共同して授業の一部（解説等）を担当する、ゲストティーチャーとして主に職業経験を語る、グループ討論の際のアドバイザー、などが考えられる。

他方、弁護士が授業自体に参加しない場合、弁護士は、主に授業の準備段階で関わることになる。具体的には、授業作りの過程で教員に対し意見や助言をし、あるいは自ら授業案を作成する。

(2) 実践例
(a) 授業関与数、要請数
今回の各単位会で実施された授業全11件中、弁護士が授業自体に関与した例は3件、関与しなかった例は8件であった。
(b) 授業関与の形態
実際に弁護士が授業に関与した例としては、弁護士が授業の最後の解説を担当した例、生徒同士のグループディスカッションの際に弁護士がアドバイザーとして各グループに付いた例、があった。
(c) 授業関与の要請の有無の理由
教員側から授業関与の要請があった例における要請理由としては、
①授業の「オチ」にあたる最後のまとめや社会的事象と関連するコメントについては、法律実務家である弁護士による方が説得的である
②同じことを言うのでも、普段接している教員が言うのと、普段見ることの少ない弁護士が言うのとでは、生徒の受け止め方が違う（生徒の関心をより得られる）
③普段会う機会のない弁護士と接すること自体が生徒にとって有意義な経験である

などがあった。

逆に、弁護士の授業関与を要請しない理由としては、
①法教育普及の観点から、弁護士が入らないと成り立たない授業ではなく、教員だけで出来る授業を実践したい
②限られた時間枠の中で生徒に議論させ発言させる授業を、慣れない弁護士が行うのは困難である
③授業作りの過程で、教員が法の原理や法的知識（条文、判例、文献等）を教えてもらうだけでも十分意味がある

などが挙がった。

(d) 考察
弁護士の授業関与の要請は、やはり少なくない。
授業の目的や内容によって要請される関与形態は異なるものの、生徒が弁護士と接すること自体の意義に加え、特に発達が進んだ段階では、社会的事象との関連という点で、法律実務家である弁護士による解説や講義の重み（説得力）が期待されている。また、弁護士が持つ討論・調整能力や議論の仕方に触れることは、生徒の公民的資質を養う上で、よい教材となりうる。

他方、法教育の普及という観点からは、弁護士がすべての授業に関与することは現実的ではない。その意味で、弁護士の関与としては授業への参加よりも、汎用性のある教材作りに重きを置くべきとの考え方もある。
　思うに、「弁護士はこう関わるべき」と一義的に決める必要はなく、授業作りへの関与と授業自体への参加は両立しうる。
　むしろ、生徒が多様な法教育授業を受けられるよう、授業の目的ないし内容に応じて、それにふさわしい弁護士関与の授業形態を、適宜選択出来ることが望ましい。
　そのためには、弁護士の方でも授業や指導の技量を磨き、「教育」の経験を積む必要がある。この点、弁護士側において、教育現場からの様々なニーズに応えるべく、人材を養成し、教育現場からの要請に応じて速やかに派遣できるような仕組みを構築することも一つの形であろう。

Ⅴ　授業の「締めくくり方」（まとめ方）について

(1)　問題点
　授業の最後の部分をどうまとめるかについては弁護士が授業を担当する上では悩ましい問題である。弁護士が授業を担当すると教員から授業の最後に締めの言葉を求められることが多い。実際に、今回の授業実践においても、弁護士が授業の最後を締めくくった例もあった。
　授業において実際に話す場合でも、授業案の作成にあたって締めくくりをどうするか検討するにあたってもこのまとめ方をどう考えるべきかが問題となる。

(2)　考察
　授業の目的が法的知識の授与や唯一のないし正しい回答を導くことにあるものであれば、比較的容易である。知識をおさらいしたり、正しい答えと正しくない答えを比較すれば一定の意味はあるからである。
　しかし、法教育、それも知識授与を中心とせず、また答えそのものの当否ではなく、答えを導き出す過程自体に意義を求める授業を行う場合には授業の締めくくり方が難しい場合もある。
　なぜなら、そういった授業の性質からすれば、特定の答えや特定の価値を

押し付けることは目的としておらず、かえって児童・生徒の理解を妨げることになりかねないため「正解」の説明という方法が適さないからである。また、そうした説明の結果、当該結論のみが正しいものと受け取られかねず、それでは自らの意思で自分の拠って立つ価値を選び取るという法教育の目的でもある大事な能力は必ずしも育たないからである。そうすると、むしろ授業の最後を正解を説明する形でまとめない方が良いとも思われるのである。

他方で、教員の側は授業の最後に弁護士が正解はどうなるのかを語るよう求めているようである。

こうした点への警戒感から、今回の授業案の骨子（弁護士用）においても敢えてこの授業での結論自体については正誤はないものであることを記載している。

(3) 実際の議論と判明した事実

今回の授業案検討の過程においても教員からこの授業を行うにあたっての締めくくり方をどうするのかという質問が出て議論となった例があった。

弁護士が、正解を出すのを狙いとする授業ではないことからことさら授業のまとめは必要ない旨を説明したところ、それでは授業の「オチ」がなくなってしまうと問題視された。

弁護士の側では法教育の趣旨（知識に偏らず、自分で考えられる能力を養成すること）から説明をしたが、教員との議論の中で分かってきたことは、弁護士の考える上記懸念は必ずしも当を得ておらず、教員側が求める「オチ」（まとめ方）がすなわち「正解が何かを説明する」との意味ではない場合もあるということである。

教員が授業の締めくくりでのまとめを求める場合、その内容は必ずしも特定の正解を求めているものではない。そのような単純なものだけではなく、むしろ当該授業で学んだ結果、生徒がそれまでと比べて現実を見る目が変化すること、別の言い方をすれば「あ、そうか」と感じる経験（いわゆる「腑に落ちる」経験）を体験させることを求めているとのことであった。

そのため、単に「正解はない」と授業をまとめるだけでは、生徒としては今日の授業で何を得てそれが他の事象にどう役立つのか全く実感できなくなってしまうとのことである。

(4) 今後の連携に向けて

 弁護士が授業の締めくくりをするよう求められた場合、上記懸念のとおりに単に弁護士に今日の授業の正解を説明するよう求められる場合もあることから、その点への一定の注意は必要ではある。しかし、弁護士が授業において締めくくりの話をする際、また教員と連携して授業案を作成する際には、上記の意味での「オチ」、すなわち効果的に生徒の理解を促すことを意識する必要があろう。

VI コマ数について

 学校教育において法教育の授業を実践する場合には、カリキュラムや時間割という制度の中で、どれくらいのコマ数を法教育の授業にあてることができるかが常に問題となる。今回の実践授業例を見ると、コマ数を設定する上で考慮する必要のあった要素は、主に以下の3つに整理できる。

(1) 授業の内容・形式

 授業の内容や形式がコマ数を設定する上で重要な考慮要素となることはいうまでもない。
 例えば、
 ①当初は2コマを予定していたところ、授業内容に照らせば1コマもあれば十分に指導可能であるという理由から、1コマに変更された例や
 ②議論の時間を取りたいので1コマでは時間が足りないという理由から、2コマに決まった例
 などは、授業の内容や形式を重視してコマ数が設定された典型例である。
 また、小学校においては、生徒の注意力が続くかという点も問題とされており、生徒の発達段階という視点もコマ数を決める上での考慮要素とされていることが窺われる。

(2) 制度上の要因その1——コマ数の制約

 もっとも、法教育が学校教育という制度の中で行われる以上、ただ授業内容・形式だけを考慮して、自由にコマ数を設定することは不可能であり、次のような制度上の要因をも考慮する必要がある。
 学校教育においては、学習指導要領等によって各科目の教科内容が定めら

れており、教員は、科目ごとに割り当てられたコマ数の中で、一定の教科内容を教えることが予定されている。よって、正規の教科内容を指導するのに必要なコマ数との兼合いから、教員が法教育に割くことができるコマ数には自ずと限界がある。従って、法教育の授業のコマ数を設定するに当たっては、正規の科目に割り当てられているコマ数も重要な考慮要素となる。

なお、このような制約の中で授業時間を捻出するための工夫として、現状では、例えば、2コマ使って授業を行う場合、2コマとも正規の授業時間を使うのではなく、1コマは、「ロングホームルーム」などの特別な時間を利用したり、総合学習の時間を利用したりすることなどが考えられているが、このような対応で十分かどうかについては検討の余地があるように思われる。

(3) 制度上の要因その2――他の科目との調整の必要性

コマ数の限界という問題のほか、複数のコマで授業を実施する場合には、他の科目との調整も考える必要がある。

小中高では、1コマの授業が通常であり、複数のコマを連続で行う授業は例外であるように思われる。そのため、2コマ以上連続で行う場合には、連続したコマを用意するために、他の科目の教員とコマを交換するなどの調整が必要不可欠となる。教員の中には、複数のコマを使う授業よりも、調整が不要な1コマの授業が望ましいという意見も見られるところ、このような意見からは、科目間の調整が必要であるという点も、2コマ連続で法教育の授業を行うことの困難性につながっていることが窺える。

なお、2コマ以上の授業を実施する場合、連続して行う方法のほか、日を改めて行う方法がある。後者の場合、科目間の調整は不要と考えられるが、欠席した生徒への対応や前回授業の記憶喚起の手間が必要であるなどの問題点が指摘されており、この方法による授業の困難性を物語っている。

(4) 考察

授業実践を通して、コマ数を設定するに当たっては、授業内容・形式のみならず、制度上の要因を考慮する必要があることが確認できた。そして、授業内容や授業形式は、利用可能なコマ数によって事実上制約される側面が大きいので、今後の法教育の授業を考える上では、制度上の要因にどう取り組むかが課題になると思われる。

Ⅶ　教員と弁護士との間における　　ワークシートに関する意見の違いについて

(1)　ワークシートに関する教員の意見

　今回の授業実践に協力いただいた授業においては、補助的な教材としてワークシートが用いられることが大半であった。授業では、生徒がワークシートに記載されている質問に回答することを通じ、配分的正義の事案についての考えを進めていくことを目的として、個人で問題を検討する段階や、グループディスカッションにおいて利用されている。

　今回の授業実践においては、教員が作成したワークシートをそのまま使用した事例、教員が作成したワークシートを教員と弁護士との話し合いの中で改善した事例、弁護士がワークシート作成した事例があった。

　そのなかで、ある学校の教員からは、ワークシートを作成するにあたって、生徒が何を回答すればよいかということが明確に分かること、ワークシートに沿って授業を進めることによって、授業の目的を達成できるような内容とすることに重点をおいて作成する必要があることが指摘された。

　また、ワークシートの記載欄や質問事項の分量については、記載欄が広く、質問事項が多い場合には、生徒が記載することに集中してしまう傾向があること、そのため生徒間の議論の時間が少なくなってしまうとの意見があった。

　一方、ある中学校（いわゆる進学校）の教員は、「ワークシートは主に小学校で利用されるものである」との認識で、授業においてワークシートの作成の要否及び内容について重視していなかった。

(2)　教員と弁護士との間におけるワークシートに関する意見の違い

　ある授業実践においては、教員が最初に作成したワークシートには、配分の方法が選択肢で記載されており、その選択肢のみを回答させるというものがあった。

　これに対し、弁護士からは、選択肢を挙げてこれに答えさせるのみでは、生徒の自由な発想を阻害する可能性があるので、自由に記載させる方法がよいとの意見があった。

　もっとも、教員によれば、授業の中で当該選択肢を選択した理由を回答させ、配分方法に関する議論を展開することを想定していたとのことであり、ワークシートの質問をきっかけに生徒に配分方法及びその理由を考えさせる

という認識において大きなずれはなかったと考えられる。

　また、弁護士側としては、できる限り生徒が自由に発想できるよう、「どうすべきか」「どのような方法が考えられるか」といった抽象的な質問内容でもよいのではないかとの提案もあった。また、その配分方法を決定した「理由」について記載するよう提案があった。

　これに対し、教員からは、抽象的な質問内容の場合、生徒が何を答えていいか分からなかったり、思考が深まらず回答できなくなったりするとの意見があった。これを解消するために選択肢を与えたり、順序を答えさせたり、より具体的な質問内容にしたりすることで授業を円滑に進めることができるとの意見があった。

(3) 意見の違いを踏まえて

　上記のような意見の違いを踏まえると、法教育の授業を行う際には、まず、教員が授業のなかでどのようにワークシートを利用するのか、どのような意図で当該質問内容としているのかについて、確認する必要があると考える。

　また、生徒の自由な発想を阻害しないよう、限定的な回答しかできないワークシートの内容である場合には、法教育において生徒が論理的に思考するためにはどのような内容とすべきか、生徒が決定した結論についてその理由を考えさせることの重要性を教員と議論し、認識を共通にする必要がある。

　そのうえで、生徒の能力、授業目的を達成できるか否か、授業展開が円滑に行えるかどうか、ワークシートの記載時間等を考慮して、教員と弁護士との間で、詳細を詰めていく作業が必要と考える。

VIII　連携する教員・研究者の探し方

　法教育の普及にあたって弁護士と教員らとの連携が必要であるといっても、いかに連携をしてくれる相手を探すかということが大きな問題となる可能性もある。

　そこで、今回の授業実践にあたって弁護士がどうやって教員と出会うに至ったかをまとめておく。

　教員へのたどり着き方を大きく分けると
①従前から弁護士会の法教育に関する委員会と教員との連携の場が確立していたパターン

②弁護士会の法教育に関する委員会が過去に出前授業等を行った先の学校や先生とつながりがあったパターン
③その他

に分けられる。

その他には、市町村の教育委員会に授業実践を行ってくれる学校を探してもらう、知人の伝手から探すなどがある。

第一東京、長野、栃木の各弁護士会のように弁護士会と教員との確立した連携の場があれば、今回のような企画を行うことは容易であると思われる。

また、信州法教育研究会が信州大学教育学部主導で発足したこと、栃木では宇都宮大学教授の紹介で、茨城でも筑波大学教授の紹介で教員にたどり着くことができていることから、弁護士会が地域の大学と何らかの形で連携を持つことは、今回のような企画を行う上で、また、今後法教育を推進していく上で必須のことであると考えられる。

IX　まとめ

ここまで今回実施した授業実施に向けた弁護士と教員らとの連携の中で見られたいくつかのずれ等について述べてきた。もちろん実際に連携する中では本書に挙げたもの以外にも細かい認識や感覚の相違は多く見られる。このことは両者の活動フィールドの違いからすれば当然である。しかし、こうした活動フィールドの異なる者同士が連携することでより良い法教育の授業が生まれていくのであろう。そのため今後連携を深めていくにあたっては、本書に記したようなずれ等があることを前提にして、それを相互に理解する努力が必要となろう。

第4部

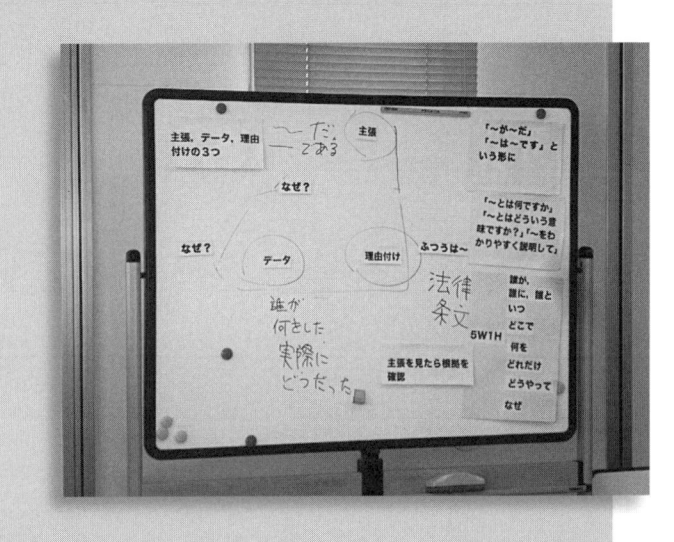

法教育普及のための戦略

第1章　戦略の必要性

　第2部第1章Ⅱで述べたように、日本においては、これまで様々な方法によって子どもに対する法教育の普及が進められてきた。しかし、第1部第3章Ⅱのとおり、現時点において、法教育の普及に向けた戦略が存在していない点が問題となっている。

　第1部第1章で述べたように、個人が尊重される自由で公正な民主主義社会の実現のためには、法や社会において法が果たす役割について、市民の理解と知識を得て、市民が法に関する技能を習得し、さらに、市民に民主主義社会の維持改善のために積極的に参加する意欲を醸成することが不可欠であり、法教育はこのような市民を育成することを目的としている。特に、将来、日本社会を担う子どもたちが上記知識、技能、意欲を身につけることは極めて重要である。

　そこで、すべての子どもたちに対して法教育を施す必要があるが、そのためには法教育を広く普及させていく必要がある。

　そして、日本における法教育の現状を踏まえると、普及のためには①学校において法教育を広く実践させること、②法、社会における法の果たす役割について市民や子どもたちに理解してもらい、信頼を得ること、③法律実務家（特に弁護士）に、子どもたちに対する法教育を推進することが自らの責務であることを認識してもらい、法律実務家が法教育に積極的に関与すること、④法教育を促進する意欲をもってもらうこと、⑤法教育に関連する団体等がパートナーシップを形成すること、⑥法教育に関する立法措置をとることといった目標を定め、これを実現していく必要がある。

　そこで、上記①ないし⑥を実現するため、次のような戦略のもと積極的かつ計画的に推進していくことが必要であると考える。

第2章 法教育普及のための戦略

I 学校において法教育を広く実践させるための戦略

(1) 法教育に関する指針と評価基準の作成

　法教育の意義、目的等は、法教育を行うべき教員や法律実務家すべてに広く認識・理解されていとは言い難いのが現状であるが、これは、法教育の定義づけが抽象的で理解しづらく、また、具体的にどのような内容の教育を行うのかが明確でなく、その中身をイメージしづらかったことにも原因があると考えられる。また、法教育の教材、授業案、プログラム等を開発、作成、改善するにあたっては、法教育において何を教えるべきか、その要素を明らかにすることが不可欠である。

　そこで、関東弁護士会連合会は、本書において「法教育指導要綱（案）」として、法教育のエッセンスと指針を示すこととした（資料編資料2）。これは、ABAにおける「Essentials of Law-Related Education」を参考にしつつ、日本の文化的・社会的背景を踏まえて構成した、法教育のエッセンスや指針を簡単にまとめた要綱であるが、これによって、今後さらに法教育に対する理解が広がり、議論・研究が深まると考える。

　また、学校現場における普及を進めるには法教育の評価基準を作成することも重要である。教育においてはその成果の評価が必要であるところ、法教育においては既存のペーパーテストによる評価が困難な面があるため、その基準を示す必要がある。

　関東弁護士会連合会が法教育指導要綱を示すことによって、今後、法教育としてどのようなテーマが取り挙げるべきかが活発に議論されることを期待するとともに、今後は、法教育に関する評価基準についても検討される必要がある。

(2) 教員が使用しやすい法教育の教材や授業案等の研究開発

これまでも、教育者や法律実務家等によって法教育の教材や授業案が作成されてきたが、学校において法教育が広く実践されるためには、教員が容易に法教育の授業を実践できるような教材で、かつ教育効果の高い教材等が開発される必要がある。この点、法教育に先進的に取り組むアメリカでは、1970 年代にかなりの数の教材が開発され、その分野も、公民分野にとどまらず、多岐にわたるもので、法教育を受ける側の能力や発達段階に応じた、体系的かつ網羅的な教材のラインナップも用意されている。アメリカでの法教育の普及が進んだのは、かかる教材等の開発によるところも大きいといえるだろう。

そこで、日本においても、法教育指導要綱（案）の内容を踏まえつつ、教員の意見を反映させて、多岐の分野にわたる教材等を研究開発する必要がある。

(3) 学校における法教育プログラムの開発

法教育が効果的に行われるためには、子どもの年齢、発達段階等に適合した体系的で網羅的なプログラム・授業案を数多く作る必要がある。

かかる体系的かつ網羅的な法教育プログラムの開発は、子どもの発達段階を把握している教員の関与なしにはなしえないし、また、法教育プログラムは、関東弁護士会連合会が示した法教育指導要綱（案）を踏まえた内容であることが望ましい。そこで、教育研究者と法律実務家が協同して、学校における法教育プログラムの開発に取り組むことが重要である。

(4) 教員に情報を流通させる仕組みの構築

(2)及び(3)で述べたような教材やプログラム等が研究開発されたとしても、これを多くの教員に認識してもらえなければ、いわば宝の持ち腐れであり、法教育の実践に全く役立つことなく終わってしまう。実際、教員が法教育の実践するにあたって、その教材やプログラムを用意することに大きな労力を割かざるをえないのが現状であり、このことが法教育への取組みのハードルを上げている側面がある。

そこで、法教育の教材やプログラム、法に関する情報が学校現場において広くかつ効果的に利用されるようにするため、法教育の教材等を一括的に管理し、教員が必要なときにいつでも提供できるようなシステムの構築が必要

である。

(5) 文部科学省や教育委員会等に対する働きかけ

第2部第5章で述べたように、今般、新学習指導要領において、法に関する教育が盛り込まれた。日本においては、学習指導要領が教員にとって大きな影響を与えていることから、学習指導要領に関東弁護士会連合会が示した法教育指導要綱の内容が取り込まれることによって、教員は、学校においてより法教育に取り組みやすくなると考えられる。

ただ、既に指摘したように、新学習指導要領においても、未だ全教育課程において子どもたちの発達段階に応じた連続的・累進的な法教育が実施できる内容とはなっていない。今後、法教育を教育課程の中に体系的に取り入れる方向となるよう、文部科学省等に働きかける必要がある。あわせて、法教育を独立した教科とする方向も検討すべきであろう（例えば韓国では、高等学校課程において「法と社会」という教科を設け、社会科とは独立した教科において法に関する教育を行っている）。

さらに、各自治体に所在する教育委員会は、学校における教育プログラム等を提示しており、教育委員会が学校における法教育を推奨することによって、学校現場において広く法教育が実践されると考えられる。そこで、教育委員会に法教育の意義、目的、重要性を理解してもらい、学校における法教育を推奨してもらえるよう働きかける必要がある。

(6) 法教育の担い手（教員、弁護士）を育てる
(a) 法教育を実践する教員を育てる
① 大学の教員養成課程において、法教育の意義、目的、実践例等を教える

日本の大学における教員養成課程では、一部に興味深い取組みもあるが、教員を目指す全ての学生に対し広く法教育に関する講義や演習等が提供されているとは言い難いのが現状である。しかし、法教育は、自律的主体的に生きる力を養成し、法をそのためのものと理解し、活用するととともに、法の支配の理念に根ざした自由で公正な民主主義社会を実現する人の育成を目指すものであって、すべての教育の根幹を成すものであるから、教員が法教育の意義や理念を理解することは極めて重要であり、必須であるといえる。

そこで、大学の教員養成課程において、法教育について学ぶ講義や演習を設け、これを必修とし、すべての教員が法教育の重要性を知ることができる

ようにすべきである。

② 教員免許更新講習において、法教育の講習を設ける

日本では、2009年4月から教員免許更新制度が導入され、免許更新にあたっては、大学等で開設する講習を所定時間受講しなければならないこととなっている。

そこで、この教員免許更新講習において法教育に関する講習を行い、教員は、法教育に関する講習を必修の講習として、教員に法教育の重要性と実践方法等を理解してもらう機会を設けるべきである。

この点、筑波大学における教員免許更新講習では、既に、法教育に携わっている弁護士を講師として法に関する教育の講習が設けられているが、その他の大学等においても、法教育に関する講習を設け、教員に対して法教育の意義を浸透させるべきであると考える。

また、教員免許更新講習は、ある特定の年次の教員のみを対象に行うものであるため、毎年の義務的な教員研修等といった、教員免許更新講習以外の場を利用して法的知識を習得させることも検討すべきであろう。

③ 研修会・発表の機会の充実化

教員は、通常、毎日の授業等の準備で非常に多忙であり、研修会等に出席する時間をつくることが難しい。

そこで、教員が比較的時間の取りやすい夏休み等に、教育委員会や各都道府県にある社会科研究会等が法教育の研修会を開催することによって、教員に法教育の重要性と実践方法等の理解を深めることができると考える。また、各種研究会等では、法教育に関する研究を継続的に取り扱うのみならず、例えば法教育に関する懸賞論文等を実施する機会を増やす等して、法教育を経験した教員がその関心を持続していく方策を練ることを検討すべきであろう。

この点、韓国においては、ソロモンローパークにおいて、全国の小学、中学、高等学校の教員を対象にし、子どもたちの休みの期間中に4泊5日の日程で研修を実施したり、ソウル大学、ソウル教育大学においても、教員向けの研修を実施しているようであり、このような取組みは、日本においても参考としたい。

(b) 法教育を担う法律実務家を育てる

法教育の担い手となる法律実務家の数は、未だに不足している。これは、法律実務家にとって、これまでの人生の中で、法教育そのものを認識する機

会が乏しいという点にも原因があると思われる。

　そこで、法律実務家に法教育の重要性を理解させるべく、法科大学院（ロースクール）において法教育に関する講義や演習科目を設置し、これを必修とすることとして、法教育を担う法律実務家を育成するべきである。

　この点、アメリカの Street Law という団体は、法教育のアプローチから人々の能力育成に貢献する NPO であるが、これはロースクールの学生が地域社会において法教育を実践する活動を行うことからスタートした団体であり、また、学生が市民に法教育を行うことがロースクールの正規科目と設定され、単位認定を受けることができることが特徴的である。このような Street Law の取組みは、日本の法科大学院が法教育の科目を設定するにあたって参考となろう（詳細は、資料編資料 3 参照）。

　また、日本においても、東京大学法科大学院の学生有志が、毎年全国各地で法教育に取り組んでいることは注目に値しよう（その授業例については、東京大学法科大学院・出張教室編著『ロースクール生が、出張教室。法教育への扉を叩く 9 つの授業』〔商事法務、2008 年〕参照）。
法科大学院生が自発的に法教育に取り組むことは、長期的にみて、将来の法教育の担い手の育成にも資するものであり、このような活動が全国的に広がっていくことを期待したい。

(7) 法教育センターを設置する

　アメリカにおいては、ABA 内に設置された市民的資質のための青少年教育に関する特別委員会（YFFC）や CCE 等の民間団体が組織的に法教育を推進しており、また、韓国においては、法教育支援法制定後、法務部という国家機関が中心となって、ローパークといった施設を設立する等、様々な啓蒙活動や教員に対する研修を実施して、法教育を積極的に推進している。

　第 2 部第 1 章Ⅱで述べたとおり、日本では、法曹三者、その他の団体が法教育に取り組んできたが、弁護士会においては、各都道府県の弁護士会に設置された法教育に関する委員会が中心となって、教育現場からの講師の派遣の依頼や裁判傍聴の引率等の要請に個別対応しているのが現状である。しかし、各都道府県の弁護士会に設置された委員会のみでは、人員的にも組織的にも継続的一貫性をもった法教育を広く実施していくことが困難である。

　そこで、効果的かつ継続的に法教育プログラムの研究開発及び法に関する情報を発信し、法教育に携わる教員や弁護士等に必要な支援を提供して法教

育を推進していくために、独立した機関を設置することを検討する必要がある。その方法として、関東弁護士会連合会においては、今後、法教育センターの設置を検討していきたい。

　また、教材やプログラム等を研究・開発し、これらを広く配布する等して法教育を推進していくためには、資金が必要であることはいうまでもない。そこで、今後、法教育センターが主体となって、法教育を推進するための予算措置を検討することが急務である。

II　法、社会における法の役割について正しく理解してもらうための戦略

(1)　市民や子どもたち向けの記念イベントやキャンペーンを実施する

　社会が健全に機能するためには、市民や子どもたちに法や社会における法の役割、弁護士を含む法律実務家が果たす役割について正しく理解してもらうことが必要である。

　法は、とかく難しいもの、自分自身とは関係性の薄いものと捉えられがちであるので、法に対するこのようなイメージを払拭し、法を身近なものと考えてもらえるようにしなければならない。今後は、法律実務家が主体となって、例えば、劇やコント、漫画やアニメなど親しみ易い形態で、市民とって法が生活に根ざした身近なものであることを具体的かつわかりやすく情報発信していくことが必要である。

(2)　法に関する情報等に容易にアクセスするための仕組みの構築

　法に関する情報にアクセスする方法は、市民に広く認識されているとはいえない。そこで、法に関する様々な情報を集約し、これを効果的に提供できるような仕組みを開発すべきである。

III　法律実務家に法教育に積極的に関与してもらうための戦略

(1)　法教育に関与することが法律実務家の責務であることの理解を求める

　第2部第6章で述べたように、法律実務家（特に弁護士）が法教育に関与することはその使命である。また、弁護士の職務は、法や弁護士に対する市

民の信頼が基盤となっているところ、市民からの確かな信頼を獲得するためには、弁護士が自らの役割を自覚し、法教育に積極的に関与することが必要である。

　この点、第1章Ⅵ(2)で述べたように、法曹実務家の養成課程である法科大学院（ロースクール）において、法教育の講義や演習等を設置することも、弁護士やその他の法曹実務家が法教育に積極的に関与することにつながるであろう。

(2) **多様な法律実務家が法教育プログラム、イベント、キャンペーン等に協力、支援してもらえるような体制づくり**

　大阪弁護士会法教育委員会では、2010年度より、大阪府下の国公私立の高等学校全てを対象に、無料で弁護士を派遣して出張授業を行うという試みを実施したところ、1年間で40校208クラスという、法教育委員会所属弁護士のみでは到底対応できない数の申込みを受けた。法教育委員会では、「法教育出張授業マニュアル」を作成し、また、法教育委員会に所属していない弁護士も含めた派遣弁護士名簿を作成して、これまで法教育の授業を経験したことのない弁護士でも、容易に法教育の授業を実践できるよう工夫し、法教育の推進を図っている。

　また、山梨県弁護士会法教育委員会においても、県下のすべての小・中・高等学校に対して出張授業の案内を送付し、法教育委員会に所属していない弁護士も含めた派遣名簿を作成して、出張授業の希望があった学校へ弁護士を派遣する取組みを行っている。

　多くの弁護士が法教育に関与できるようにするためには、上記のように個々の弁護士が準備に多くの時間をかけないで簡単に参加できる法教育プログラムを作成することや、派遣要請に対応できる体制を整えることが必要である。

Ⅳ　法教育を促進する意欲を持ってもらうための戦略

　教員は、日々の業務だけでも相当多忙であり、法教育的観点を取り入れた授業を実践しようという意欲を持つことが難しい状況にある。また、法律実務家も、法教育の実践についてはボランティアで取り組んでいる者がほとん

どである。

　そこで、教員及び法律実務家が法教育の授業を実践することに強い意欲を持ってもらうような方策を検討すべきである。例えば、教員や法律実務家に対して、法教育の実践やプログラムの開発を促進するために助成金を提供したり、法教育を実践して教育効果をあげている教員を表彰したり、法教育の授業を法律実務家が取材して定期的に公刊物等で広く紹介する等の方法が考えられる。

　この点、法教育推進協議会、日本司法支援センター（法テラス）、社団法人商事法務研究会は、2010年度より、全国の教員、法律実務家等に対し法教育懸賞論文の募集を実施し、最優秀賞、優秀賞、佳作を選考して、これらの論文を「法教育フォーラム」のウェブサイトにおいて公開している。このような取組みは、教員や法律実務家の法教育を実践する意欲を高める方法といえよう。

V　法教育に関連する組織等とパートナーシップを形成するための戦略

　法教育は、弁護士、弁護士会のみならず裁判所、検察庁、文部科学省、教育委員会、学校、教員、PTA、教育研究者、法学研究者、大学等様々な組織が担うべきものである。そして、これらの組織が相互に意見を交換し、協力するネットワークを構築することによって相互の強みが発揮され、より効果的な教育が可能となると考える。

　また、このネットワークは、全国的なもの、関東地区内のもの、都道府県内のもの、市町村内のものと様々なレベルにおけるものが考えられるところ、都道府県内のネットワーク、市町村内のネットワークについては、地域に根付いた法教育を実現するため、その地域の教員と弁護士とが緊密な人的ネットワークを構築できるよう努めるべきである。

VI 法教育に関する立法措置をとるための戦略

　アメリカや韓国においては、法教育を支援するための法律が制定されているところ、上記のⅠからⅤにおける戦略を現実に推し進めて、日本のすべての子どもたちに法教育を施すためには、日本においても法教育を推進することの根拠となる法律が制定される必要がある。
　そこで、市民に法教育に関する深い理解を得るよう努力し、また、国会議員に対して法教育の意義、目的、重要性を理解してもらうためにロビー活動等を行う必要がある。

第 **5** 部

まとめ

関東弁護士会連合会は、2002年9月に開催された定期大会において「2002年宣言」を採択した。

　「2002年宣言」は、「法教育」を「『法律専門家』ではない人々を対象に、法とは何か、法がどのように作られるか、法がどのように用いられるのかについて、その知識の習得に止まらず、それらの基礎にある原理や価値、例えば、自由、責任、人権、権威、権力、平等、公正、正義などを教えるとともに、その知識等を応用し適用して使いこなす具体的な技能と、さらにそれを踏まえて主体的に行動しようとする意欲と態度について併せ学習し身につける機会を提供すること」と意義づけ、子どもたちに対して成長過程に応じた内容の法教育を実施することの重要性を指摘し、広く国民に対して、子どもに対する法教育の必要性と重要性を訴え、子どもたちのための法教育を我が国に普及させることを誓うものであった。

　しかし、その後約10年が経過しようとする今、「法教育」が十分に国民の間に浸透しているといえるであろうか。

　「2002年宣言」を受け、法教育に対する教育現場や法律実務家の意識や取組みに、確かに変化はあった。

　法律実務家や政府の取組みも、従来の「司法教育」から「法教育」へと名を変え、その内容も、単なる知識の習得に留まらず、それを応用して使いこなす技能等の習得が重視されるようになった。日本弁護士連合会や各地の弁護士会、弁護士会連合会に法教育を専門に扱う委員会が次々に設置され、様々な研究活動や実践活動が精力的になされるようになった。政府にも法教育推進協議会が設置され、さらには新学習指導要領にも法教育的要素が一部取り入れられるようになったことにより、教育現場における法教育への取組みの気運も高まりつつある。

　教育現場でも、様々な実践や教材開発がなされてきた。「法教育」に関心を持つ一部の教員らは、積極的に法律実務家や研究者とも連携して、教材開発や授業実践に取り組んできた。しかし、教育現場で「法教育」として実施されている試みの多くは、法制度情報の提供に留まっており、2002年宣言で我々が目標とした「法教育」の理念が広く浸透しているとは言い難い。

　そこで、学校教育において法教育を普及させるためにはどうすればよいのか。それが我々の今回の研究テーマであった。

学校教育において法教育を普及してゆく上で妨げとなっているものは何か。「法教育」に対する教員側の認識・理解不足という問題、学校教育の制度上の問題点、教育現場で授業実践を行ううえで妨げとなるもの、法律実務家の担い手不足等様々な問題点を分析し、法教育の普及を妨げる原因を探った。
　そして、そのような作業の中で、我々は、①連携、②エッセンス、③戦略という3つのキーワードに辿り着いた。

　1番目のキーワードは「連携」。すなわち、教育現場と法律実務家との連携をどのように構築してゆくのか、どのように拡げ、深めてゆくかという点である。
　法教育は、法律の専門家以外の全ての市民を対象とするものであるものの、とりわけ学校教育における法教育は重要である。子どもたちの「生きる力」を育むためにも、子どもたちの教育を受ける権利（憲法26条）を実現するためにも、教育現場における法教育の重要性は高いというべきである。そして、子どもたちに法教育を施してゆくためには、法の専門家である我々法律実務家が、その実践に関与してゆくことが不可欠である。
　しかしながら、法律実務家は、法律とその背後にある理念・思想・価値等には精通していても、子どもたちへの教育に関しては、決して専門的知識、技能を有しているとは言い難い。とりわけ、教育現場で接することになる生徒の発達段階や理解度などについて、法律実務家は十分に把握しているわけではない。
　また、学校教育制度の現状を考えたとき、いくら弁護士人口が増えたとはいえ、全ての学校に法律実務家を派遣することには無理がある。
　よって、法教育を教育現場に普及・浸透させるためには、授業のプロである教員を第一次的な主体として位置づけるべきである。
　ただ、現場の教員は、必ずしも十分な法的素養（法律知識・法的思考能力）を身につけているとは言い難く、教員養成課程においてそのような素養を身につけるための訓練も行われていない。
　そこで、法律実務家が、教育現場で用いられる教材づくりや、授業準備の段階でかかわることが不可欠である。現場の教員が授業実践を行うことを前提としつつも、法律実務家が、①素材の提供、②教材の開発、③教員が授業化する段階での補助・チェック・アドバイス、④授業後のフォローと教材開

発へのフィードバックなどを、積極的に行うことが必要であり、そのための仕組みを考える必要がある。

２番目のキーワードは「エッセンス」。すなわち、法教育のエッセンス・指針を示すことの重要性である。

我々は、関東弁護士会連合会が考えてきた法教育の理念が、法律実務家の間ですら共有されていないという現実、そして法教育に携わる法律実務家が、現場の教育関係者に、法教育の理念と内容を十分に説明し切れていないという現実をしっかり認識する必要がある。

そのうえで、法教育がめざすところ、すなわち、「我が国が理想的な社会として発展してゆくため、国民一人ひとりが、自由で公正な民主主義社会の構成員として、自分たちの身の回りに起きる様々な問題や社会の問題について自律的主体的に考え、判断し、行動する能力を身につけさせる」という目標を、法教育に携わる全ての関係者が再確認したうえで、そのような法教育の目標を実現する上で、いかなる法教育を実践すべきか、すなわち法教育のエッセンスともいうべきものを一層明確にしてゆくことが必要と考える。

これまで述べてきたように、「2002年宣言」において定義づけた「法教育」は、我々の実践すべき法教育の全体像を示すものではある。しかしながら、全ての子どもたちを対象にして実践し、普及させてゆくためには、これをさらに具体化し、「子どもたちに何を身につけさせるのか」「子どもたちが最低限身につけなければならない要素は何か」を明らかにしてゆく必要があるのではないだろうか。

そこで、今回、我々は、法教育に関する調査研究と並行して、法教育に携わる関係者が、日本における法教育を考える上での検討材料としていただくため、関東弁護士会連合会が考える「法教育のエッセンス」を「法教育指導要綱（案）」としてまとめ、巻末に資料２として掲載した。

この「法教育指導要綱（案）」の内容については、まだ十分な検討がなされているとは言い難い。しかしながら、この「法教育指導要綱（案）」の発表を契機として多くの方面から批判的な検討がなされ、日本における法教育がより活性化することが強く望まれる。

最後のキーワードは「戦略」である。我々は、本書において、これからの法教育に向けて、さらなる戦略的・計画的な取組みが必要であることを強調

してきた。前記2つのキーワードに挙げたものを含め、法教育普及のために取るべき方策・なすべき努力は多く存在する。今後、法教育を日本全国の子どもたちをはじめ、広く普及させてゆくためには、そうした多くの事項をそれぞれ個別に対応するのではなく、戦略的・計画的に実現していくことが不可欠なのである。

その意味では、前述したような法教育のエッセンスを明らかにしつつ、学校現場における法教育の評価基準を作成することに加え、学校において広く法教育が実践されるよう、現場の教員と法律実務家が共同して、教員が使用しやすい法教育の教材や授業案等を研究開発するとともに、教育研究者等とも連携して、子どもの年齢や発達段階に適合した体系的で網羅的な法教育プログラムを開発してゆく必要がある。また、法教育の教材やプログラム等に関して現場の教員がそれぞれの実践を通じて得た情報や経験を交換するための仕組みづくりも必要であろう。

また、法教育が教育課程の中に体系的に取り入れられるよう文部科学省や教育委員会に対する働きかけを行うとともに、あらゆる機会を捉えて法教育の担い手となる教員を育成してゆくようなシステム作りも必要である。

もちろん、我々法律実務家の側でも、教育現場との連携を通じて授業のスキルを磨いてゆく努力が必要である。

これらの取組みを体系的に行うためには、効果的かつ継続的に法教育プログラムの研究開発及び法に関する情報を発信し、法教育に携わる教員や弁護士等に必要な支援を提供して法教育を推進してゆくための機関(いわゆる「法教育センター」)を設置することが望まれるところであり、関東弁護士会連合会において、現在、その設置に向けた検討を開始したところである

他方、これらの法教育の実践と並行して、イベントやキャンペーンなどを通じて広く市民や子どもたちに対して、法や、社会における法の役割について正しく理解してもらうための方策も検討されることが望まれる。そして、我々法律実務家が法教育に積極的に関与できるような体制づくりや、法教育を促進しようという意欲を持つ法律実務家の育成等、法曹界内部における広報活動や研修なども積極的に行ってゆくことも重要であろう。

以上、今回の我々の研究を通じて浮かび上がってきた3つのキーワードを紹介することで、本書のまとめに代えたいと思う。

本書の刊行が、今後の法教育の普及に向けた一石となることを切に願っている。

資料編

資料1　「子どものための法教育」に関する宣言（2002年宣言）

　我が国が、個人を尊重する自由で公正な民主主義社会として健全に発展するためには、国民一人ひとりが、立憲民主制の意義及び法が果たすべき役割を理解し、自律的主体的に行動しなければならない。

　ところで、我が国の現状を見ると、政治参加については、若年層の投票率の低下に象徴的にみられるように民主主義の形骸化が叫ばれ、また、刑事事件については、重大事件が起こるたび、弁護人に対し、なぜ悪人の味方をするのかなどの非難が繰り返しなされ、民事事件においては、法の無知による泣き寝入りや法に反しない限り何をしてもかまわないという利己主義的な権利行使の態度がしばしば見受けられる。このような現状は、国民が、自由で公正な民主主義社会の意義及び法の役割を理解していないことの現れであるように思われる。

　このような現状を変革し、我が国が理想的な社会として発展していくためには、国民一人ひとりが、自由で公正な民主主義社会の構成員として、自分たちの身の回りに起きる様々な問題や社会の問題について自律的主体的に考え、判断し、行動する能力を身につけなければならない。そのために、「法律専門家」ではない人々を対象に、法とは何か、法がどのように作られるか、法がどのように用いられるのかについて、その知識の習得に止まらず、それらの基礎にある原理や価値例えば、自由、責任、人権、権威、権力、平等、公正、正義などを教えるとともに、その知識等を応用し適用して使いこなす具体的な技能と、さらにそれを踏まえて主体的に行動しようとする意欲と態度について併せ学習し身につける機会、すなわち「法教育」を提供する必要がある。

　法教育は、国民全体に対し提供されなければならないが、とりわけ、我が国の未来を担う子ども、具体的には、小学生段階から高等学校段階において、その成長過程に応じた内容の法教育を実施することが重要であり、これを速やかに実践する必要がある。

そのためには、多くの教員による積極的な取り組みが必要不可欠である。しかし現在のところ、我々が目指す法教育は教育関係者にあまり知られていない状況にある。そこで我々は、まず法教育の必要性と重要性について、教員、教育学者、文部科学省などの教育関係者に対し、その理解を得ることを求めるとともに、その普及・実践への取り組みを要望するものである。

　また我々弁護士も、現実の社会において法を担う専門家として法の理念を社会に広めるべき責務を負っているのであるから、何よりも、我々が法教育の普及及び実践に尽力しなければならない。法教育の必要性と重要性は、我々弁護士の間でも十分に認識されていないことから、我々は、全国の弁護士会及び弁護士に対しても、我々の目指す法教育の重要性について訴え、理解を得なければならない。

　そして、子どもへの法教育を効果的に普及させ実践させるためには、法の専門家である弁護士及び教育の専門家が緊密な連携のもとに研究を行い、実践的なカリキュラムを開発し、実際の授業を担当する教師・講師を育成するための教育の手法を含めた研修等が必要となる。

　また、弁護士会は、法的な教育を実践している司法書士会・消費者生活センター・裁判所・民間団体などとも積極的に情報交換をする必要がある。

　我々関東弁護士会連合会は、このような法教育の研究、カリキュラムの開発、情報交換等を、継続的かつ専門的に行う全国的な組織が必要と考え、日本弁護士連合会に対し、法教育のための専門委員会等を早急に設置することを要望する。そして、我々関東弁護士会連合会は、全国の各単位弁護士会、弁護士、教育者及び関係諸機関、マスコミ、国民などに対して、21世紀の我が国が自由で公正な民主主義社会として発展していくために、子どもに対する法教育の必要性と重要性を訴え、これら諸機関や広く国民と連携しつつ、子どものための法教育を我が国に普及させるために尽力することを固く誓うものである。

2002（平成14）年9月27日
関東弁護士会連合会

資料2 **法教育指導要綱（案）**

序

　関東弁護士会連合会は、平成14年9月27日に、「子どものための法教育」に関する宣言を採択し、それは法教育が日本に普及するための契機となった。その宣言において、関東弁護士会連合会は、法教育を、法律専門家でない人々を対象に、法、法過程、法制度、これらを基礎づける基本原則と価値に関する知識と技術を身につけさせる教育と定義づけた。そして、法教育は、従来から行われてきた特定分野に重きを置く同種教育（憲法教育、人権教育、司法教育、消費者教育など）を包括すると位置づけ、その特徴は、自由で公正な民主主義社会において必要とされる自由、公正、責任などの原理原則に基づく考え方を身につけてもらおうとするところにあるとした。

　前記宣言以降の動きをみると、法教育は広まりつつあるが、その重要性の程度に比較すると、まだ普及は不十分と言わざるを得ない。その原因の一つは、前述のように法教育について定義づけがなされたものの、抽象的であるために理解しにくい面があったし、取り組もうとする弁護士や教育関係者にとって具体的に展開する際に目指すべき方向を示してくれるガイドライン的なもの、法教育のエッセンスや指針を簡単にまとめたものが見当たらなかったことにあると考えている。

　そこで、我々は、法教育をさらに普及させるために、法教育のエッセンスや指針を簡単にまとめた要綱が必要と考えた。我々が考える方向性は、この要綱に示した通りであるが、法教育が何を目的とすべきかについても多様な意見があり、具体的にどのようなテーマを拾い上げるかについても意見の相違がある。これらの点について、今後も活発な議論がなされることが望ましい。我々は、この要綱を契機として多くの方面から批判的な検討がなされ、日本における法教育がより活性化することを願ってやまない。

　この要綱は、法教育に携わる弁護士や弁護士会の使用を想定し、教育関係者を想定して作成されたものではないので、詳しい説明等は省き、習得してもらいたいことを簡略に指摘するにとどめている。教育関係者が要綱を用い

る場合にはぜひ弁護士や弁護士会と連携していただきたい。

　この要綱では、いくつかの概念等をとりあげた。法教育のために充てることができる時間は多くはない。したがって、これらの概念のすべてを網羅しなければならないわけではない。

　また、知識として掲げた項目については、単に言葉を覚えてもらうのではなく、なぜそのような仕組みが必要とされるのか、それらの背景にある価値（例えば個人尊厳、自由等）を理解させることに重きをおいていただきたい。

　さらに、授業の方法については、方法と法教育の目標との関係を意識していただきたい。例えば、各地で広く行われている模擬裁判の活用は生徒たちにとって教育効果が高い方法だが、単なる体験で終わることがないようにしていただきたい。そのために、模擬裁判を通じて生徒が獲得すべきものが何であるのかを意識するようにお願いしたい。

　この要綱は、きわめて短期間で作成されたため、項目の拾い上げ方にアンバランスなところや、内容において不正確で不十分な箇所があるかもしれない。法教育とは何かとは常に問い続けられなければならない課題であり、その内実を明らかにすることは我々にとって永遠に「未完のプロジェクト」かもしれない。このプロジェクトが志ある人たちに引き継がれ、我々の社会が一人ひとりを大切にする自由で公正な民主主義社会として発展していくことを願ってやまない。

I　総論

(1)　法教育が目指す市民像とは

　日本国憲法は、多様な個人が共存しながら生きていくことができる社会を目指している。

　このような社会では、個人は他者から生き方を強制されることはなく、それぞれが幸福を追求することができる。そのためには、何が自分にとっての幸福であり、善であるのか、そして自らの生き方を自らが決めていくことが求められる。人は社会とのつながりなしに生きていくことはできないことから、自分らしい生き方をするためには社会についての知識や技能等が必要となる。

　日本国憲法は、個人が尊重される自由で公正な民主主義社会を目指している。このような社会は憲法に文章として書かれたからといって、自動的に達

成される類のものではない。民主主義の社会においては、私たちのことは私たちで決めなければならない。何を実現するのか、その選択は私たち自身に委ねられている。私たちの社会を憲法の目指す理想に向かい、より健全に維持し発展させるためには、まず、社会を支えているのが私たち市民であることを自覚しなければならない。もしも私たちに、社会についての知識、技能、態度・意欲が欠如するなら、何をなすべきかという選択を誤り、その結果、自由で公正な民主主義制度は機能不全に陥りかねない。自由で公正な民主主義社会は、法と密接に関連しているために社会の仕組みを理解するためには法の視点が不可欠である。

　以上のように、私たちが法教育を通じて育成しようとしている人とは、私たちの生きる社会が、個人を尊重する自由で公正な民主主義社会を目指しているという理念を十分に理解し、社会についての確かな知識と民主主義のプロセスに積極的に関与していくことができる技能を有し、さらに社会の維持改善のために、積極的に貢献しようとする態度・意欲を有する人である。

(2) 市民を育てるための方策

　人は、知識がなければ判断を誤り、技能がなければ現実の社会に意見を反映することはできず、実現に向けての態度・意欲がなければ、何ごともなしえない。これらは本来相互に密接な関連性を有しているので明確に区別することは難しいが、ここでは便宜的に法教育のエッセンスを考えるに際し知識、技能、態度・意欲の3つに分類することにした。

　(a) 知識
　(b) 技能
　(c) 態度、意欲

(3) 効果的な法教育を行うための方策

　民主主義社会に必要な参加的な技能や意欲を醸成するためには、知識伝授のための講義型の教育手法だけではなくより積極的能動的に生徒が参加できる教育の方策を採用する必要がある。

II 各論

以下では、知識、技能、意欲に項目を分けて、法教育を通じて学んで欲しいこと、法教育を通じて考えて欲しいことや身につけさせたい事項をあげていく。

(1) 知識
(a) 基本的価値・概念

多様な人々が共存していくための社会の基本的な枠組みに関する価値や概念をとりあげる。以下に述べるものは法律に明確に基本的価値や概念として記述されているものではない。しかし、法と社会は相互に影響を及ぼしあう関係にあり、社会の基本的な枠組みに関する価値や概念に相応するものは法の中に組み込まれている。以下にとりあげたものの他にも基本的価値や概念はあるかもしれないが、ここでは代表的なものをあげてみた。これらの基本的価値や概念は、法制度について考える際や社会的な問題を解決する際に指針となりうる。これらの価値は、法制度や社会的な問題のなかで関連し、また、相互に衝突をすることがある。法教育においては、法の背景にある基本的な価値や原則についてさかのぼって考えることが重要であるので、以下の基本的価値と(b)以下にあげた項目（制度や論点）との関連性を意識していただきたい。

①個人の尊厳

　一人ひとりがかけがえのない存在である。そこから、各人が尊重されるべきであることが導かれる。自他の存在そのものの尊重を意味する。そこから、それぞれの自己決定は尊重される。

　個人主義と利己主義は異なることを理解しよう。個人が尊重されない社会はどのような不都合があるのだろうか。全体主義社会と対比してみよう。

　個人の尊厳は、もっとも基本的な価値であり理解は必須である。

　また、個人が尊重されるためには多様性への尊重が必要である。多様性の確保は社会の発展にとっても欠くことができない。

②平等

　同じものは同じように均しく扱われるべきである。また、一人ひとりの違いが尊重されるべきである。尊厳を傷つけるような差別は許されない。ただし、合理的な区別は許される。平等は、基本的な価値であり、理解が必須である。配分的な正義と関連する。日本社会においては差異を無視してみんな同じとしてしまう傾向があるので注意を促す必要がある。

③自由

　人はそれぞれ自己の幸福を求めて行動し、さまざまな社会的関係を形成していく。その際に、他者に邪魔をされないことが自由である。ただし、社会的な存在である以上、他者との衝突もあることから、自由は無制限ではなく、他者との調整が必要である。自由は、基本的な価値であり、自由の概念なくしては自由の侵害について批判的に検討できない。

　人が自由であることから、義務はその人の承諾なしに発生しないのが原則である。私法の分野においては、自由の考え方は、私的自治、契約自由、過失責任の原則等にみることができる。

④公共、共同性

　人は、一人では生きていけない社会的存在であり、他者と関係を持ちながら社会生活を送らざるを得ない。そこには、私的な領域ではなく、社会に関わる公的な領域が存在する。自らが関わる公共領域においては、自らを含むすべての者の利益の増進がはかられるべきであり、その結果、個人の利益の拡大にもつながる。

　公共は、全体の利益を個人の利益の優先する全体主義とは異なる。個人の利益と全体の利益が衝突する場合に個人の利益がないがしろにされないように調整が図られるべきである。

⑤権力と権威

　権威と権力の異同、権威と権力を区別する必要がある。政府などによる権力行使を批判的に検討するためには、権力と権威を区別し、権力行使の正当性を問う必要がある。

⑥正義あるいは公正

　法や社会の問題が、正義に反し、不公正に扱われることは是認できない。法や社会について考える際に正義や公正の概念は必要である。正議論については法哲学の領域において多様な議論がなされているが、法教育の分野に置いては、配分的正義、匡正的正義、手続的正義を理解してもらいたい。

　配分的正義とはどのように利益や負担を配分するかを検討するために、匡正的正義とは損害の発生や不法な状態が生じた場合にどのように回復すべきかを検討するために、手続的正義とは、何らかの決定がなされる場合にどのような手続であるべきかを検討するために用いることができる。

⑦責任

　結果責任が過酷な結果をもたらしがちであることについての理解が必要である。近代や現代においては、責任の前提には自由がなければならない。自己責任や行為責任が原則である。因果関係についての説明も必要であろう。責任と原因は区別されるべきである。日本においては連帯責任や道義的責任が強調されがちであるので、批判的に検討するために責任についての理解は必要である。加えて、法律的責任、政治的責任、道義的責任の区別もできれば望ましい。一部には、責任について取り上げることそのものを否定する向きもあるが、実際に責任を課するかと言う問題と責任の概念を理解することとは区別されなければならない。

⑧信頼、配慮

　人が社会生活を営み、他者と関係を結ぶためには、ベースに信頼があることはいうまでもない。そして、他者との円滑な関係のためには配慮も必要となる。私法においては信義誠実の原則があげられているが、そのような考え方はその他の分野においても幅広く認められる。

⑨真実

　法や社会的な問題について検討する場合に、前提として何が真実であるのかが明らかにされなければならない。虚偽の情報に基づく判断は危険である。

(b) 法
①法と道徳のちがい

　法と道徳は似ているところもあるがどのような違いがあるのだろうか。私たちの社会のなかで法と道徳はどのような役割を果たしているのだろうか。法と道徳は社会生活を営む上でどのように役割を分担すべきだろうか。たとえば、善悪をすべて法律で定めることは問題がないのだろうか。法と道徳の違いがわからなければ、道徳を法によって強制するという問題が生じる。法は最小限の道徳という言葉の意味は。また、法の限界、法律万能主義の弊害についても触れておく必要がある。

②法と司法制度の歴史

　現在の法と司法制度はどのような歴史的経緯から現在のような制度となったのだろうか。以前のものと比較して、どのような点が優れているといえるだろうか。私たちは現在の法と司法制度をどのように評価すべきだろうか。改善すべき点があるとしたらそれはどのような点だろうか。現在の法と司法制度を理解した上で支持してもらい、問題があれば批判的に検討できる視点を養う必要がある。

③法の役割と重要性

　法は社会においてどのような役割を果たすのか。もし法がないと仮定すると、私たちは社会生活を送る上でどのようなことで困るだろうか。
　社会統制とは法に違反する行為に対して制裁を科すことで抑制しようとすること、活動促進とは準拠しなければならない指針や枠組みを提供し自主的な活動を予測可能にし活動を促進すること、紛争解決とは権利義務を明確にし紛争を予防し紛争解決基準や手続を整備すること、資源配分とは公的なサービスの提供や再分配を行うこと。
　法に対する偏ったイメージを修正し、法が私たちにとって有益であり、必要なものであることを理解してもらう。現在の法と司法制度を理解した上で支持してもらうために必要。
　法は、所与のものとしてあるのではなく、社会において何かの目的を実現するために、あるいは問題を解決するために作られる。法がどのような目的を実現するために作られているのか、目的とその実現のための仕組みを理解しよう。法は、目的を実現するためのものであるから必要

があれば法を新たに作ることができることを理解してもらいたい。

④法と基本的価値・概念との関係
　法は、前述した基本的価値や概念とどのように結びついているのだろうか。法は個人の尊厳等の基本的価値・概念に沿うものである必要があるのではないか。
　たとえば、社会の秩序を維持するために秩序を乱した者に対して刑罰権を行使する。このように法は権力を背景に持つ。そのため、間違った権力の行使または間違った法が実行されると、人々を不幸にする。そのため権力の行使や法を用いる際には慎重でなければならない。
　法としての形式さえ充たしていれば内容はどうであってもよいのだろうか。悪法も法といえるだろうか。法と正義は関係があるのだろうか。また、法が権力から人々の自由を守るために用いられることがあることについても理解しよう（例、法の支配、実質的法治主義）。法を批判的に検討し、改善するため視点を養う必要がある。

⑤法律の立法から適用までの動的な過程
　法を作るのは誰だろうか。どのような手続で法が作られるのだろうか。私たちは法を作ることができるのだろうか。私たちは法を作ることにどのように関与しているのだろうか。私たちは法を廃止し、あるいは改めることができるのだろうか。民主主義の社会では自分たちのことは自分たちで決めることになる。たとえば、法律は国会で立法され、施行され、適用される。法律は何のために作られるのだろうか。法は、目的を実現するためのものであるから必要があれば法を新たに作ることができることを理解しよう。また、不都合があれば一部を改めることができることや必要がなければ法を廃止することができることも理解しよう。法が所与のものではないことを理解し問題があれば批判的に検討し、改善するため視点を養う必要がある。

⑥法を評価する基準
　法を評価する基準にはどのようなものがあるだろうか。人々を混乱させる、傷つける、よくない法とはどのようなものだろうか。法的安定性すなわち内容が不明確で予測ができない法はどうか。目的が正当ではな

い法はどうか。目的と手段が関連していない法はどうか。その他、ルール作りの基準につながる視点となる。批判的に法を見るための視点が必要。

⑦法的思考方法（法的推論）
　法的な主張はどのように理由づけ（正当化）されるのだろうか。
　法的な三段論法とはどのようなものか。
　事実認定とはどのようなものか。
　法的な思考と政治的な思考、経済的な思考のちがいは何だろうか。これらは効率と公正に関係する。
　司法制度における判例や裁判例の役割・機能は何か。

(c)　憲法の原理と原則
①三大原理（国民主権、基本的人権の尊重、平和主義）
　憲法の重要な原理として何をあげたらいいだろうか。それらが重要な理由はなんだろうか。それらには何の目的があるのだろうか。もし、それらが存在しないと仮定した場合に私たちにどのような不都合があるのだろうか。原理との関係を考えてみよう。現行憲法の特徴を理解するために必要である。

②個人の尊厳
　個人の尊厳はなぜ重要なのだろうか。もし、個人の尊厳が否定されたらどのような不都合があるのだろうか。上記三大原理と個人の尊厳とがどのようにかかわるのか考えてみよう。基本事項であり理解が必要である。

③法の支配
　法の支配とは何だろうか。人の支配とは何だろうか。人の支配にはどのような不都合があるのだろうか。権力の濫用を防止するため法の支配は役立つのだろうか。日本国憲法には法の支配があるといえるだろうか。どのようなところに法の支配がみられるだろうか。それらが存在しないと仮定した場合にどのような不都合があるだろうか。法律による統治とどこが異なるか。基本事項であり理解が必要である。

(d) 権力と民主主義
①国家における権力
　なぜ国家権力が必要なのだろうか。人々の幸福とどのような関係があるか。もし、国家権力が存在しないと仮定した場合にどのようなことが起こるだろうか。国家権力がない場合にも私たちの生命や安全は暴力から守られるだろうか。国家権力が一定限度で国民生活にとって有用であり、それをどのように用いるべきかという視点を持つために必要。

②国家の権威の正当性、国家の権限の限界
　国家の目的は何だろうか。そのために国家はどのようなことを行うか。国家は法を作り、実行し、遵守させ、ルールや法についての紛争を管理する。国家は権力を行使するが、それは単なる暴力とどこが異なるのだろうか。権力の行使はどのような根拠から正当化されるのだろうか。国家の権限には限界があるのだろうか。それはどのような限界か。批判的な検討のために必要。

③権力の濫用防止
　国家が権力を濫用しないためにはどのような仕組みがあるだろうか。権力分立と抑制均衡。国民による政治参加、国民による監視などは権力の濫用の防止に役立つのだろうか。批判しかつ積極的に参加するために必要。

④民主主義
　ア　民主主義の意義
　民主主義は、民主主義ではないもの、君主制、独裁、寡頭制、専制と比べてどこが優れているだろうか。民主主義的ではない制度を選択しなかったのはなぜだろうか。意思決定に参加しないことは実質的な意味において寡頭制を許すことと同じことにならないだろうか。
　イ　民主主義を支える条件
　人々が意思決定に実質的に参加するためにはどのようなことが必要だろうか。情報なしで賢明な選択や決定は可能だろうか。人々が情報を取得するためにはどのような仕組みが必要だろうか。民主主義が衆愚政治

に陥るとどのような不都合があるだろうか。民主主義が衆愚政治とならないためにはどのようなことが必要とされるか。民主主義の重要性と政治参加の必要性を理解してもらうために必要。

ウ　民主主義の限界、多数決と少数者の保護、民主主義と人権の関係

民主主義における意思決定は多数決がとられているが過ちを犯すことはあるだろうか。それはどのような場合だろうか。そのような過ちを犯さないためにはどうすればよいだろうか。民主主義はどんなことでも決定できるのだろうか。たとえば私的な領域のことも決めることができるのだろうか。少数者の基本的人権を侵害する決定も可能か。多数決民主主義を批判的に検討するために必要。

エ　民主主義の維持・発展、改善の方法

民主主義は他人任せにしても、自動的に働いてくれるものだろうか。知的で賢く参加意欲を持つ人でなければ民主主義は有効に機能しない。意思決定に参加しないことは実質的な意味において民主主義を放棄すること同じことにならないだろうか。人々が意思決定に実質的に参加するためにはどのようなことが必要だろうか。情報なしで賢い選択や決定は可能だろうか（マスコミ、知る権利、情報公開）。人々が情報を取得するためにはどのような仕組みが必要だろうか（メディアリテラシー）。民主主義が衆愚政治に陥るとどのような不都合があるだろうか。民主主義が衆愚政治とならないためにはどのようなことが必要とされるか。民主主義の重要性と政治参加の必要性、そのために構成員は、知的で賢く参加意欲を持つ人であってほしいことを理解してもらうために必要。

オ　あるべき意思決定の過程、討議の重要性

民主主義において意思決定は多数決だけでプロセスは無視してよいのだろうか。意思決定に際して、十分な質疑応答、討議のプロセスが保障されないとしたら、どのような不都合が起こるだろうか。意思決定に必要な情報の獲得、吟味、質疑応答、討論等はどのようなものであるべきだろうか。そのようなことができるためにはどのような能力が必要だろうか。民主主義における意思決定のプロセスの必要性、重要性、そのために構成員が知的で賢く参加意欲を持つ人であるべきことを理解してもらうために必要。

(e) 人権
①個人の尊厳と基本的人権の尊重
　一人ひとりがかけがえのない存在として尊重されるべきである。そして、それぞれの自己決定は尊重されるべきである。個人主義と利己主義は異なることを理解しよう。個人が尊重されない社会はどのような不都合があるのだろうか。全体主義社会と対比してみよう。個人の尊厳はなぜ重要なのだろうか。もし、個人の尊厳が否定されたらどのような不都合があるのだろうか。個人の尊厳とかかわる憲法13条について考えてみよう。基本事項であり理解が必要。法律上の権利ではなく、憲法上の基本的人権としたのはなぜだろうか。

②基本的人権の衝突と調整原理（公共の福祉）
　個人の利益が衝突した場合には、調整がはかられなければならない。個人の利益と全体の利益が衝突する場合には個人の利益がないがしろにされないように調整が図られるべきである。衝突している利益や被る不利益の内容を観念的にではなくより現実的に厳しく検討することが必要である。権利の制約について批判的に検討するために必要。他者に害を与えない限り、他者に邪魔をされることなく何かをすることができる。

③平等原則、平等権
　同じものは同じように均しく扱われるべきである。また、一人ひとりの違いが尊重されるべきである。平等といっても、合理的な区別は許される。基本的な価値であり、理解が必須。ただし、日本の場合は同じでないものもみんな同じとしてしまう傾向があるので注意を促す必要がある。平等は、配分的正義に関係する。

④主な憲法上の権利
　憲法上には多様な人権規定がもうけられているが、それらの人権はなぜ必要なのだろうか、具体的にどのような状況を想定しているのだろうか。もし、それらの人権が否定されたら、私たちには具体的にどのような不都合や不利益が生じるのだろうか。歴史的にどのような事情から人権が生まれたかについて理解しているだろうか。人権は憲法に明記されたものに限定されるのだろうか。また、利益につながるものであればそ

れらをすべて人権として認めて良いのだろうか。ある人権が認められることにより、他の人の権利が制約を受けることはあるのだろうか（人権のインフレ化）。人権として認められるための条件はあるのだろうか。
　多くの種類を覚えるよりも人権がなぜ必要なのかなどの基本的な考え方を身についてもらいたい。

(f) 紛争解決
①紛争
　紛争とはどのようなものか。人は紛争が起こるとどのように対処するのだろうか。主体性を持って積極的に紛争を解決することがなぜ大切なのだろうか。多元的な社会においては多様な意見が存在し、意見の相違や紛争は不可避である。社会や人生を実り豊かにするために、紛争を悪しきものとして回避するのではなく解決のプロセスを通じて建設的な解決をなしうる可能性を有するものととらえてもらいたい。

②紛争解決の方法
　紛争解決の方法は訴訟だけではない。交渉、調停を含め広く紛争解決の方法を考える視点を身につける必要がある。紛争解決のための仕組みにはどのようなものがあるのだろうか。それぞれのメリットデメリットの比較。人が自立的かつ主体的に紛争を解決していくためには、交渉と調停の技法を具体的に学び、身近な紛争を解決していくことが大切である。

(g) 司法
①法の支配と司法権の関係
　司法とはどのようなものであるか。裁判権が立法権や行政権と分離していないとどのような不都合が起こるだろうか（司法の仕組みは政治の仕組みとどこが異なるだろうか。どのような目的からそのような仕組みをとっているのだろうか）。
　裁判を受ける権利が保障されないとどのような不都合があるだろうか。

②正義（匡正的正義、手続的正義、配分的正義。特に手続的正義）との関係
　　裁判においては手続的な正義が要求される。手続的正義は、決定に至るプロセスに関して、その決定に関わる利害関係人に対して公正な手続と配慮を要請する。たとえば、もし、当事者を対等に扱わない、公正な機会を与えない、決定する第三者が公平中立ではない、理由づけられた議論や決定がなされないなどの扱いがなされたらどうだろうか。

③司法を担う機関、専門家（裁判官・検察官・弁護士）が果たす役割
　　司法手続において専門家の役割分担がなされていること、なぜそのように役割を分けているのか意味があるのか。特に弁護士が基本的人権と社会正義の実現の使命をもつことへの理解。

④違憲立法審査権
　　違憲立法審査権とは何か。どのような役割を果たしているのか。議会ではなく裁判所に違憲立法審査権を与えたのはなぜだろうか。これによって裁判所はどのような役割を果たすことを期待されているか。

⑤司法権の独立、裁判官の独立
　　裁判が政治的な干渉を受けるとどのような不都合あるのだろうか。

⑥裁判の公開
　　裁判の公開がなされないとどのような不都合があるのだろうか。

⑦国民の司法参加
　　その意義。どのような役割を果たすことが期待されているか。裁判員裁判、検察審査会。

⑧判決や和解の社会への影響。
　　判決や和解が社会に及ぼす影響。たとえば、憲法に関する判決や民事では、過払いの判決や公害訴訟、肝炎裁判の和解勧告などがある。

(h)　私法
①私法の基本的考え方

私的領域を規律する基本的な考え方を理解してもらう。私的な領域に関しては、できるだけ国家の介入を避けて個々人が自由に活動し、関係を形成できることが必要となる。人はすべてのものを所有しているわけではなく、自分の幸福を追求し実現していくためには、物資やサービスを相互に交換するなど他者との協力が不可欠である。人が、自己及び他者を尊重しながら物資やサービスを入手するためには、どのような仕組みが必要か。私的自治や契約自由の原則や過失責任の原則等は、どのような役割を果たしているのだろうか（ここでは言葉ではなく考え方を学んでほしい）。

当事者の意思が尊重されなければならず、それが私的自治や契約自由の原則につながる。行動の自由を確保するために、どのような結果を将来するのか予測可能性が保障されなければならず、過失責任の原則が必要となる。当事者は相互に信頼をベースに取引を促進する。契約は守られなければならない。

私的利益の追求は保障されなければならないが限界はないのだろうか（権利濫用、信義則）。

②原則の現代的修正

近代的な考え方や原則は現代社会においてどのような不都合をもたらしたか。現在は、どのように修正されるべきだろうか。

社会法や経済法の役割。契約自由の原則の修正としての消費者保護、労働者保護、借地借家法等。過失責任の原則の修正。

原則との関係をふまえて修正の必要性（弱者保護の視点や考え方）を理解してもらう。

③法人

法人の意義。

もし法人がなかったとしたらどのような不都合があるだろうか。

④家族法

財産関係や取引を規律する分野とは異なり、現在の家族法が、個人の尊厳という視点から、戦前の「家」制度を廃止し、両性の平等に配慮するなどしていることを理解する。未成年者などの弱者について市場取引

から保護されるような制度が置かれていることを理解する。

(i) 私的紛争と裁判
①手続の概略や簡単な用語の説明
　　原告、被告、弁論、証拠調、判決などごく基本的な用語と手続の概略。

②当事者主義
　　対立する両当事者がそれぞれ自己に有利な法律上・事実上の主張および証拠を出し合い、これに基づいて中立の第三者が決定するやりかた。このような手続を採用しているのはなぜだろうか。私的紛争の解決においては自分の権利は自分で守らなければならないということを理解してもらう。処分権主義、弁論主義の用語までは不要であり、考え方を理解してもらう。
　　当事者に委ねずに勝手に裁判所が判断をすることは許されるのだろうか。不意打ちの防止。和解の意義。

③証拠裁判主義
　　証拠裁判主義とは何か。証拠裁判主義は、どのような機能を果たしているのか。証拠なしに事実を認定することは許されるだろうか。事実認定の基本的な仕組みを理解する。判決を批判的に検討するために必要。

④自力救済禁止
　　自力救済とは何か。自力救済はなぜ許されないのか。

(j) 犯罪と刑罰
①犯罪と刑罰の意義
　　犯罪とは。どのようなものを犯罪とすべきなのか。逆にどのようなものは犯罪とすべきではないのか。道徳上の善悪と犯罪とすべきかどうかはどのような関わりがあるのか。
　　刑罰とはなにか。なぜ刑罰を科する必要があるのか。刑罰を科すことの意味。

②罪刑法定主義

　罪刑法定主義とは何か。なぜ、犯罪とすべきこと、刑罰について法律で定めなければならないのか。自由との関係は。民主主義との関係は。刑罰権について批判的に検討するために必要。
　　ⅰ　罪刑の法定
　　ⅱ　罪刑の均衡
　　ⅲ　明確性
　　ⅳ　類推解釈禁止
　　ⅴ　遡及処罰の禁止
　それらはどのような意味を持つのか上記についてそれらがないとのような不都合が生じるか。

③責任主義

　行為者に対する責任非難ができない場合には刑罰を科すべきではないとの原則。近代以降、自由な選択や行為がなければ責任は発生しないのが原則。責任と原因は区別されるべきである。結果責任が過酷な結果をもたらしがちであることについての理解が必要。
　個人責任ではなく連帯責任などがとられた場合の不都合は。
　行為なくして処罰なし、行為なくして処罰されるということは思想などが処罰されるということだが、何が不都合なのか。

(k)　刑事手続
①手続の概略や簡単な用語

　被告人、弁護人、検察官など関わる専門職の役割の把握。
　犯罪が起きてから、捜査が行われ、被疑者が特定され、取り調べられ、起訴されて、裁判で有罪か無罪かが認定され、さらに有罪であればどのような量刑が妥当かを決め、さらにその判断に従って刑罰が科されるかされることになる手続の概略の把握。

②当事者主義

　事案の解明や証拠の提出に関する主導権を当事者に委ねる主義。対立する両当事者がそれぞれ自己に有利な法律上・事実上の主張および証拠を出し合い、これに基づいて中立の第三者が決定するやりかた。このよ

うな手続を採用しているのはなぜだろうか。

③証拠裁判主義

　　証拠裁判主義とは何か。盟神探湯、神明裁判、魔女裁判、決闘裁判との異同。証拠裁判主義は、どのような機能を果たしているのか。事実認定の構造を理解し、それを批判的に検討するために必要。

④適正手続の原則

　　適正手続とはどのようなものか。どのような機能を果たしているか。裁判においては手続的な正義が要求されるが、手続的正義とは何か。決定に至るプロセスに関して、その決定に関わる利害関係人に対して公正な手続と配慮を要請する。たとえば、もし、当事者を対等に扱わない、公正な機会を与えない、決定する第三者が公平中立ではない、理由づけられた議論や決定がなされないなどの扱いがなされたらどうだろうか。裁判の手続を批判的に検討するための視点として必要。
　　＊モンテスキュー「かくも恐るべきもの」としての裁判権についての注意喚起。

⑤令状主義

　　令状主義とは何か。それがないとどのような不都合があるのか。捜査等について批判的に検討するために必要。

⑥無罪推定の原則

　　無罪推定とは何か。それがないとどのような不都合があるのか。有罪であることを立証する責任があるのは検察であることの意味は。裁判について批判的に検討するために必要。

⑦黙秘権

　　黙秘権とは何か。それがないとどのような不都合があるのか。

⑧自白

　　自白を唯一の証拠として、有罪とすることが認められない理由。自白を求めて強制や拷問が行われてきた歴史、そうした中でえん罪が生まれ

てきたことをふまえて考える。刑事事件の捜査や裁判について批判的に検討するために必要。

⑨裁判員裁判制度
　裁判員制度とは何か。どのような役割が期待されているのか。実際の機能は。

⑩残虐な刑罰の禁止
　残虐な刑罰の禁止はどのようものか。それがないとどのような不都合があるのか。国家刑罰権について批判的に検討するために必要。

(1) 法的救済へのアクセス
　正義の実現のためには市民が自らの権利の実現のためにアクセスできる方法が提供されることが重要。弁護士が権利を実現するために役立つ身近な存在であることを理解してもらいアクセスの障壁を下げることが必要。
①弁護士
②法テラス
③その他

(2) **技能**
情報を集め吟味し、それをもとに状況を分析し批判的かつ建設的な意見を構築し、他者と対話しながら問題解決のために協同し、社会参加できること。
　(a)　調査
　　①文献調査。法的情報を図書館やインターネットなどを利用して取得する方法を知っていること。
　　②インタビューと現地調査。法的な問題について、聞き取り調査や現場での調査すること、情報の整理。

　(b)　思考
　　①事実と意見（主張）を区別できること。
　　②情報の信用性について吟味できること。
　　③争点（論争や対立）が何かを理解すること。
　　④争点の背景にある価値や見方がどのようなものであるか探求できるこ

と。
⑤争点（論争や対立）について、主張をとりあげ、結論と理由を区別できること。結論と理由の関係を理解し、妥当かどうか検討できること。根拠は、法、価値などに関連づけることができること。
⑥その問題や仕組みに関係し、影響を受ける者は誰か、それらはどのような影響を受けるか、分析、検討できること。
⑦法的な三段論法を理解し、大前提、小前提、あてはめ、結論を区別できること。事実が法にどのように当てはめられたかを理解できること。
⑧法律や法的な問題について、建設的にクリティカルに、批判的な視点をもって、評価・判断できること。
⑨信用できる情報と合理的な理由付けに基づいて評価し、意思決定や判断ができること。

(c) コミュニケーションと社会参加
①自分の考え、信念、意見などを言葉で表現できること。
②意見の異なる人々の考えを聞き、対話できること。
③信用できる情報と合理的な理由付けに基づいて他者の説得を試みることができること。
④ルール作りや問題の解決、目標の実現に向かって、周囲の人々と協同しながら、その過程に参加できること。
⑤紛争や問題が生じた場合に、話し合い、交渉によって、平和的にコンセンサス（合意）を得たり、紛争の解決策を作り上げることができること。
⑥社会的問題について、自分が何をすべきか決断し、さらにその実現に向けて行動を起こすために、他者に働きかけができること。

(3) 態度、意欲
　個人を尊重する自由で公正な民主主義社会の理念を十分に理解し、民主主義のプロセスに積極的に関与し、さらに社会の維持改善のために、積極的に貢献しようとする態度や意欲を醸成する。
①個人を尊重する自由で公正な民主主義社会に対する支持。
②基本的人権と社会正義の尊重。
③基本的人権と社会正義の実現のために自分が属するコミュニティに参加

し貢献。
④社会の問題を正確な情報を得て判断し、責任を持って積極的に社会参加。
⑤問題を平和的建設的に解決。

(4) **効果的な教育実践のための方策**
(a) **効果的に法教育を実践するための指針**
　①地域の弁護士を活用する。
　②抽象的にではなく、具体的な素材を取り上げる。できるかぎり法教育のために開発された教材を用いる。
　③生徒が主体的に取り組む授業形態とする。
　④活発な発言を促す雰囲気を作る。
　⑤法教育の授業を行う者（教員、弁護士）は、法教育を効果的に行うために研修やトレーニングを受ける。
　⑥生徒が興味を持つような論争的でかつ教育効果があるテーマ設定をする。
　⑦生徒の発達段階をふまえた内容と手法を採用する。
　⑧可能であれば、教員は、生徒が授業で学んだことをクラス、学校、コミュニティなどにおいて実践する場を提供する。

(b) **授業とカリキュラム**
　①授業形態――一方的な講義形式ではなく相互作用を活用した形態。
　受講者が協力して具体的な問題を平和的に討論して解決する機会を与えることにより民主主義的な態度を身につけるように配慮する。
　　ア　双方向な協同学習。
　　イ　模擬裁判、模擬議会、模擬調停、シミュレーション、ロールプレイ、ディベート等。
　　ウ　体験的な学習（ただし単なる体験にとどまらないこと）。
　　エ　少人数によるグループ学習。
　　オ　地域についての学習を取り入れる。
　　カ　ゲストティーチャー（弁護士など）の活用。
　②授業案の作成や授業を行うにあたっての留意点
　　ア　テーマや内容を通じて、背景にある価値や原則が何か、それらにどのような対立があり、どのように調整されるべきかが配慮されて

いること。
イ　その授業案や授業が、どのような知識、技能、態度・意欲を培うものなのか、獲得目標を意識すること。
ウ　必要な知識や技能が得られ、それらをどのように用いるのか、応用できるのか工夫されていること。
エ　テーマや内容が特定の立場や見解に偏っていないこと。
オ　制度等について、欠点のみを取り上げて批判するだけではなく長所にもふれ全体像を把握できるように配慮すること。
カ　生徒の発達段階、環境等を考慮したふさわしい内容であること。
キ　生徒の意見が分かれ、議論が活発になるテーマ選び、議論のやりかたやルールの設定がなされること（理由付け、傾聴、発言の機会など）。

資料3　**海外における法教育の取組み**

　法教育の取組みは、アメリカにおいて1970年代から活発となり、その後全米や世界各国に、その取組みが広がっていった。近年では、欧米諸国に加え、アジア各国においても、一部で法教育の取組が広がりを見せ始めている。
　ここでは、海外における法教育の取組のうち、特にアメリカの各団体（ABA、CCE、CRFC、Street Law）と韓国について、目的、方針・戦略、組織の体制、財務基盤、プログラムと教材、法曹等との連携を概観し、日本での法教育の取組みに際して参考となる点を考察する。

Ⅰ　ABA

(1) 目的

　ABA（American Bar Association、米国法曹協会）は、1981年、理事会において「アメリカの司法制度が実効性を有するには、市民がその目的と機能を十分に理解する必要がある。ABAは、そういった理解を育成する公教育プログラムを作成と実施を奨励する」と述べ、法教育を推進するために、公教育部を設置した。その使命とゴールは、下記のとおり、Mission Statement & Strategic Planに述べられている。

　ABA公教育部の使命は、法と法の社会での役割の市民の理解を促進することです。
　■概要
　知識を有し、積極的に社会に関わる市民の中心にいることを認識し、ABAの公教育部は民主主義社会における法のもつ価値を確認する。以下の信念は、公教育部の活動内容および優先事項の論理的解釈を示すものである。
　・法は、社会の主要な制度を理解するために必要不可欠な脈絡の一つ

を提供する。
・民主主義社会は、紛争を平和的に解決し、法的手続きを通じて正義を達成するよう努める。
・市民が情報をもって社会に参加するには法の果たす役割を理解することが必要である。
・法の理解は、すべての人の法的制度への信頼並びに法的制度へのアクセスを高めることになる。
・市民に法を教育するプログラムは、理解を促進し、誤ったあるいは不正確な考え・イメージを是正するものとすべきである。

■ゴール
以下の6つのゴールは、ABA公教育に関する常任委員会の原則であり、公教育部のプログラムおよび実践の指針である。
・学校（幼稚園から成人クラスまで）およびコミュニティにおいて行われる法に関する最高の質の教育を普及させる。
・法と法の社会での役割についての市民の理解と対話を促す。
・法と法律専門職に対する市民の理解を促進するため、ABAのリソースを動員する。
・個人と機関が法の一般的理解を深めることを促進および評価するメカニズムを設置する。
・われわれの提供するプログラムの計画および実施にあたっては、多様な人々や団体を巻き込み、多様な視点を取り込むこととし、プログラムの対象者についても様々な人々、団体そして視点を含める。
・法についての公教育プログラムを作成および実施するパートナーシップを形成する。

(2) **取組みの方針・戦略**
ABAは、上記1の使命を実現するため、以下の戦略を立てている。

(a) 法についての教育プログラムと法に関する情報を発信するための全国的情報センターとしての役割を果たす。
(b) 学生・生徒および一般人のニーズに対応した質の高いプログラムと情報源を開発する。

(c) 法についての教育プログラムと情報源の効果的な利用を促進する。
(d) 法についての出来上がったものおよび情報源の実効性の評価を促進する。

ABA は、法教育を広く普及させるために、何が法教育の必須事項であるのかを明示した『Essentials of Law-Related education』を作成している。

(3) 組織の体制
ABA の公教育部は、教育、法及び人文学などの専門的知識を有する 16 名のスタッフを擁している。公教育部は、公教育に関する常任委員会と諮問委員会の指導のもとにおかれている。常任委員会は 15 名の弁護士からなり、諮問員会は様々な分野を代表する 14 名の委員から構成されている。

(4) 財政基盤
助成金、出版物からの収益、会議登録費などから年間約 200 万ドルの収入がある。資金は、スタッフ及びオフィスの運営、プログラムの運営に充てられる。

(5) プログラムと教材
ABA の公教育部は、全米の法教育について中心となるセンターの役割を果たしている。
法教育に関し、ホームページで情報発信を行うとともに、イベントや会合を実施、各種のプログラムと教材の開発、情報誌を発行している。たとえば、イベントや会合としては、法に関するエッセイコンテストとして Law Day、教師のための夏期研修会 Summer Institute for Teachers などがある。法教育のプログラムや教材としては、中高生向けのプログラムとして A Civics and Law Academy、Championing Our Students (COS) があり、弁護士が学校へ出向き授業を行うための参考テキスト Sure-fire Presentation がある。そして、教師のための雑誌 Insight、法教育に関する話題などを取り上げた月間電子配信版の Law Matters News letters などを発信している。
なお、ABA とは別に、各州の法律家協会が行っているプログラムとして、たとえば、模擬裁判、弁護士の派遣、特定のテーマについての講師紹介、法廷傍聴などがある。

(6) 法曹等との連携

公教育部は、法教育を推進するために、教育者と法律家、法律家協会と裁判所、司法省、教育省、そして各種の法教育関連団体などのネットワークの構築に努めてきた。また、すでに述べたとおり、公教育部のスタッフの構成においても、教育、法及び人文学などの専門的知識を有するスタッフを配置している。

(7) 日本の法教育の取組みに際し参考となる点

委員会とは別個に教育に関する専門スタッフを擁する独立部門を置き、戦略的に法教育の普及を行っていること、戦略的に展開するために法教育のエッセンスをまとめたものを発表していること、予算規模が約 200 万ドルと日本に比べて大きいこと、教師のために法教育に関する各種情報発信を積極的に発信していることがあげられる。

II CCE

(1) 目的

Center for Civic Education(以下、「CCE」とする)は、カリフォルニア大学に設立された公民教育委員会を母体としてスタートし、1985年からは独立したNPO法人として活動している。

CCEの目的とするところは、最終的には、「knowledge」(知識)、「Skills」(技能)「Belief」(信念)という3つの資質をバランス良く備えた有能で責任ある市民を育成することにある。

具体的には
・立憲民主主義の基本的な原則とそれを支える価値の理解の向上を図ること
・有能で責任ある市民として社会に参加する技能の習得を促進すること
・利害対立を調整し、決定を行うにあたり、民主主義の手続にのっとって行う態度を醸成すること

を通して、教師・学生・一般市民の間で、立憲民主主義の原則・価値・制度の理解を深めることが最終的なゴールとされている。

(2) 取組みの方針・戦略

　CCE の戦略の特徴は、対象をアメリカ国内だけでなく、国際的に捉えているところにある。

　現在 70 カ国を越える国において、CCE のプログラムに基づいた法教育が実践されており、パキスタン等では現地団体が活動を行いホームページも保有している。

　CCE は、こういった国際的な視野にたった上で、アメリカやその他の国の民主主義教育の水準向上のため、それぞれの国の教員等指導的立場にある人材に市民教育の機会を提供している。これを実現するため、CCE のプログラムは、市民教育の方針や基準・カリキュラムのフレームワーク、教材の開発、教員への指導等市民教育の広範な範囲をカバーしている。

(3) 組織の体制

　上述したように、非営利法人として活動しており、常勤職員のボランティアによって構成されている。

(4) 財政基盤

　CCE の財政基盤は、法律に基づきアメリカ合衆国教育省から得ている資金を主としてる。その他の資金源は、米国国務省、国際開発に関係する米国の政府機関、及び米国内外の団体からの資金となっている。

　また、ホームページ上では、個人による寄付も受け付けている。

(5) プログラムと教材

　CCE の法教育プログラムの主軸は、生徒の発達段階に応じて「権威」「プライバシー」「責任」「正義」という4つのコンセプトによって整理された「Foundation of democracy」、公共政策にも携われるような技術・知識を学ばせる「Project Citizen」であり、また、初頭・中等教育において立憲民主主義を学ばせる「We the people」等の教材を中心としたカリキュラムである。

　この他に、学校における校内暴力の防止のためのプログラムである「School Violence Prevention Demonstration Program」、国際的な市民教育に対応した「Civitas International Programs」がある。

(6) 法曹等との連携

CCE の教材の特徴としては、単に生徒用の教材を開発するだけでなく、教員向けの指導用教材も併せて開発しているところである。

これによって、教員の技能習得の機会を与えるともに、より効果的な教育の実践を図っている。

また CCE は、教員向けに、学者や法曹界、地域の青少年教育関係者の協力を得て、より専門的な知識習得のためのワークショップやセミナーを開催している。

(7) 日本の法教育の取組みに際し参考となる点

日本に存在しない法教育活動を専門的に行う団体ということで、その活動内容は全般的に大きく参考になるところである。

特に、国からの援助や民間からの寄付も含めた財源の確保の方法の詳細は今後調査の上参考にすべきであろう。

そして、従前から日本の法教育に大きな影響を与えている、発達段階毎に共通のコンセプトで教材・カリキュラムを構成する手法は、今後においても参考になるところであろう。

Ⅲ CRFC

(1) 目的

Constitutional Rights Foundation Chicago（CRFC）は、ロサンゼルスにおける Constitutional Rights Foundation（CRF）の一部として 1974 年に設立され、1990 年に独立の組織となった。

CRFC は、批判的思考方法の発達、市民参加の促進、及び若者間に適用される法規制への関与を促進するために、小中学校において尽力することを使命とする。そして、地域レベル、国家レベル、世界レベルにおけるプロジェクトのための、質の高い法教育プログラムの企画・実行に当たる非営利・超党派の国家的先導者となることを使命とする。

(2) 取組みの方針・戦略

CRFC は、最も若い市民たちに対して、以下の手法により支援する。

(a) 児童・生徒向けプログラムの提供
　様々な背景を持つ児童生徒たちには、法と政治問題に関する初歩を学ぶ機会が与えられる。
(b) 教師トレーニングの提供
　教師はアメリカの法・政治システムに関する詳細な内容を学び、更には、教室の授業の中に、模擬裁判、ソクラテス式ディスカッション、事例研究、ロールプレイング等を取り入れてそれらを組み合わせた双方向の授業方法を学ぶ。
(c) 教室への出張授業の提供
　弁護士、裁判官、警察官、その他の公務員は教師・児童生徒たちと共同するために選定され、用意されている。
(d) 刷新的なカリキュラムの提供
　政治の授業、合衆国憲法の授業、公民の授業、その他の社会科の授業に利用できるよう設計されたCRFCのカリキュラムは、児童生徒たちに対して、我々の法律・政治システムに基づく予備知識を与え、その知識を事例研究、模擬裁判、話し合いその他の双方向的手法を通じてその知識を適用することを体験させる。

(3) 組織の体制
　CRFCは、理事会により運営されており、議長、副議長、会計、秘書、理事（45名）、職員（10名）などがその構成員である。理事は45名おり、法学部の大学教員、裁判官、弁護士、新聞・雑誌記者、大企業の社員などが含まれている。

(4) 財政基盤（2009年）

補助金	180万ドル
寄付金	50万ドル
会費・手数料収入	7万ドル
利息・配当	4000ドル
出資金	16万ドル
その他	1600ドル
合計	285万ドル

(5) プログラムと教材

CRFC は、インターネット上に多数のプログラム、授業を公開している。

http://www.crfc.org/programs/index.php#ElementaryandMiddleSchool
http://www.crfc.org/lessons/

プログラムの概要は次のようなものが挙げられる。

(a) 小中学生用

小学校低学年向けに Primary VOICE、5年生向けに VOICE(Violence-Prevention Outcomes in Civic Education)、中学校1、2年生向けに More Perfect Union、小学校5年生～中学校2年生向けに Project Citizen といったプログラムが用意されている。

また CRFC のカリキュラムを使ったシカゴ等の大都市における法の下の権利と責任を理解してもらうために、教室へのボランティア弁護士の出張などもしている。

(b) 高校生用

イリノイ州若者サミット、Equal Justice Under Law（最高裁判例を調べてそれに関連する諸問題を討議するプログラム）、イリノイ州民の公民の使命に関する提携、アメリカの歴史教育に関する先駆的取組み

(c) 全米、海外用

Youth for Justice（法教育に関する全米ネットワーク。全米において、研修、教材、技術的指導を提供）、Deliverating in a Democracy(アゼルバイジャン、チェコ、リトアニア、シカゴ周辺地域の都市、ロサンゼルス、ワシントンDC の高校生と教師について、自由、平等、安全に関する緊張状態を代表した現代の問題を熟考する国際的5カ年プログラム）、CRF National Teach-In（インターネット授業）、若者法廷、少数民族の不均衡な犯罪率に関する先駆的取組み、若者電話会議

(d) 教育者向け専門研修

(e) 特別イベント　CRFC 権利章典行動賞の授与等

(f) その他の取組み　話し合いをするワークショップ等

(6) 法曹等との連携

CRFC は、法教育を推進するために、出張授業できる裁判官、弁護士らと連携している。理事会の委員は様々な職種の人から構成されていて、一定数の法律家も含まれている。

また、Youth for Justice は、ABA、CCE、CRF、PADPSC（Phi Alpha Delta Public Service Center）、Street Law の法教育団体から構成される組織であり、教材開発、ネットワークの構築、専門家の提供、プログラムの案内等において協力している。

(7) 日本の法教育の取組みに際し参考となる点

民間団体である CRFC が、国の将来を担う子どもたちに、批判的思考方法の発達、市民参加の促進及び若者間に適用される法規制への関与を促進するために尽力することを使命に掲げて非常に積極的に活動しており、強い意志は事業推進に大きく反映されている。

地域レベル、国家レベル、世界レベルにおけるプロジェクトのための、非常に多種多様なプログラムを用意し、教員・児童生徒が法教育に取り組むための素材を用意している。

教育の担い手は本来的には市民全体であることに鑑みれば、団体の構成員が多業種に渡っている点も組織のあり方として参考となる。

また、補助金や寄付金を中心とする強固な財政的基盤を有している点も参考にすべきである。

Ⅳ　Street Law

(1) 目的

Street Law,Inc（以下「Street Law」という）は、民主主義、人権についての実用的かつ参加型の教育を提供することで、法教育のアプローチから人々の能力育成に貢献する NPO である。

Street Law は、民主的な考え方や行動ができる能力は、各年代に応じた学習と実践の中で身につくものであり、かかる能力をもつ市民が市民社会の根幹をなすとの考えに基づき、プログラムや教材等の提供を通じて、法や司法制度に対して積極的かつ効果的に取り組む市民を育成することを目的としている。

Street Law は、法教育を通じて、法的知識、分析・批判的思考能力やディベート技術の取得、青少年犯罪や暴力の減少、学級活動や課外活動への積極的参加、地域や社会活動への大人の参加促進などの実現を目指している。

(2) 取組みの方針・戦略

　Street Law は、ワシントン D.C. を中心とする全米のほか、世界 40 カ国以上でプログラムを展開し、様々な教材を提供している。
　これらの提供は、教員などの教育関係者、弁護士やロースクール生、裁判官、捜査関係者、学校関係者、少年司法関係者、政府機関等に対して、幅広く行われている。特徴的なものとしては、後述する Law School-Based Programs 等により、ロースクールと学校という社会インフラを相互連携させたプログラムを提供することにより、法曹とそうでない市民の接点を創出している点があげられる。

(3) 組織の体制

　Street Law は、法教育のアプローチから人々の能力育成に貢献する NPO である。1972 年にジョージタウン大学のロー・センター・プロジェクトとして、ロースクール生と担当教授が公立高等学校において青少年に対して日常生活において役立つ法知識を提供する方法を模索した活動からスタートした。1986 年以降は、国際的に教育カリキュラムやプログラムを提供して、民主化促進の専門家育成にも取り組むようになった。
　現在、理事会のメンバーには、大手ローファーム、政府関係機関、教育委員会、有名企業等の出身者が名を連ねており、また、独自のスタッフを配している。

(4) 財政基盤

　Street Law の財政は、助成金や契約フィーで約 100 万ドル、寄付約 2 万ドル、出版物の売上で約 5000 ドル、印税やライセンス料で約 20 万ドルなどの収入で運営されている。これらの収入に寄与する割合は、政府・行政機関が 28％、企業 18％、ローファーム 18％、各種団体・組織 17％、個人 3 ％、基金・財団法人 2 ％となっており、特定のカテゴリーに偏らずにバランスのとれた財政基盤であるといえよう。

(5) プログラムと教材

(a) プログラムの特徴

　Street Law の各プログラムは、次の 3 つの特徴を備える。
・Practical programs：市民の日常生活で役立つ実用的な法的インフォメー

ションを提供するプログラムであること。
- Participatory programs: 生徒自身が直接能動的に参加して学習する教育メソッドであること。
- Partnership programs：ロースクールの学生、協力企業や法律事務所のリーガルスタッフなど、司法関係者のボランティアが教育関係者と連携して法教育の授業を提供すること。

(b)　Law School-Based Programs

　Law School-Based Programs は、ロースクールの学生が市民に法教育の実践を行うプログラムである。ロースクールの正規科目と設定され、単位認定を受けることができる。ロースクール生にとっては、市民に教えて相互交流する体験を通じ、実体法についての理解を深め、机上の学習のみでは得られづらい法曹としてのスキルや資質を身につけることができる。

(c)　出版物

　Street Law は、テキスト「Street Law:A Course in Practical Law」を中心に、様々な生徒向け、教育者向け、法教育を実践するロースクール生向けの教材などを提供している。

　「Street Law:A Course in Practical Law」は、アメリカの高校教育で使用することを想定したテキストで、1975年に第1版が出版され、2009年に第8版が出版されている。

　また、少年司法関係者や養護施設関係者、若い世代の親に向けたテキスト・CD-ROM や、若者がリーダーシップを発揮して社会に参加することを促すテキスト等も提供している。

(d)　その他

　Street Law は、その他にも、
- 連邦最高裁判所歴史協会が教員向けに提供する、連邦最高裁判所の重要判例について教えるための情報サイトの運営協力
- 米国特許商標庁や憲法上の諸権利財団、法務省と提携による、知的財産に関する中等教育の授業案や教材等の提供
- 優れた法と民主主義と人権に関する教育の表彰

等の様々な活動を行っている。

(6)　法曹等との連携

　Street Law、は、法律事務所のスタッフ等法曹関係者が参加してプログラ

ムを実施しており、また財政面でも法律事務所等からの寄付・契約金などによって運営されている。

また、70以上のロースクールが採用しているLaw School-Based Programsでは、法曹養成課程にあるロースクール生が学校や地域において生徒・市民に法教育を実践しており、法曹と教育現場との連携が図られている。

(7) 日本の法教育の取組みに際し参考となる点

特定の団体だけに依拠せずバランスのとれた財政基盤を有し、1.6～1.7億円の予算規模で活動していること、専門スタッフを配置していること、ロースクールをリソースとしてうまく活用し、ロースクールの正規科目として採用させて、法曹の卵であるロースクール生が積極的に法教育を実践する場を作出していることなどは、日本においても大いに参考すべきであると思われる。

V 韓国（大韓民国法務部及び大韓弁協）

(1) 目的

韓国では、1995年から法務部（日本の法務省に相当）を中心に、遵法教育を中心とした法教育が行われたが、必ずしも国民に浸透したとはいえなかった。この反省を踏まえ、韓国は2008年に法教育支援法を制定し、政府が主導して市民教育としての法教育を行うようになった。

法教育を担当するセクションは法務部の犯罪予防政策局であり、また、法教育の中には脱北者への社会化教育等も含まれるなど、韓国における「法教育（ボプギュユク）」は、日本で一般に考えられている「法教育」のイメージとは必ずしも一致しないように見受けられる。

法務部が開設したサイバー法教育センター（http://www.lawedu.go.kr/）では、法教育の目的を次のように説明している。

> 参加型民主主義の時代を迎え、自律的に判断し、自分で責任を持つ民主市民の育成が何よりも重要になっていますが、過度に多くの法的紛争のために司法の費用が余分に支出され、その負担をそっくりそのまま国民が負担する状況が発生しています。
> また、法教育によってますます深刻になる青少年非行の問題を予防す

る効果も期待できます。

(2) 取組みの方針・戦略
(a) 国家主導
　法教育支援法を制定し、国家がトップダウンで法教育を推進している。法教育支援法は、アメリカの法教育支援法をほぼ踏襲する内容であり、学校教育と市民教育を規定している。
(b) 学校教育
　韓国の「教育課程」には法的拘束力があり、教育課程において、法教育に関連する単元が設けられている。
　また、教育課程に限らず、ローパーク（法教育をテーマとする体験型テーマパーク）を開設したり、模擬裁判選手権を開催するなど、課外も含めた多様な方法で法教育を実施している。
　学齢前の子どもに対する法教育の必要性を強く意識している点も特徴的である。
(c) 市民教育
　市民教育を行っている。法教育講師（Law educator）の講演から市民法律コンサート（法教育に関連する講演とコンサートがセットで行われるもの）、携帯電話アプリケーションでの情報配信まで幅広く行われている。

(3) 組織の体制
　韓国政府内では、法務部（日本の法務省にあたる）の犯罪予防政策局が担当している。犯罪予防制作局は、もともと、刑務所出所者、少年院卒院者等の再犯防止や法教育を担当している部署である。
　教育部（日本の文部科学省にあたる）のの関与は薄い。
　このほか、最高裁判所も青少年法廷（学生が実際の訴訟法手続きに則って、自分が間違いを犯したことについて考える）を行うなど、「法教育」を取り入れ始めている。
　国家機関以外では、大韓弁協が、独自に教材等を作成しているほか、法務部と連携して講師派遣を行っている。また、法教育センター（企業によって設立された財団）と法務部が連携している。
　代表的な学会は、韓国法教育学会、法と人権教育学会である。

(4) 財政基盤

犯罪予防政策局全体の 2011 年度予算額は、425 億 2400 万ウォン（法務部全体の予算 2 兆 4304 億 2800 万ウォンの約 1.7％）である。犯罪予防政策局全体の予算のうち、法教育事業にどの程度の予算が割り当てられているかは不明である。

http://www.moj.go.kr/HP/MOJ03/menu.do?strOrgGbnCd=100000&strRtnURL=MOJ_50207000

参考までに、大田（テジョン）ローパークの運営費用は、人件費を除き、年間 8 億ウォンであり、また、2012 年には釜山ローパークの建設着工の予算として 117 億ウォンが計上されている。

(5) プログラムと教材

(a) プログラム

ア　教育課程

日本の学習指導要領にあたる「教育課程」により、法教育が規定されている。

韓国における教育課程は、日本とほぼ同じ仕組みであり、1 学年から 6 学年が小学校の課程、7 学年から 9 学年が中学校、10 学年から 12 学年が高等学校の課程にあたると考えてよい。

特筆すべきことは、11 学年または 12 学年において、「法と社会」が社会科から独立した教科となっており、選択すれば、年間 90 時間の授業が予定されている点である。

教育課程区分	扱う学年 取り扱う内容	年間授業時間数
1 学年〜 6 学年	6 学年 政府の機関	15 時間〜 19 時間
7 学年〜 9 学年	7 学年 憲法	13 時間〜 15 時間

10学年～12学年	10学年 法、人権	9時間～10時間
	11学年～12学年 「法と社会」（選択教科）、 憲法、民法、国際法	90時間（週3時間）

また、教育課程が適用される前の就学前児童にも法教育を推進している。

イ　課外での法教育（体験型法教育活動）

全国中学生著作権大会（作文コンテスト）、全国高校生模擬裁判競演大会、全国高校生生活法競進大会（クイズ大会）が行われている。クイズ大会を発展させ、「生活法活用能力試験」（TOEIC、TOFLEのように法活用能力を証明するための試験）を実施する計画もある。

(b)　教材（法務部のコンテンツ開発）

ア　出版物等

年齢に応じた（学齢前の幼児向けを含む）マンガや読み物等をたくさんつくっており、学校に無料で配布している。教師には教育課程の解説書も配布されている。教科書を作成している出版社からも教師用の指導書が同時に出されている。

一般の市民向けには、携帯電話向けゲームのコンテンツも開発している。

イ　サイバー法教育センター（www.lawedu.go.kr）

インターネットで教材をダウンロードしたり、法務部主催のイベントの情報を入手できる。

ウ　韓国法文化振興センター（大田ソロモンローパーク、釜山〔着工予定〕）

ローパーク。法律のテーマパークで、法の歴史のパネルや模擬国会、模擬法廷、科学捜査体験コーナー（指紋採取など）、昔の拷問用具の展示など、遊びながら法に関する知識を深めることのできる施設。幼児向けには、プレイルームで、不審者に近づかないように啓蒙するビデオ上映などもされる。通年で見学者を受け入れ、キャンプ（グループ学習等）、教員研修などに利用されている。

(6) 法曹等との連携
(a) 教師職務研修

　法務部は、Law educator（専門家講師）の派遣も行っているが、全ての学校に直接指導を行き渡らせるのは困難であるため、教員のレベルアップを目指して、研修会を実施している。

　教員が研修会に参加すると、教育部による評価の点数になるということや、指導用教材を入手できることなどが、インセンティブになっているようである。

(b) 大韓弁協

　弁護士は、法教育研修の講師として参加している。この場合、講義内容のコンテンツは法務部が提供している。また、弁護士は、学生向けの大会（生活法のクイズ大会、模擬裁判、著作権の法教育大会等）の審査員や指導役として参加している。

(7) 日本の法教育の取組みに際し参考となる点

　学校教育（教育課程）における法教育授業を重視している。

　教育課程において法教育が実施されると、まず生徒たちが勉強を始め、その生徒を教えるために教師が勉強し、教師を教えるために教育学部の課程が必要になり、大学の教育学部の過程で法教育を教える教授が必要になる。すると、教授とともに勉強する研究者を養成する必要が出てくる。それから、学生、先生に対して政府の支援が必要となり、そのために教育部、法務部、憲法裁判所なども協力するようになる。こうして、研究者が作った研究物がいろいろな機関に影響を与えるようになる。こういった影響を受けて民間でも新しい動きが出る。民間が出資をするようになると、生徒に教材として戻っていくようになる。このようなサークルを循環させるために、教育課程を中心に置いて検討している点は、参考になると考えられる。

資料4

連携による授業案

Ⅰ　小学校
　(1)　筑西市立川島小学校
　　　①学習計画
　　　②ワークシート
　(2)　下野市立薬師寺小学校
　　　①学習計画
　　　②ワークシート
　(3)　前橋市立総社小学校
　　　学習計画
　(4)　長野市立三本柳小学校
　　　①学習計画（5月18日付）
　　　②学習計画（6月1日付）
　　　③学習計画（完成版）

Ⅱ　中学校・高等学校
　(1)　杉並区立和田中学校
　　　①学習計画
　　　②ワークシート
　(2)　江東区立辰巳中学校
　　　①学習計画
　　　②ワークシート1
　　　③ワークシート2
　　　④ワークシート3－1
　　　⑤ワークシート3－2
　(3)　お茶の水女子大学附属中学校
　　　①学習計画
　　　②配布資料
　(4)　美浦村立美浦中学校
　　　学習計画
　(5)　つくば市立並木中学校
　　　①学習計画
　　　②ワークシート
　(6)　栃木県立石橋高等学校
　　　①学習計画
　　　②配布資料

I 小学校

(1) 筑西市立川島小学校
①学習計画

第5学年1組 社会科学習指導案

指導者 鈴木 智博

1 単元名 法教育「配分的正義」

2 目標
○「公平」という概念について身近な事例や社会的な事例から意欲的に考えようとしている。
　(社会的事象への関心・意欲・態度)
○「公平」という概念について考え、その概念を用いて日常生活上の判断をすることができる。
　(社会的な思考・判断・表現)
○資料から必要な情報を読み取り、「公平」さについて考える根拠にすることができる。
　(観察・資料活用の技能)
○「公平」さを判断するには、必要性・能力・適格性の3つの視点があることを理解できる。
　(社会的事象についての知識・理解)

3 単元について
　本単元では、社会生活における「公平」という概念について深く考え、理解するとともに、日常生活上の判断に生かせるようにすることをねらいとしている。
　本学級の児童は、社会科の学習において「わたしたちの国土」について学習し、日本でも地域によって気候や産業、生活習慣に違いがあることを学習してきた。この単元を学習するに当たっての実態は次の通りである。
　　　　　　　　　　　　　　　　　　　　(平成23年6月9日 調査人数35人)

　1 社会には、憲法や法律といったルールが存在することを知っていますか。
　　　はい　24人　　　　　いいえ　11人
　2 普段の生活の中で、「不公平」だと感じたことはありますか。
　　　はい　7人　　　　　いいえ　28人
　　「はい」と答えた人に聞きます。それはどんなときですか。
　　・大人しかできないことがある　4人
　　・自分の残しておいたお菓子をお姉さんに食べられた　1人
　　・その他　2人
　3 「みんな同じ」は、「公平」だと思いますか。
　　　はい　24人　　　　　いいえ　11人

　実態調査から、児童は、日常生活においてあまり「公平」かどうかを意識しておらず、「不公平」だと感じたことがある児童の多くは、大人と子どもの違いを挙げている。そのため、児童間で「公平」「不公平」を感じることは少ないようである。また、児童の多くが、憲法や法律などの社会生活におけるルールである法の存在を知っているが、「公平」とは、「みんな同じ」であると考えている児童が多く、法における「公平」の考え方を捉えている児童は少ない。
　指導にあたって、本校では、「伝え合う力を育てるための教育活動のあり方」として、学級活動の話合い活動の実践を数年間積み、児童は、友達の意見を聞き、自分の意見を伝えて議論をしていく話合い活動を得意としている。そのため、「公平さ」を問う話合い活動をし、児童一人一人が事例について考え、自分の意見をもち、互いの意見を出し合い、討論することによってねらいに迫りたい。その際、話し合う事例はできるだけ児童が考えやすいように、委員会といった児童の身近な事例、既習事項と関連させた日本の国土に関する事例を用いていきたい。また、この学習を通して、道徳の内容項目4-(1)に迫りたい。

4 学習と評価の計画 (2時間)
　第1次 法における「公平」とは何だろう ・・・・・・・・・・・・・・・・・・・・・・・・・・・・・・ 2時間

時	学習内容・活動	評価規準 (方法)	関	思	技	知
1	身近な事例から「公平」の考え方を知る。	「公平」を考えるためには、必要性・能力・適格性の3つの視点があることを理解している。(発表、ワークシート)				◎
2	社会生活における事例の「公平さ」について考える。	必要性・能力・適格性の視点から事例について考え、「公平」に判断している。(発表、ワークシート)	◎	○		

5 第1時の学習
(1) 目標
　身近な事例について「公平」かどうかを話し合う活動を通して、「配分的正義」の考え方を理解することができる。
(2) 準備・資料
　写真、図、ワークシート
(3) 展開

学習活動・内容	指導上の留意点・評価◆伝え合う力との関連 ㊙評価規準（B規準）　◎A規準　※C規準
1　本時の学習問題を確かめる。 　「公平」って何だろう。	・学習問題を確認することで、本時の学習への見通しがもてるようにする。 ・「公平」とは「平等」とほぼ同意義であることを伝え、児童が問題について考えやすいようにする。 ・「みんな同じ」が「公平」であるか、日常生活の中で「公平」または「不公平」と感じたことはどんな時かを発表させ、問題への興味や関心を高めたい。
2　身近な事例から「公平」について考える。 　〇 事例について自分の考えを書く。 　〇 事例について「公平」かどうかを話し合う。 事例1 　遠いところから通う人だけ、自転車を使って通学する。 事例2 　5年生と6年生だけ委員会活動がある。 事例3 　家の手伝いをした弟は、おやつのドーナツを2つ、何もしなかった兄は1つしか食べられない。	・写真や図などを用いて事例を提示することで、児童がより実感をもてるようにする。 ・児童にとって身近な事例を題材にすることで、現実的な問題として取り組めるようにする。 ・この後の全体での話合いがより深まるように、自分の考えには、理由や根拠も書くように助言する。 ◆他の児童の意見を聞き、自分の考えを伝え話し合い活動を通して、互いの意見を比較検討し、考えをより深められるようにする。 ・各事例について「公平」さを問う活動および教師の助言から、「配分的正義」の考え方の視点である必要性・能力・適格性という視点に気付かせたい。
3　本時のまとめをする。 　「みんな同じ」が必ずしも「公平」とはいえない。 　「公平」を決めるには、3つのポイントがある。 　・必要かどうか＜事例1＞ 　・できるかどうか＜事例2＞ 　・ふさわしいかどうか＜事例3＞	・本時の学習を通して分かったことや考えたことを自分の言葉でまとめられるようにする。 ㊙【社会的な事象に対する知識・理解】 　「公平」さを判断するには、必要性、能力、適格性の3つの視点があることを理解している。　　　　（発言、ワークシート） ◎「公平」さを判断する3つの視点について事例から具体的に理解している。 ※「同じ」が必ずしも「公平」ではないことを事例から理解できるようにする。 ・次時の学習内容を伝えることで、学習の見通しをもてるようにする。

資料4　連携による授業案

6　第2時の学習
(1)　目標
　　社会生活における公平さを話し合う活動を通して、「配分的正義」の考え方を用いて判断できる。
(2)　準備・資料
　　日本地図，写真，ワークシート，資料「北海道，沖縄県，茨城県のおもなちがい」
(3)　展開

学習活動・内容	指導上の留意点・評価　◆伝え合う力との関連 ㊟評価規準（B規準）　◎A規準　※C規準
1　学習問題を確認する。 　どんな補助金の分け方が「公平」だろうか。 ○自分が総理大臣になったとして，補助金9万円の分け方を考える。 　例）北海道の人…一人3万円 　　　沖縄県の人…一人5万円 　　　茨城県の人…一人1万円 　＜理由＞ 　　北海道…気温が低く，寒い。 　　　　　　農業の生産額が高い。 　　沖縄県…気温が高く，暑い。 　　　　　　台風の被害も多い。 　　茨城県…気候的に過ごしやすい。 　　　　　　首都東京からも近い。	・学習問題を確認することで，本時の学習への見通しがもてるようにする。 ・補助金の意味や目的を全体で確認し，問題について児童の共通理解を図る。 ・前時の振り返りをし，「公平」の考え方を確認し，本時の活動につなげていきたい。 ・各都道府県の雨温図や農業や工業の生産額などの資料を配付し，資料から北海道や沖縄県の生活の特色を様々な視点で振り返ることができるようにする。 ・問題については，前時に学習した「公平」の3つの視点とこれまでに社会科で学習した既習事項とも関連させて考えるように助言する。
2　問題について自分の考えをワークシートに書く。	・意見が書けない児童には，気候の違いや首都である東京都からの距離の違いなどを問いかけ，意見がもてるようにする。 ・自分の考えには，理由や根拠も書くように助言する。
3　問題について全体で話し合う。	・学習形態は，児童同士が話し合いやすくなるように，コの字型で行う。 ◆児童同士の意見を聞いて，比べ合い，自分の考えと比較・検討し，配分的正義の考え方につなげるようにしたい。 ◆「出し合う」「比べ合う」「まとめる」という三段階討議法を用いて，話合いを進めていく。 ㊟【社会的な思考・判断・表現】 　必要性・能力・適格性の視点から問題について考え，「公平」に判断している。 　　　　　　　　　　　（ワークシート，発表） ◎　必要性・能力・適格性の視点から，問題について根拠に基づいて「公平」に判断している。 ※　具体的な事例を出すなど必要性・能力・適格性の視点から社会的な事例について考えられるようにする。
4　本時のまとめをする	・北海道と沖縄県と茨城県の地方交付税交付金の違いや東日本大震災の義援金の分配について考え，本時のまとめとする。 ・本時の授業を通して分かったことや考えたことを自分の言葉でまとめるように助言する。

②ワークシート

法教育②
　　5年（　）組　　　　名前（　　　　　　　　）

④どんな補助金の分け方が「公平」だろうか。

○公平な補助金の分け方を考えよう。また，そう考えた理由を書きましょう。

　自分の考え
　　9万円を分けると，

　　①北海道に住んでいる人　[　　　　]円
　　②沖縄県に住んでいる人　[　　　　]円
　　③茨城県に住んでいる人　[　　　　]円

理由

○今日の授業を通して，分かったことや考えたことを書きましょう。

(2) 下野市立薬師寺小学校
①学習計画

学習計画書

「運動会の徒競争で考える配分的正義」

薬師寺小学校　川島　啓

1　授業の目的
①学校行事を通して，望ましい人間関係を形成し，集団への所属感や連帯感を深め，公共の精神を養い，協力してよりよい学校生活を築こうとする自主的，実践的な態度を育てる。
②「公平」という概念について深く考え，理解し，それを日常生活上の判断に生かせるようにする。

2　授業の位置づけ
　　学級活動

3　授業の日時
　　実施予定日　平成２３年７月５日（火）　第４校時
　　対象クラス　３年１組（教室）

4　授業展開
　　「平等のスタートライン　－運動会徒競争で考える平等と公正－」と題して、徒競走のあり方を題材に、能力の差と差別、特別措置の是非について考えます。一人ひとりの個性と能力をより発揮できる社会をつくるために、こうして互いの意見を交換する機会が大切だと考えます。

5　授業の構成
　　①ゲストティーチャーを招いて
　　②対話形式からグループ討議へ
　　③問題討議から提案する授業へ

ゲストティーチャー
弁護士　中澤　浩平　先生
弁護士　新田　裕子　先生
弁護士　浅木　一希　先生

6　展開計画
　　別紙

②ワークシート

6　展開計画

運動会の徒競争で考える配分的正義

「平等のスタートライン　－運動会徒競争で考える平等と公正－」

時間	学習活動	指導上の留意点	準備・役割
2	ゲストティーチャーを紹介する。	・前時に詳しい紹介を行っておき、ここでは名前のみとする。	T1・GT
3	1. 運動会の思い出について発表する。（全体）	・ここでは運動会全体としての感想を引き出し、今日の話し合いの意欲を引き出す。	運動会の写真（昨年度）
2	2. 学習課題を確認する。 徒競走のグループを考えよう。	・今年の運動会の重要な決めごとであること、自分たちで考えて決めることを伝える。	T1
3	3. 徒競争でよかったこと、いやだったことについて発表する。 ・よかったこと（1分間） ・いやだったこと（1分間）	・時間を区切ることで簡潔に話し合い、よかった点、嫌だった点を明確にする。 ・運動会という学校行事の中で、運動能力を競うことを得意とする子どもと、そうでない子どもがいることを、児童の中にある事実として明らかにしておく。	T1
	4. どうすればみんなが納得できるグループがつくれるか話し合う。 4事例 A：出席番号順（通常タイム順位）　B：出席番号順（順位はつけず、練習タイムとの比較） C：能力別G（通常タイム順位）　D：事前タイム測定（スタート地点に差をつける）	・公正公平の論議が深まるように、4つの事例をもと判断する。（ワークシート）	T1
5	[ペア・コミュニケーション] （1）自分の考えを持ち、となりの友だちと話し合う。	・自分はどの方法でグループをつくることがよいか、理由と共に考えが持てるよう助言する。 ・自分とは考えが異なる友だちや同じ考えの子どもがいることに気づくよう支援する。	T1
15	[グループ・コミュニケーション] ランダムな学習グループ 5人 （2）グループで話し合う。 ※ゲストティーチャーの意見を聞く。	・GTを司会と盛り上げ役として話し合いを進行する。 ・互いの意見の良いところと悪いところを出し合うことで公正公平の論点に迫るよう支援する。	全体進行T1 G進行　GT
10	5. 互いのグループの意見を聴き合う。 [対立型グループ・コミュニケーション] 同一の考えを持つグループ	・担任が司会を担当し、互いのGの意見を出し合う。 ・互いの意見がどの点で対立しているのか整理していく。 「能力の差」は差別か 「特別措置」の必要性	全体進行T1 G進行　GT
5	6. 何が大切なのか、お話を聴く。	・小学校における配分的正義についての講話（GT） 「公平」という概念について深く考え、理解し、それを日常生活上の判断に生かせるようにすることを伝える。	GT

学級活動ワークシート

　　　　　　　　　　　3年1組　　番　名前　　　　　　　　　　．

平等(びょうどう)のスタートライン　──運動会の徒競走(ときょうそう)で考える能力と平等──

　次の表は、徒競走(ときょうそう)のやり方をかんたんにまとめたものです。あなたの考えに近いものはどれですか？上から2つを選んで、右のらんに、1番2番と書いてください。また、その理由を考えてください。

記号	案	個人	グループ
A	出席番号順に6人ずつならんで走り、順位をつけます。走り終わった子は、自分の順位が書かれた「はた」のところにならび、一位の子はしょうじょうをもらいます。走るのが速かった子は、そのしょうじょうをもらうのを楽しみにしていました。		
B	出席番号順に6人ずつならんで走り、タイムをはかります。しかしじゅんいはつけません。じゅんいよりも、練習時にはかったタイムとひかくして、一人ひとりのがんばりをほめてあげていました。当日タイムののびた子はとてもうれしそうでした。		
C	事前練習のだんかいでタイムをはかり、同じぐらいのタイムの子どおしで6人ずつのグループをつくります。走力が同じぐらいの6人をならべて走らせて、じゅんいをつけます。やってみないとじゅんいがわからないので、きょうそうがとてももり上がりました。		
D	事前練習のだんかいではかったタイムによって、スタート地点を6だんかいに差をつけておきます。その結か、ゴールであまり大きな差がつくことはありません。おかげで、子どもたちはじゅんいにこだわらず、一人ひとりが走ることを楽しむことができました。		

メモ

記号	良い点	わるい点
A		
B		
C		
D		

資料編

(3) 前橋市立総社小学校

・学習計画

道 徳 学 習 指 導 案
平成２３年６月２９日 第２校時
４年１組 指導者 飯田 祐二

授業の視点
公平さを考えさせるために、自分と中立的に考える母親の心情を割合の表すことのできる円盤を使って表現させたことは、必要性という意味での公平を考えさせるのに有効であったか。

Ⅰ 主題名「本当に不公平？」 〔４－（１）規則尊重・公徳心（公平）〕

Ⅱ 本時の学習
 1 ねらい
  ・公平とは、必ずしも同じに分けるということではないということを理解し、必要とする人に分け与えることを大切にしようとする態度を養う。
 2 準備・資料 「ハムチーズのサンドイッチ：原題、ハムチーズ争奪を一部改」
       （出典：初めての法教育第４巻「公平ってなんだろう」岩崎書店）
       ワークシート、ＯＨＣ、プロジェクター
 3 本時の展開

過程	主な学習活動	主な発問と予想される児童生徒の反応	時間	指導上の留意点・支援
導入	(1)不公平な扱いをしたり、されたりした経験を話し合う。	○今までに、不公平なことをしたり、不公平な扱いを受けていやだなあと感じたことがありますか。 ・お年玉でいとこの方が千円多かった ・ぼくにはおこるが、弟にはおこらない ・弟の方がお菓子の量が多い。 ・サッカーでやりたいポジションをやらせてもらえない。	5	・本当の公平とはどういうことか、考えるきっかけ、価値への方向づけを行う。 ・事前アンケートから意図的な指名を行い多種な事例をあげさせたい。 ・発表以外の事例も教師が例示する。
展開	(2)「ハムチーズのサンドイッチ」初めの部分を読んで、カズオの気持ちについて話し合う。 (3)「ハムチーズのサンドイッチ」後半を読んで、カズオやお母さんの気持ちについて話し合う。	○突然頭をたたかれたカズオは、どんな気持ちだったでしょう。 ・なんでたたかれなくちゃいけないんだ？ ・だれだ ・またお兄ちゃんか ○お兄ちゃんのヒロシの言葉を聞いて、カズオはどんなことを考えたでしょう。	30	・ＯＨＣとプロジェクターを使用して、カズオを写し、視覚的にもとらえやすいようにする。 ・食べる必要性がある兄の話を聞いたカズオの気持ちを考えさせる。

展開	・ワークシートに考えを記入し、発表する	(円盤図 赤/黒) ・お兄ちゃんだけずるい ・たたくことないよ ・ぼくも食べたいんだ ・勉強用の夜食じゃしょうがないか ※みなさんだったらどうしますか？円盤で表しましょう。 赤：兄にあげる ・お兄ちゃんのために作ったから ・お兄ちゃんには必要 黒：カズオにもあげる ・カズオも食べたい ・公平じゃないから ◎二人の顔を見くらべた母さんは、どんなことを考えたでしょう。 ・こまった、どうしよう ・お兄ちゃんに夜食は必要 ・カズオはこのまま寝るから ※お母さんの考えを円盤で表しましょう。 赤：兄にあげる 黒：カズオにもあげる (円盤図 赤/黒) ○本当にお母さんは不公平でしょうか。 ・不公平だ ・これでいい	30	・自分だったら、兄にあげるか、カズオにもあげるか考え、その割合も考えながら心情を表す円盤で表示させる。その際、その理由を考えさせる。 ○ワークシートに円盤の割合とお母さんの考えを記入させ、発表させる。 ・母の葛藤を理解させたい。 【二人の話を聞いて、必要性という意味から公平に判断しようと葛藤する母親に共感できたか。（ワークシート、発言）】 ・どちらがそれを必要としていたのかを考えさせる。 ・逆説的に、カズオの嫌いなものであった場合を考えさせる。
振り返り	(3)自分の経験を想起し、資料と対比させながらて話し合う。	○みなさんが不公平だと感じていたことは、本当に不公平だったのでしょうか？	7	○今までに不公平なことをされたり、逆にしたりしたことと、学習したことを比べながら、本当に不公平だったかを考える ・事前の調査から意図的指名を行う。
終末	(4)教師の説話を聞く。		3	・能力の違い、適格性という観点からの公平に触れる。

(4) 長野市立三本柳小学校

①学習計画（5月18日付）

道徳教育学習指導案

5月18日　三本柳小学校　町田

1. 題材名　「公平ってなんだろう」
   内容項目 4-(2)　だれに対しても差別をすることや偏見をもつことなく公正，公平にし，正義の実現に努める。
2. 主眼
   公平とはどういうことかについて、様々な事例について「公平」か「不公平」かについて考えあうことを通して「公平」・「不公平」とはどういうことかについて知り、日常生活における「公平な判断」に活かそうとすることができる。

3. 展開

段階	○本時の活動・予想される活動の姿	☆教師の支援	時間	資料等
導入	①プレイコートで高学年が遊べないことが「不公平」であるのか話し合う。 ・低学年だけ、専用の場所があって「不公平」。 ・低学年はサッカーコート使えない。 ・高学年といっしょだと、危ないから、低学年の場所は必要 ・自分たちも、低学年の時は専用に使えていた。 →一見不公平に見えるけど、実は、「公平」なんだ。	☆子どもたちのアンケートから「公平」「不公平」について考えてみることを提案する。	10	アンケート結果 プレイコートの写真
展開	②4つの事例について「公平」か「不公平」かをグループで考えあう。 【事例】 A 保育園・小学生・中学生の3人兄弟が焼肉の肉を等しく分ける。（不公平） B 5年生、6年生だけが委員会の当番活動があり、休み時間に自由に遊ぶことができない。（公平） C 運動会のリレーの選手を希望者全員の中からクジで決める。（不公平） D 3人兄弟の末っ子がお使いに行き、おまけに一個余分にコロッケをもらった。それをその子がもらった。 ③「公平」とはどういうことか考えあう。	☆グループごとに討議させ、グループの意見をまとめさせる。 ☆公平か、不公平かの判断した根拠をはっきりとさせる。 ☆グループを巡視し、子どもたちの考えを揺さぶる。 ☆「必要性」「能力」「適格性」から考えるとよいことに着目させる。	15 10	学習カード （グループ毎） フラッシュカード
まとめ	④雑誌記事を読み取り、一見「公平」そうに見えても「不公平」であるという事実を見抜く。	☆子どもたちの記事に対する感想をもとに、どこが「不公平」であるのか問いかける。 ☆「公平」に扱うとしたら、支援物資をどのように扱ったら良かったのか考えさせる。	10	雑誌記事

211

公平ってどういうことだろう

年　組　氏名（　　　　　　　）

これって、公平？不公平？（理由も右側に書いてみよう）

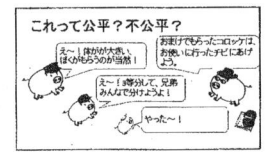

これって公平？不公平？
ぼくも、もっと食べたいのに…

これって公平？不公平？
ぼくも、遊びたいのに…低学年ばっかり遊んでてずるい！

これって公平？不公平？
今年の運動会のリレーの選手は、くじ引きで決めようよ！
えっ…！？

これって公平？不公平？
え〜！ぼくが大きい、ぼくのがもらうのが当然！
おばあでもらったコロッケは、お使いに行ったチビにあげよう。
え〜！3等分して、兄弟みんなで分けようよ！
やった〜！

（学習しての感想）

資料編

212

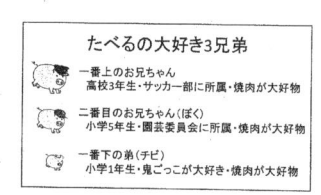

公平ってなんだろう

たべるの大好き3兄弟
- 一番上のお兄ちゃん
  高校3年生・サッカー部に所属・焼肉が大好物
- 二番目のお兄ちゃん（ぼく）
  小学5年生・園芸委員会に所属・焼肉が大好物
- 一番下の弟（チビ）
  小学1年生・鬼ごっこが大好き・焼肉が大好物

これって公平？不公平？
ぼくも、もっと食べたいのに...

ある日の休み時間...
今日は委員会の当番活動で花の水やりだ。がんばらなっちゃ！

まて〜！

これって公平？不公平？
ぼくも、遊びたいのに...。低学年ばっかり遊んでてずるい！

リレーの選手を決めるとき...
トラさんは走るのが速くてうらやましいなぁ

きっと今年もトラさんがリレーの選手だよ。

学年でいちばん早いもんなぁ

リレーの選手を決めるとき...
ぼくも、一回ぐらいリレーの選手になってみたいなぁ...。
そうだ！いいこと思いついた！

これって公平？不公平？
今年の運動会のリレーの選手は、くじ引きで決めようよ！

えっ、、！？

資料4 連携による授業案

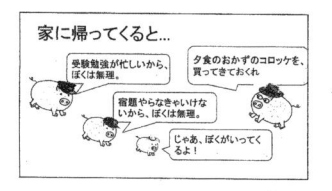

家に帰ってくると...

- 受験勉強が忙しいから、ぼくは無理。
- 夕食のおかずのコロッケを、買ってきておくれ
- 宿題やらなきゃいけないから、ぼくは無理。
- じゃあ、ぼくがいってくるよ！

お店に行くと...

- コロッケください！
- ぼうや、おつかいできてえらいね、コロッケ、1個おまけしちゃおう！
- やったぁ～！

これって公平？不公平？

- え～！体が大きい、ぼくがもらうのが当然！
- おまけでもらったコロッケは、お使いに行ったチビにあげよう。
- え～！3等分して、兄弟みんなで分けようよ！
- やった～！

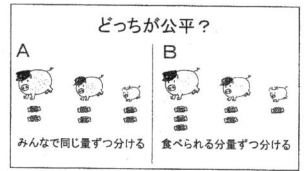

どっちが公平？

A　みんなで同じ量ずつ分ける

B　食べられる分量ずつ分ける

②学習計画（6月1日付）

道徳教育学習指導案

6月1日　三本柳小学校　町田

1. 題材名　「公平ってなんだろう」
   内容項目 4-(2)　だれに対しても差別をすることや偏見をもつことなく公正，公平にし，正義の実現に努める。
2. 主眼
   全員に等しく分けることが公平であると考えている子どもたちが，必要性や能力，適格性など，条件によっては一見不公平に見えても公平であるという事例を考えあうことを通して，公平とはどういうことかについて知り，日常生活における「公平な判断」に活かそうとすることができる。
3. 展開

課題	○本時の活動　・予想される活動の姿	☆教師の支援　評価	時間	資料等
導入	①プレイコートで高学年が遊べないことが「不公平」であるのか話し合う。 ・低学年だけ，専用の場所があって「不公平」。 ・低学年はサッカーコート使えない。 ・高学年といっしょだと，危ないから，低学年の場所は必要。 ・自分たちも，低学年の時は専用に使えていた。 　　　　「公平」ってなんだろう？	☆子どもたちのアンケートから「公平」「不公平」について考えてみることを提案する。 ☆授業の最後に，プレイコートの事例について，公平なのか不公平なのか，自分なりに理由をもって言えるようになることを伝える。	5	アンケートの結果 プレイコートの写真
展開	②3つの事例についてグループで考えあい，「公平」か「不公平」かを判断する。 【事例】 A　1年生・5年生・高校生の兄弟が，焼肉をたべられる分量ごとに差をつけて分ける。（→公平） B　高学年だけに委員会の当番活動があり，高学年は休み時間に低学年のように自由に遊ぶことができない。（→公平） C　運動会のリレーの選手を希望者全員の中からクジで決める。（→不公平） ③グループで話し合った結果とその理由を発表する。 ・(A) 焼肉を体の大きさで分けるのは，一見不公平な気がするけど，同じ量ずつ分けてもたべきれないのであればもったいないから，公平だと思う。 ・(B) 低学年には児童会活動は難しいし，高学年も低学年のころは遊べていたのだから，公平だと思う。 ・(C) 運動会のリレーは，やっぱりクラスの中で1番が速い人がなるものだから，くじ引きで決めるのは公平ではないと思う。 ④Dの事例についてグループで話し合い，解決方法を考える。 【事例D】 3人兄弟の末っ子がお使いに行き，おまけに一個コロッケをもらった。そのコロッケはどうしたらよいか。 ・お手伝いで苦労した末っ子がもらうべきだと思う。他の二人は苦労していない。 ・もともとお父さんのお金	☆グループごとに討議させ，グループの意見をまとめさせる。 ☆公平か，不公平かの判断した根拠を問う。 ☆グループを巡視し，必要性や能力についての気付きを認める。 ☆子どもたちの発表から「無駄になってしまう」（必要性）や「いやなことを引き受ける力がある」（能力）ことに気付いている部分に注目させる。 ☆全てを同じに分けることだけが平等ではない，ということに気付かせる。 ☆努力をした人が，特別に報われることは決して不公平なのではないか（適格性）ということに気付かせる。	15 10	学習カード（グループ毎）
まとめ	⑤「プレイコートで高学年が遊べない」ことについて，公平なのか，不公平なのか考え，感想を記入する。 ・最初は，低学年ばっかりプレイコートで遊べていて不公平だと思っていたけれど，今日学習して，自分たちも昔は自分たちだけで遊べていたのだから，不公平ではないと思った。 ・なんでもかんでも同じに分けることが平等だと思っていたけど，いろいろな場合があるということが分かった。	☆感想を発表させる。 これからの生活に「公平な判断」を活かそうとしているか。	10	感想記入カード

資料4　連携による授業案

215

公平ってなんだろう

　　　　　　　　　　　　　　　年　　組　氏名（　　　　　　　　）

これって、公平？不公平？（理由も右側に書いてみよう）

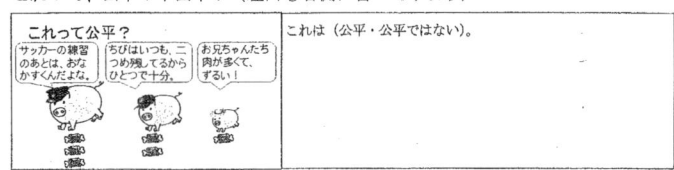

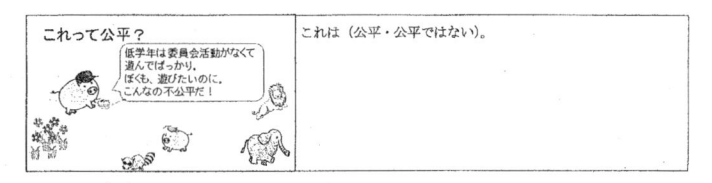

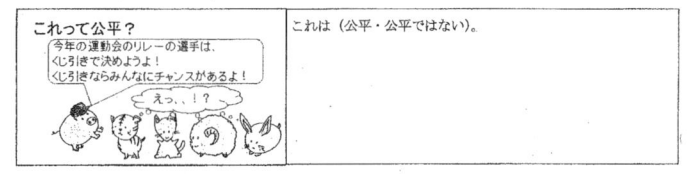

| これって公平？
サッカーの練習のあとは、おなかすくんだよな。　ちびはいつも、二つめ残してるからひとつで十分。　お兄ちゃんたち肉が多くて、ずるい！ | これは（公平・公平ではない）。 |

| これって公平？
低学年は委員会活動がなくて遊んでばっかり。ぼくも、遊びたいのに。こんなの不公平だ！ | これは（公平・公平ではない）。 |

| これって公平？
今年の運動会のリレーの選手は、くじ引きで決めようよ！くじ引きならみんなにチャンスがあるよ！　えっ‥！？ | これは（公平・公平ではない）。 |

☆今日、学習しての感想を書きましょう。

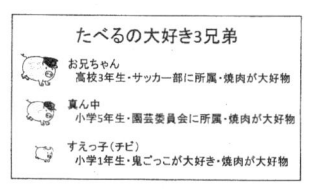

公平について、考えてみよう

たべるの大好き3兄弟
- お兄ちゃん　高校3年生・サッカー部に所属・焼肉が大好物
- 真ん中　小学5年生・園芸委員会に所属・焼肉が大好物
- すえっ子（チビ）　小学1年生・鬼ごっこが大好き・焼肉が大好物

これって公平？
- サッカーの練習のあとは、おなかすくんだよな。
- ちびはいつも、二つめ残してるからひとつで十分。
- お兄ちゃんたち肉が多くて、ずるい！

ある日の休み時間…
- 今日は委員会の当番活動の日だ…。ドッジボールで遊びたいなぁ。
- まて〜！

これって公平？
- 低学年は委員会活動がなくて遊んでばっかり。ぼくも、遊びたいのに。こんなの不公平だ！

運動会のリレーの選手を決めるとき…
- トラさんは走るの速くて、うらやましいなぁ
- きっと今年もトラさんがリレーの選手だよ。
- ぶっちぎりで一番早いもんなぁ。

運動会のリレーの選手を決めるとき…
- ぼくも、一回ぐらいリレーの選手になってみたいなぁ……。そうだ！いいこと思いついた！

これって公平？
- 今年の運動会のリレーの選手は、くじ引きで決めようよ！くじ引きならみんなにチャンスがあるよ！
- えっ、！？

資料4　連携による授業案

217

ある日の夕方...

- 受験勉強が忙しいから、ぼくは無理。
- 夕食の作るから、おつかいにいってきておくれ。
- 宿題やらなきゃいけないから、ぼくは無理。
- めんどうくさいなあ。
- じゃあ、ぼくがいってくるよ！

お店に行くと...

- コロッケください！
- ぼうや、遠くまでおつかいできてえらいね。コロッケおまけしちゃおう！
- やったあ〜！

どうするのが公平？

- 受験勉強の夜食にほしいなあ。
- おまけでもらったコロッケ、どうしようか。
- 兄弟みんなで平等に分けようよ！
- おつかいに行ったぼくがもらって当然！

公平について、考えてみよう

③学習計画（完成版）

平成23年度　公開授業

道徳学習指導案

日　時　　平成23年6月7日　14：40〜15：25

会　場　　長野市立三本柳小学校　5年3組教室

単　元　　「公平ってなんだろう」

授業者　　町田　祐介 教諭

授業学級　　5年3組

信州法教育研究会

小学校における配分的正義に関する授業の骨子

《目的》
　法の基礎的な原理として「正義」「公正」といったものがあります。法の持つ役割の一つとして多くの個人が社会を形成し円滑に生活を可能にし，それによって個人がその権利を実現できるようにするということを挙げることができます。
　しかし反面，法は人に何かを制限し，強制する面も持っているので，それが受け入れられるためにはその内容が「正義」に適い，別の言葉で言えば「公正」なものである必要があります。
　この「正義」「公正」概念が何かを（物でも権利でも義務でも）配分するという場面での現れとして「公平」という考え方があるのです。
　つまり，「公平」とは何かを配分するときにどのようにすれば「正義」「公正」に適うと言えるか，言い換えれば「正しい」かを示す言葉です。
　本授業の目的は，「公平」という概念について深く考え，理解し，それを日常生活上の判断に生かせるようにするという点にあります。

《「公平」の意味について》
　「公平」という言葉の意味については，簡単に言えば「同じように扱うこと」となります。
　しかし，全ての場合に全ての人を形式的機械的に同様に扱うことは必ずしも「正義」「公正」に適うものではない・・・これを平たく言えば「正しくない」ということになるのです。
　実際には，それぞれの事情に応じた異なる取扱いをした方が「正しい」という場合もありえます。

《「公平」さの判断基準について》
　公平さを判断する基準・指標としては（これが全てというわけではありませんが）必要性，能力，適格性の3つを挙げることができます。

　　必要性・・・何かを分けるときに，その物が必要ない人にも必要としている人にも同じだけ配分するとすればかえって「不公平」で正しくな

資料編
220

くなってしまいます。
　そこで，対象についての必要性の有無が「公平」かどうかの一つの基準になるのです。

　能　力・・・個人の能力には当然違いがあります。これを無視して全ての人を同一に扱えばそれは正しくなくなってしまいます。
　　　　　　例えば，兄弟間で手伝いを分ける場合にも，年が上の子と下の子ではできる範囲が異なるはずです。ですから，その分け方が「正しい」と言えるかどうかを判断する場合にはそれぞれの能力も検討する必要があるのです。

　適格性・・・これは言い換えれば「ふさわしい」「ふさわしくない」ということになります。例えば努力をした子が報われ，他の子より良い扱いを受ける（多くを分けてもらう）方が「正しい」場合があります。これを機械的に同じにすれば努力に向けた意欲がなくなってしまうかもしれません。ですから，このような「ふさわしさ」についても基準の一つと言うことができます。

《授業で理解をしてもらいたい点について》
　最初に「公平」についての考え方の転換を図る必要があるでしょう。
　つまり，通常多くの子供達は「公平」という言葉や，物や義務を分け合う場合には全員が形式的機械的に同様扱うのが「正しい」と考えると思われます。
　しかし，実際には形式的機械的に取り扱うことがかえって不公平で正しくないという場合もあります。そういった点に気づくことで「公平」とは何かについてより深く考えてもらいたいのです。
　次に，上に挙げた判断基準を児童に理解してもらいます。
　その上で，これらの各要素の含まれた事例を基に児童に考えてもらい結論を出してもらいます。
　その際，当該事案について一旦理解した上記3基準を利用して検討できるようにする必要があります。

《具体例について》

資料4　連携による授業案

221

①時間が限られた中での体育館使用の割り振り（バスケットボールの大会を控えたクラスや普段休み時間を守らないクラス）
②掃除当番の割り振り（背の高さや力持ちかどうか，前回サボった子等）
③お菓子の分け方
④サッカークラブの出場選手の決め方

《憲法との関係》
　憲法においては１４条で法の下の平等原則が定められています。
　平等の意味についても単に機会の平等か結果の平等かという議論があります（一般的には機会の平等に留まると言われています。）。しかし，機会の平等に留まるとしても，結果として生じた著しい不平等を解消するものとして２５条で生存権が定められ，これに基づいて生活保護制度などが存在しています。これらは上記基準で言えば能力や必要性に基づくものと言うことができると思います。
　また，所得税での累進課税制度も能力による異なる取扱いと言うことができるでしょう。
　このように憲法や国家の制度の中にも「公平」ないしは「正義」「公正」の概念は含まれていると言えます。

本時の学習に関する資料

【プレイコート】
中校舎と北校舎の間にある、上履きで遊べる中庭。丸太登りやシーソーなどの遊具も設置されている。あまり広くないため、低学年（1、2年生）専用の遊び場になっている。

【児童会活動】
よりよい学校生活を主体的に築くための話合い活動や集団への寄与など、異年齢の子どもたちからなる集団による自治的能力の育成を目的に、特別活動の一部として行われている。
　三本柳小学校では、5、6年生が児童会活動に参加している。代表委員会や給食委員会、図書委員会など13の委員会のうちのいずれかに所属し、話し合い活動や日々の当番活動などを行っている。当番活動は全ての委員会で行われており、朝や行間休み、昼休みをなどに分担して行われており、各委員会活動の中心的な活動となっている。

【学習指導要領】
小学校、中学校、中等教育学校、高等学校、特別支援学校の各学校が各教科で教える内容を、学校教育法施行規則の規定を根拠に定めたもの。

【道徳の指導内容】
学校で行われる教育内容については、学習指導要領により定められている。道徳については、低・中・高の2学年ごとに、内容が示されており、高学年では、4分野26項目にわたる内容項目が示されている。今回の学習で扱うものは内容項目4-(2)にあたる。学習指導要領解説に示されている内容は以下の通りである。

4　主として集団や社会とのかかわりに関すること
(2)　だれに対しても差別をすることや偏見をもつことなく公正、公平にし、正義の実現に努める。
　民主主義社会の基本的な価値である社会正義の実現に努め、公正、公平にふるまう児童を育てようとする内容項目である。社会正義は、社会的な認識能力と人間の平等観に基づく人間愛が基本にならなければならない。公正、公平にすることは、私心にとらわれずだれにも分け隔てなく接し、偏ったものの見方や考え方を避け、社会的な平等が図られるように振る舞うことである。しかし、このような社会正義の実現を妨げるものに人々の差別や偏見がある。よりよい社会を実現するためには正義を愛する心が不可欠であり、自他の不正や不公平を許さない断固とした姿勢をもち、力を合わせて積極的に差別や偏見をなくそうとする努力が重要である。特にかけがえのない生命の自覚や他の人とのかかわりに関する内容項目の指導の積み重ねを基に、広い視野から指導していく必要がある。なお、このような態度は、第3・4学年の段階においても、例えば、約束や社会のきまりを守ることなどに関する指導を通じてはぐくまれている。
　この段階においては、いじめなどの身近な差別や偏見に気付き、公正で公平な態度を養うことを通して、不正な行為を絶対に許さないという断固たる態度を育てることが大切である。また、社会的な差別や不公正などの問題について考え、社会正義についての自覚を深めていく指導を適切に行うことが大切である。

本時案

1. 題材名 「公平ってなんだろう」
　　内容項目 4-(2)　　だれに対しても差別をすることや偏見をもつことなく公正, 公平にし, 正義の実現に努める。
2. 主眼
　　全員に等しく分けることが公平であると考えている子どもたちが, 必要性や能力, 適格性など, 条件によっては一見不公平に見えても公平であるという事例について考えあうことを通して, 公平とはどういうことかについて知り, 日常生活における「公平な判断」に活かそうとすることができる。
3. 展開

段階	○本時の活動　・予想される活動の姿	☆教師の支援　評価	時間	資料等
導入	①プレイコートで高学年が遊べないことが「不公平」であるのか話し合う。 ・低学年だけ, 専用の場所があって「不公平」。 ・低学年だけがサッカーコート使えない。 ・高学年といっしょだと, 危ないから, 低学年の場所は必要。 ・自分たち, 低学年の時は専用に使えていた。 　　　「公平」ってなんだろう？	☆子どもたちのアンケートから「公平」「不公平」について考えてみることを提案する。 ☆授業の最後に, プレイコートの事例について, 公平なのか不公平なのか, 自分なりに理由をもって言えるようになることを伝える。	5	アンケートの結果 プレイコートの写真
展開	②3つの事例についてグループで考えあい,「公平」か「不公平」かを判断する。 【事例】 1) 1年生・5年生・高校生の兄弟が, 焼肉のたべられる分量ごとに差をつけて分ける。（→公平） 2) 高学年だけに委員会の当番活動があり, 高学年は休み時間に低学年のように自由に遊ぶことができない。（→公平） 3) 運動会のリレーの選手を希望者全員の中からクジで決める。（→不公平） ③グループで話し合った結果とその理由を発表する。 ・1) 焼肉を体の大きさで分けるのは, 一見不公平な気がしたけど, 同じ量ずつ分けてもたべきれないのであれば肉がもったいないから, 公平だと思う。 ・2) 低学年には児童会活動は難しいし, 高学年も低学年のころは遊べていたのだから, 公平だと思う。 ・3) 運動会のリレーは, やっぱりクラスの中で1番足が速い人がなるものだから, くじ引きで決めるのは公平ではないと思う。 ④①の事例についてグループで話し合い, 解決方法を考える。 【事例4】 　3人兄弟の末っ子がお使いに行き, おまけに一個コロッケをもらった。そのコロッケはどうしたらよいか。 ・お手伝いで苦労した末っ子がもらうべきだと思う。他の二人は苦労していないし。 ・もともとお父さんのお金で買った物だから, お父さんがたべればいい。	☆グループごとに討論させ, グループの意見をまとめさせる。 ☆公平か, 不公平かの判断した根拠を問う。 ☆グループを巡視し, 必要性や能力についての気付きを認める。 ☆子どもたちの発表から「無駄になってしまう」（必要性）や「いやなことを引き受ける力がある」（能力）ことに気付いている部分に注目させる。 ☆全てを同じに分けることだけが平等ではない, ということに気付かせる。 ☆努力をした人が, 特別に報われることは決して不公平なのではない（適格性）ということに気付かせる。	15 10	スライド 学習カード （個人・グループ）
まとめ	⑤「プレイコートで高学年が遊べない」ことについて, 公平なのか, 不公平なのか考え, 感想を記入する。 ・最初は, 低学年ばっかりプレイコートで遊んでいて不公平だと思っていたけれど, 今日学習して, 自分たちも昔は自分たちだけで遊べていたのだから, 不公平ではないと思った。 ・なんでも同じに分けることが平等だと思っていたけど, そうじゃなくても平等なときがあるということが分かった。	☆感想を学習カードに記入させ発表させる。 これからの生活に「公平な判断」を活かそうとしているか。	10	感想記入カード

資料編

公平ってなんだろう

　　　　　　　　　　　　　　　年　　組　氏名（　　　　　　　　）

☆これって、公平？不公平？（理由も書きましょう。）

【その1　焼肉編】

これって公平？	これは（公平だ・公平ではない）。
サッカーの練習のあとは、おなかすくんだよね。／ちびはいつも、二つめ残してるから、ひとつで十分。／お兄ちゃんたち肉が多くて、ずるい！	理由）

【その2　委員会活動編】

これって公平？	これは（公平だ・公平ではない）。
低学年は委員会活動がなくて遊んでばっかり。ぼくも、遊びたいのに。こんなの不公平だ！	理由）

【その3　リレーの選手決め編】

これって公平？	これは（公平だ・公平ではない）。
今年の運動会のリレーの選手は、くじ引きで決めようよ！くじ引きならみんなにチャンスがあるよ！／えっ..！？	理由）

☆今日、学習しての感想を書きましょう。

資料4　連携による授業案

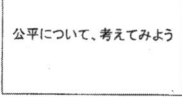

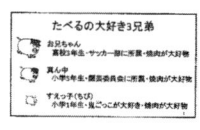

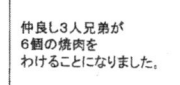

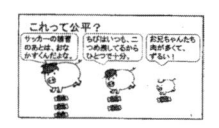

資料編

II 中学校・高等学校

(1) 杉並区立和田中学校
①学習計画

社 会 科 学 習 指 導 案

日　時　平成23年6月8日(水)第5・6校時
対　象　第2学年A組　計37名
授業者　杉並区立和田中学校
　　　　主幹教諭　杉　浦　元　一

1　単元名　　「私たちと現代社会」
　　　　　　～現代社会をとらえる見方や考え方～

2　単元の目標

　人間は本来社会的存在であることに着目させ、社会生活における物事の決定の仕方、きまりの意義について考えさせ、現代社会をとらえる見方や考え方の基礎として、対立と合意、効率と公正などについて理解させる。その際、個人の尊厳と両性の本質的平等、契約の重要性やそれを守ることの意義及び個人の責任などに気付かせる。

3　評価規準

指導目標	社会的事象への関心・意欲・態度
●人間は本来社会的存在であることに着目させ、社会生活における物事の決定の仕方やきまりの意義について具体的に考えさせる。 ●身近な事例を通して、対立と合意、効率と公正などが、現代社会をとらえる見方や考え方の基礎となっていることを理解させる。 ●社会の一員として、契約の重要性やそれを守ることの意義及び個人が果たすべき責任について気付かせる。	・身近な社会集団を通じて、社会生活における物事の決定の仕方、きまりの意義に対する関心を高め、それらを意欲的に追究している。
	社会的な思考・判断・表現
	・具体的な事例をもとに、社会生活における物事の決定の仕方やきまりの意義について、対立と合意、効率と公正などの側面から多面的・多角的に考察し、その過程や結果をわかりやすく適切に表現している。
	資料活用の技能
	・社会生活における物事の決定の仕方、きまりの意義に関する事例を収集し、現代社会をとらえる見方や考え方を理解するために役立つ情報を適切に選択して、読み取ったり、図表などにまとめたりしている。
	社会的事象についての知識・理解
	・社会生活における物事の決定の仕方、きまりの意義と必要性、現代社会をとらえる見方や考え方の基礎としての対立と合意、効率と公正などについて、社会の形成者としての立場から理解し、その知識を身に付けている。

資料4　連携による授業案

4　単元について

　本単元は、新学習指導要領の社会〔公民的分野〕における内容「(1) 私たちと現代社会　イ　現代社会をとらえる見方や考え方」を取り扱うものである。この単元は今回の改訂で新たに設けられた部分であり、社会をよりよくとらえ説明する学習活動を効果的に行うために、様々な工夫が求められている。特に、「きまり」や「決定の仕方」の意義を追究・考察した結果として身につけさせる現代社会をとらえる見方や考え方の概念は抽象的なので、社会生活の具体的な事例を取り上げていくことが大切になる。
　ところで、法の基礎的な原理として「正義」「公正」といったものがある。法の持つ役割のひとつとして、社会を形成する多くの個人が円滑に生活するのを可能にし、それによって個人がその権利を実現できるようにするということを挙げることができる。しかし、法は個人に何かを制限し、強制する面も持っている。法が受け入れられるためには、法の内容が「正義」にかない、「公正」なものである必要がある。
　この「正義」や「公正」という概念に基づいて物・金・権利・義務を個人に配分しようとする場面になると、「公平」という言葉をよく耳にする。「公平」とは「同じように扱うこと」を意味しているが、すべての場合にすべての人を「同じように扱うこと」が「正義」や「公正」と言えるだろうか。それぞれの事情に応じて異なる取扱いをしたほうが正しいという場面もあるのではないだろうか。
　すべての人が同じ利益を享受できないということは社会生活の中でも多く発生する。限りある物や金を受け取れる権利をどのように配分し、社会をよりよいものしていくための義務をどのように配分するのか、少数者の不利益に配慮しつつより多くの人が納得できる「正しい」方法を検討しなければならない。
　「公平」な判断をする基準・指標として、必要性、能力、適格性が挙げられる。

　　必要性・・・配分されるものを必要としている人と必要としていない人に同じだけ配分するのは
　　　　　　　「不公平」である。

　　能力　・・・配分されるものを扱える能力がある人とない人に同じだけ配分するのは
　　　　　　　「不公平」である。
　　　　　　　例：兄弟間で家の手伝いの義務を分ける場合、兄と弟ではできる範囲が異なる

　　適格性・・・配分されるものを努力した人と努力しなかった人に同じだけ配分するのは
　　　　　　　「不公平」である。
　　　　　　　例：お手伝いをしてくれた人だけに、ごほうびがもらえる。

　本授業では、上記のような判断基準について学習活動を通して自ら認識し、「公平」についての考え方を「形式的・機械的な公平」から「実質的な公平」への転換を図ることをねらいにしている。これにより、憲法に定められている平等原則を機械的に運用することで結果的に不平等が生じることや、その不平等を解消するために、さまざまな制度が存在することにも目を向けさせたい。

5 教材の関連性

　本授業は関東弁護士会連合会・シンポジウム実行委員会、第一東京弁護士会・法教育委員会と連携して行うものである。近年、法教育の分野での研究成果は、裁判員制度の実施にともなって大きな広がりを見せている。法曹関係者と学校教育関係者との連携も進み、模擬裁判や模擬評議が盛んに行われている状況が見られる。そうした中で法教育は次なるステップに入り、新たな展開を模索する時期に来ているのではないだろうか。
　そこで、裁判員制度にまつわる学習は刑事事件を扱うのに対し、本授業では民事上の問題を扱うことを考えた。また時事的な題材として、東日本大震災の後、被災地では配分に関するさまざまな課題が起こっていることに着目した。現在の日本が早急に解決しなければならない事案をテーマにすることで、学びの意味をより深めていくことを意図している。
　配分における正義について、さまざまな事情を考慮に入れることにより、公平な手順を考えさせたい。また、被災地における洋生菓子の配分という場面設定については、実際に社会生活の中で起こる配分の問題には、単純に1人1個ずつ配分できない量的な制約や、配分までにゆっくりと考えることができない時間的な制約があるケースを想定している。意思決定までのスピードも要求されることもメッセージとして伝えていきたい。
　個人での思考から、班での意見交換を経て、クラスでの共有という学習活動を通して、広い視野をもって考察していくことの重要性を認識させることをねらっており、思考力の深化や話し合いの活発化を図るために、適切な質と量を備えたワークシートを活用するように努めていきたい。さらに、どのような話し合いが行われたか、その過程について要点をしぼって周囲に伝える発表活動を重視し、電子メディア（iPad）の活用を試みる。

6 生徒の実態

　比較的まじめな生徒が多く、授業への取り組み方はおおむね良好である。社会科への関心が特に高いというわけではないが、課題意識をもって取り組む場面が多く見られるようになってきた。一方で、社会的な背景をもとに原因と結果を分析できるような高度な思考力をすべての生徒に身につけさせることが難しい実態もみられる。
　与えられた課題に主体的に取り組む生徒が多い中で、学習に意欲的に向き合うことがなかなかできない生徒もいる。そのような生徒が授業の中で主体的な学習活動に取り組めるようにするのも本時のテーマの一つである。
　学級の雰囲気は比較的落ち着いていて、学級活動や学校行事などにおいても協力的な生徒がほとんどである。団結力もあり、基本的な授業規律は維持できている。その反面、発言や挙手は消極的なことがあるので、活発な授業が展開できるように学習活動を工夫していきたい。
　本校では総合的な学習の時間において、「よのなか科」という、ゲストとともに現代社会の諸問題を考察する授業がある。正解のない問題に対して意見を述べ合う活動を積み重ねてきた成果を、本授業でも十分に発揮して、学校目標である「自立・貢献」に少しでも近づいてもらいたい。
　本時の内容である配分の課題は、実は日常生活においてたびたび生じる。それが原因でトラブルにまでは発展しないが、不公平感を感じている生徒もいる。その点に気づき、公平の意味を考え、正義・公正にかなう社会の実現の大切さを認識させていきたい。

7 本時の指導

	学習項目（■）・学習活動（□）	指導上の留意事項（▼）・評価の規準（▽）
導入 10分	■1 「不公平を感じたこと」のアンケート結果の集計を見る。 □アンケート結果から、身近な生活の中にも公平・不公平の問題が生じることに気づく。 ■2 被災地における避難所関連のニュース記事を読む。 □数が不足していることで支援物資の受け取りが拒否された事例から、配分に関する公平性の課題を認識する。	▼本時までにアンケートの実施、集計を行っておく。 ▽身近な事例の中に「対立と合意」、「効率と公正」の概念の必要性があることに関心を持てたか。 ▼避難所で実際に起きている平等主義が本当の公平なのかどうか、問題をしっかりと提起する。 ▽物事の決定の仕方については、さまざまな課題があることに関心を持てたか。
展開① 30分	■3「避難所に届けられたシュークリーム」についてのケーススタディ （1）公平に配分しようとするときに知りたい情報を考える （2）その情報にもとづいて、だれに配分していくか順番を考える （3）班で意見を交換し合い、よりよい配分の順番を決定する □班活動は弁護士の方々のサポートを受ける。 □形式的な平等ではなく実質的な平等を求め、公平な配分案を作成する。	▼新聞記事との関連で避難所の事例を想定し、条件となる場面を細かく設定することで、後の話し合いの活動の焦点をしぼる。 ▼発表の形式を定めることで、各班に共通の話し合いの基盤を持たせ、クラスでの意見交換・情報共有を有意義なものにする。 ▽物事の決定の仕方に関する情報を適切に選択していたか。 ▽対立と合意、効率と公正の側面から多面的・多角的に考察したか。
5分	【 休 憩 】	
展開② 15分	（4）班で決定した配分案を発表する □iPadの意見発表機能を利用して、配分案を発表し、他の班の意見も聞く。 □配分の正義・公正の要件としての「必要性」「能力」「適格性」に気づく。	▼発表のためのiPadの配布や操作の説明を行う。 ▼発表を聞く体勢を整えさせる。 ▼発表結果を見やすく表示する。 ▼配分案の決定理由を各班に質問し、合理的な思考を深めさせる。 ▽物事の決定の仕方やきまりの意義について考察した過程や結果をわかりやすく適切に表現していたか。

-4-

展開③ 15分	■4 飲料水だった場合の配分方法のちがいを考える □指名にもとづき、自分の考えを発表する。 □何を配分するのかによって、検討のポイントが異なることを認識する。	▼シュークリームと飲料水で配分方法がどのように変わるかを考えやすいように、ワークシートの設問を工夫する。 ▽物事の決定の仕方にはさまざまな見方や考え方があるということの理解を身に付けているか。
まとめ 15分	■5 弁護士の先生のお話 □班での検討作業の講評を聞く □実際の社会生活における配分の正義・公正の具体例を聞き、本時の学習の意義を再認識する。 ■6 感想の記入 □ワークシートに今日の授業で学んだこと、意見・感想を記入する。	▼弁護士の先生のお話を聞く体勢を整えさせる。 ▽社会生活における物事の決定の仕方、きまりの意義と必要性、社会の形成者としての立場から理解することができたか。 ▽配分の正義・公正の課題に対して意欲的に追究することができたか。

8 本時の授業実践の視点

（1）使命感・熱意・感性
　本時の学習課題を明確に提示し、過不足のない説明をすることにより、わかりやすく、生徒の学ぶ意欲を喚起し、知的好奇心を呼び起こす授業をこころがけていたか。
（2）統率力
　作業内容や、個人・班での学習形態を的確に指示し、生徒にその指示に対して十分注意を払わせ学習をすすめていたか。また、その学習形態が生徒の学習活動を効果的にすすめる作用を果たしていたか。
（3）児童・生徒理解
　生徒の学習活動が円滑かどうかを観察していたか。ワークシートの記入状況を確認し、課題に活発に取り組めるように適切な助言・指導をしていたか。
（4）指導技術（授業展開）
　本時のねらいを達成するために適切な事例を設定し、課題に対して無理がなく考察できるような工夫が施されている授業展開になっているか。
（5）教材開発・教材解釈
　生徒が取り組みやすいワークシートが開発されているか。また、発表活動の際に電子機器が有効に活用されているか。
（6）「指導と評価の計画」の作成と改善
　生徒が主体的に取り組める学習課題が用意され、ワークシートが生徒の学習活動を適切に評価できるものになっているか。

②ワークシート

平成23年度 杉並区立和田中学校 社会（杉浦）　[提出]　番外編

日付　／　　年　組　番 氏名 _____

「 配 分 的 正 義 を 考 え る 」

1 被災地の避難所に届けられたシュークリーム

（1）【個人作業】　シュークリームを公平に分けるために、どんな情報を知りたいですか？

知りたい情報	その情報を知りたい理由

（2）【個人作業】　その情報をもとに、シュークリームをどのように配分しますか？

順番	どんな人に配分しますか？	配分してもらえる理由
①		
②		
③		
④		
⑤		
⑥		

(3)【班作業】 班の中で発表しあって、意見を出し合い、配分の順番を決めましょう。

順番	どんな人に配分しますか？	配分してもらえる理由
①		
②		
③		
④		
⑤		
⑥		

※ ↑ この欄（班で決めた順番）を、iPad（意見番）で発表します。

2 届けられたシュークリームではなく（　　　　　）だったら・・・？

配分の順番が先になる人	配分が先になる理由

配分の順番が後になる人	配分が後になる理由

新しく配分の順番に入ってくる人	新しく配分してもらえる理由

3 今日の授業を終えて

（1）今日の授業で新しく学んだこと	（2）今日の授業の感想、意見など

(2) 江東区立辰巳中学校
①学習計画

平成23年7月6日（水）

「ルール作り」教材資料

江東区立辰巳中学校　仲村秀樹

「ルールをつくってみよう」指導計画

１．指導計画
大項目（１）「現代社会と私たちの生活」　中項目イ「個人と社会生活」
本項目の目標
① 個人が様々な社会集団の中で、他者と関わり合いながら生活していることを自覚し、個人と社会の関わりについての見方や考え方を養う。
② 身近な生活の中から、個人の尊厳について気づき、社会生活における取り決めの重要性と、それを守る意義について考える。

時	学習過程	☆目標・○学習内容	学習活動	指導上の留意点等
テーマ			「サッカー部の部長の決め方」	
1	課題意識の形成・課題の追究	☆個人と社会のかかわりについて考える態度を養う。 ☆身近な社会集団の中での役割と社会生活を営む上でのルールの存在に気づく。 ○事前意識調査の実施 ○「サッカー部の部長の決め方」をめぐり、ルールの必要性、ルール作りの合意形成、ルール評価の視点などを考える。 ○「サッカー部の部長の決め方」をめぐり、パネルディスカッション形式の話し合いを行う。	○「場の設定」を知り、どの立場の役割演技を行うか班毎に選択する。 ［５つの立場］ ① ３年生が指名して決める。 ② 部員全員の投票で決める。 ③ ２年生が話し合って決める。 ④ ２年生の中からクジ引きで決める。 ⑤ 顧問の先生の指名で決める。 ○班（各立場）で主張する内容を話し合い、ロールプレイングの発言内容をまとめる。 ［ルール案の提示方法］ 「○○のときは、△△しなければならない。」という形式にする。 ○各班の立場に立ち、主張を言い、理由を述べ、話し合う。 ○机の配置をパネルディスカッション形式の円陣にする（3分）。 ○班毎に、「サッカー部の部長の決め方」案の提案を行う（２分×５＝１０分）。 ○班毎に各提案への質疑・応答を行う（３分×５＝１５分）。 ○この段階で一旦、５つの立場の役割演技をやめ、部員の一人ひとりとしてどの方法が、よりよい部長を決める方法としてふさわしいかについて話し合う。 ○一応の結論めいた解決策を仮に決定する。	○本項目のねらいを説明する。 ○学習する前の意識を調べ、学習終了時の意識と比較し、その変容を捉えさせる。 ○班毎にロールプレイングに徹しさせる。 ○班毎に発言内容と役割分担をさせる。 ○主張する内容の話し合いの際、自分たち以外の班の主張の問題点を考え、話し合いの際に指摘できるようにさせる。 ○自分の立場を理解し、その立場になりきってこの問題の解決策を考え、他者を説得しうる案を提示させる。 ○主張を言い合う際、自分たち以外の班の主張の問題点を必ず述べさせる。 ○パネルディスカッション形式で討議に入らせ、ワークシートを配付し、他の班から出た意見や考えをメモさせる。 ○問題点、対立点を明確にできるようにし、興味や関心が持続できるようにする。
2	課題	☆「社会生活」におけるルールの意義	○前時の論点を整理する。 ○前時の解決策に対し、部長に必	○部長の要件 ① 代表としての要件

- 1 -

追究のまとめ	について考える。 ○社会生活における問題解決のあり方を考える。 ○事後意識調査の実施。	要な用件を知り、もう一度、各班の立場で主張を述べ、話し合う。 〔部長の要件〕 ① 代表としての要件 ② 指導性の要件 ○前時で話し合った、話し合いの論点を確認し、もう一度、解決策を決定する。	部活動の代表としてふさわしい行動を取ることができる要件。 ② 指導性の要件 部活動をよりよい方向へ引っぱることができる要件。
		【 A 案 】 ○違う条件の場合はどうかについて話し合う。 　例1　部長候補が、サッカーはうまいけど練習をよくサボっている場合には？ 　例2　部長候補が、練習熱心でサボったりはしないけどレギュラーにはちょっとの場合には？ 　例3　部長候補は、サッカーもうまく、練習熱心だけど、本人は部長には絶対なりたくない場合には？ ○この「サッカー部の部長の決め方」のルールについて、論点を確認し、決定した解決策を望ましいルールの決め方の視点から評価する。（個人で考える→班で話し合う→まとめて発表する→全体で考える）。 　↑　○ 目標達成の視点 　　　○ 明確性の視点 　　　○ 手続きの正当性の視点 　　　○ 公平性の視点 ○望ましいルールの決め方を確認する。	【 B 案 】 ○この「サッカー部の部長の決め方」のルールについて、論点を確認し、決定した解決策を望ましいルールの決め方の視点から評価する。（個人で考える→班で話し合う→まとめて発表する→全体で考える）。 　↑　○ 目標達成の視点 　　　○ 明確性の視点 　　　○ 手続きの正当性の視点 　　　○ 公平性の視点 ○望ましいルールの決め方を確認する。 ○違う条件の場合はどうかについて話し合う。 　例1　部長候補が、サッカーはうまいけど練習をよくサボっている場合には？ 　例2　部長候補が、練習熱心でサボったりはしないけどレギュラーにはちょっとの場合には？ 　例3　部長候補は、サッカーもうまく、練習熱心だけど、本人は部長には絶対なりたくない場合には？
		○感想、アンケートの回答 ○弁護士の先生からのアドバイス ○ワークシートを完成し、提出する。	○ルール評価の視点に基づき評価させる。 ○学習を振り返り、「ルール作り」の条件（ルールの必要性、ルール作りの合意形成の方法、ルール評価の視点」などを考えさせ、まとめさせる。

2　ルール評価の視点
　① **手続きの正当性**　　　　＝ルールを作る過程に問題はありませんか？
　② **目的達成性**　　　　　　＝そのルールを作ることで問題を解決することができますか？
　③ ルールの**明確さ**　　　　＝どのような内容かすぐに意味が分かりますか？
　④ **公平性**　　　　　　　　＝誰でも等しくそのルールは当てはまりますか？

⑤ **実施可能性**　　＝ルールを作ったことでどのようなことが起こりますか？
　　　　　　　　　　＝そのルールの効果はありますか？
　⑥ **服従可能性**　　＝あなたはそのルールを守れますか？変えますか？それとも廃止します
　　　　　　　　　　　か？
　　　　　　　　　　＝それはなぜですか？
　⑦　その他

（参考文献：田中成明『法の考え方と用い方　現代法の役割』大蔵省印刷局、1990、pp.125‐126
　　　　　　江口勇治監訳『テキストブック　私たちと法　権威、プライバシー、責任、そして正義』
　　　　　　現代人文社、2001、pp. 16‐65）

②ワークシート1

平成23年7月6日（水）

「ルールをつくってみよう」学習資料NO1

3年　1・2組　　　班　　　番　氏名

1〔場の設定〕

　　朝日ヶ丘中学校のサッカー部では、毎年、3年の前部長が、引退するときに顧問の先生が2年生の次期部長を指名することになっています。しかし、今年は、顧問の先生が20数名いる2年生の中から最もいい部長候補を絞りきれないでいました。そこで、部員全員で次期部長を決めてもらいたいと顧問の先生は考え、部員にそのように話しをしました。
　　すると、部員達からは、部長の決め方について、さまざまな意見が出てきました。それは、おおよそ次の5つの意見です。部員数は、各学年20数名ずついます。
　　まず1つは、顧問の先生が決められないなら3年生が次期部長を指名すればいいという考えです。3年生は、2年生と約2年間一緒に練習に取り組んできたのだから、2年生のだれが部長にふさわしいかをよく知っているからという理由です。
　　2つ目は、1年生、2年生、3年生みんなが投票で決めればいいという考えです。部員一人ひとりがみんな平等に1票で投票したらいい部長を選出できるという理由です。
　　3つ目は、次期部長は、2年生から決めるので、2年生が話し合って決めればいいという考えです。2年生のことをよく知っているのは、2年生だし、2年生が中心になって新チームができるのだから2年生が決めるのが最もいいという考えです。
　　4つ目は、2年生の中からクジ引きで決めるのがみんな平等でいいという考えです。2年生のだれがふさわしいかを顧問の先生が決められないということは、逆に、2年生のだれがなってもいいということだからというのが理由です。
　　5つ目は、やっぱり顧問の先生の指名でこれまで部長を決めていたのだから、顧問の先生に決めてもらいたいという考えです。顧問の先生が決めたことなのだから、その決まった部長の言うことを部員がよく聞くようになるというのが理由です。
　　サッカー部の次期部長をどのように決めるのが最もいい方法なのでしょうか。部員全員で、まず、次期部長の決め方について話し合いをもちました。最もいい部長を決めることができるのは、5つの方法のどの方法でしょう。

- 1 -

資料4　連携による授業案

2 授業の流れ
〔 第 1 時 ：本日7月6日（水）〕
① 班ごとに場を選択し、立場を決定する。
② 班ごとに各立場で主張する内容を話し合い、主張する内容を決める。
その際、自分たち以外の他の班の立場の主張の問題点を考え、話し合いの際に指摘できるようにする。
③ 各班の立場に立ち、主張を言い、理由を述べ、話し合う。
（その際、自分たち以外の班の主張の問題点を必ず述べる。）
④ この段階で一度、5つの立場に立って主張する役割演技をやめ、このサッカー部の部員の一人ひとりとしてどの方法が、よりよい部長を決める方法としてふさわしいかについて話し合う。
⑤ 解決策を決定する。

3 班ごとに、次の5つの立場に立って、この問題について考えてみましょう。

① 3年生が指名して決める
主張――3年生が次期部長を指名すればいいという考えです。
理由――3年生は、2年生と約2年間一緒に練習に取り組んできたのですから、2年生のだれが部長にふさわしいかをよく知っているからという理由です。

② 部員全員の投票で決める
主張――1年生、2年生、3年生みんなが投票で決めればいいという考えです。
理由――部員一人ひとりがみんな平等に1票で投票したらいい部長を選出できるからという理由です。

③ 2年生が話し合って決める
主張――次期部長は、2年生から決めるので、2年生が話し合って決めればいいという考えです。
理由――2年生のことをよく知っているのは、2年生だし、2年生が中心になって新チームができるのだから2年生が決めるのが最もいいという理由です。

④ 2年生の中からクジ引きで決める
主張――2年生の中からクジ引きで決めるのがみんな平等でいいという考えです。
理由――2年生のだれがなってもいいので、顧問の先生が決めかねているのだから、2年生の中からクジ引きで決めるのが平等だし、最もいいというの理由です。

⑤ 顧問の先生の指名で決める
主張――やっぱり顧問の先生の指名でこれまで部長を決めていたのだから、顧問の先生に決めてもらいたいという考えです。
理由――顧問の先生が決めたことなのだから、その決まった部長の言うことを部員がよく聞くようになるというのが理由です。

③ワークシート2

平成23年7月6日（水）

「ルールをつくってみよう」学習資料NO4

3年　1・2組　　　班　　　番　氏名 ＿＿＿＿＿＿＿＿＿＿＿＿＿＿

自分の立場は

自分たちの班で主張する内容は

他の班の立場の主張の問題点は
①
②
③
④

他の班の立場の主張は
①
②
③
④

資料4　連携による授業案

サッカー部の部員の一人ひとりとしてどの方法が、よりよい部長を決める方法としてふさわしいかについての話し合いのメモ

決定した解決策は

その理由は

④ワークシート3-1

「ルールをつくってみよう」学習資料NO4-2　　　平成23年7月6日(水)
　　　　　　　　　　　　　　　　　　　　　　　　7日(木)5校時↑

3年　1組　　　班　　番　氏名

自分の立場は

自分たちの班で主張する内容は

各班の立場の主張と他の班の問題点の主張
①班＝2年生の話し合い
　　次期部長は、2年生から決めるので、2年生が話し合って決めればいいという考え。
　　2年生のことをよく知っているのは、2年生だし、2年生が中心になって新チームができるのだから2年生が決めるのが最もいいという理由。
　2班へ…いい人が決められるとは限らない。
　3班へ…どうでもいい人が決まることも。
　4班へ…だらしない人が選出されることも。
　5班へ…だれでもいいやという結果も。

②班＝顧問の先生の指名
　　どの生徒がいいか一番分かる。個人的な感情はない。顧問が決めればトラブルは起きにくい。
　1班へ…誰かがあきらめることにも。話がまとまらないのでは。
　3班へ…2年生の頑張を見ないで好き嫌いでの指名も。1年生が納得できない。
　4班へ…やりたくない人がなってしまうことにも。あきらめがつかない。不正の可能性あり。
　5班へ…好き嫌いで決めてしまうことにも。

③班＝3年生の指名
　　部長にだれが最もふさわしいかを、一緒に練習をしていて見ているから決められる。よりよい部活のあり方を知っていると思うので。3年生には次期部長決める権利がある。
　1班へ…2年生の中の上下関係で決まることも。
　2班へ…部長にふさわしい人が数人いるはずで、決まらないのでは。
　4班へ…2年生のだれもがふさわしいわけではないので、やる気のない人が選ばれると部活がまとまらなくなることも。
　5班へ…2年生が1年生や他の2年生に圧力をかければ、投票結果を変えることも。

- 1 -

資料4　連携による授業案

241

④班＝2年生のクジ引き
　クジ引きで決めればみんな平等なのでいい。さらに、2年生の中のやりたい人だけでクジ引きをすればいい。
1班へ…2年生の話し合いがまとまらないことにも。
2班へ…部員の意見が届かないことにも。顧問の先生が決められないから話し合いになったのだから、顧問の先生は決められないと思う。
3班へ…今後の責任がもてない。部長になりたくない人が当たってしまうことにも。
5班へ…投票数が少ない人が傷つく。なりたくない人にも。優しい人に投票したりして、「甘え」てしまうことにも。

⑤班＝部員全員の投票
　サッカーはチームプレーなのでみんなで話し合って、部員全員がキャプテンと認める人が決まるべき。
1班へ…不平等になったり、まとまらないことにも。
2班へ…不平等だったり、現に、顧問の先生が決められないから話し合っているのだから、だれを部長にするのかについてまとまらないから困ることにも。
3班へ…卒業してしまう3年生は責任がもてない。
4班へ…運のいい引っ込み思案な（頼りない）人がキャプテンになるかも。

決定した解決策は

その理由は

⑤ワークシート3-2

平成23年7月6日（水）

「ルールをつくってみよう」学習資料NO4-2　　　7日（木）3校時↑

3年 2組　　　班　　番 氏名

自分の立場は

自分たちの班で主張する内容は

各班の立場の主張と他の班の問題点の主張
①班＝2年生のクジ引き
　　クジ引きで決めればみんな平等なのでいい。さらに、部長はだれでもいいのならクジ引きで十分。
　2班へ…2年生の意見が反映されない（生かされない）のは平等でないことにも。
　3班へ…顧問の先生が決められないから、今話し合っているのだからこの選択肢はないと思う。
　4班へ…人気投票になってしまうことも。
　5班へ…1年生の意見が生かされない。

②班＝3年生の指名
　　部長にだれが最もふさわしいかを、一緒に練習をして指導して見ているから決められる。
　1班へ…やる気のない人を選んでしまうことも。
　3班へ…顧問の先生が決められないのだから、おかしい。
　4班へ…全員がふざけて投票する危険性も。
　5班へ…いろいろもめて結局決まらないことも。

③班＝顧問の先生の指名
　　これまでも顧問の先生の指名だったので、どの生徒がいいか一番分かる。責任感のある人を決めることができる。
　1班へ…先輩に頼るのはおかしい。
　2班へ…？
　4班へ…？
　5班へ…？

資料4　連携による授業案

243

④班＝部員全員の投票
　　部員全員の投票で決めた方が、みんな1票入れるので平等だと思う。もし選ばれなくても不満はなくなると思うから。
1班へ…ふさわしくない人が選ばれることも。
2班へ…先輩の前ではいい顔をしている人が選ばれることも。
3班へ…これで顧問の先生にもう一度では、時間の無駄。
5班へ…なかなか決まらないのでは。

⑤班＝2年生の話し合い
　　2年生のみんなが同級生ということで、意見が気楽に聞けるのでいい。
1班へ…やりたくない人が決められることにも。
2班へ…3年生に嫌われている人は選ばれない。
3班へ…顧問の先生が信用されていないとダメ。
4班へ…時間がかかる。もし、1年生に1票入ると困ることにも。

決定した解決策は

その理由は

(3) お茶の水女子大学附属中学校
①学習計画

3年　社会科　学習指導案

1　単元名　　　　社会的存在としての人間
　　　　　「避難施設の建設に関する公聴会を開こう～税金は誰が負担すべき？～」
2　単元の学習目標
　　避難施設建設にともなう税の負担方法に関する架空の公聴会での対立を題材に、税の配分方法について公正の観点に基づいて考え、合意を導き出すための配分案を提示することができる。また、話し合いを通じて個人が社会集団の一員であるという自覚を高め、よりよい社会を形成しようとする態度を養う。
3　学習の展開（2時間構成）
（1）第一時（平成23年6月14日）

	主な学習内容と活動	教師の支援、指導上の工夫・配慮
導入 (5)	○本時の活動の内容について知る。	○教員より授業趣旨の説明及び、弁護士の方々より自己紹介を行う。
展開① (10)	○社会の中における対立から合意を導くために、公正の視点に基づいて考えることが有効であることを理解する。	○教員より身近な例を引用して公正についての考え方を説明する（部活動でのレギュラーを誰にするか等）。 ○教員より避難施設の建設の例をもとに、どのように税負担の配分を考えれば公正と言えるか考えさせる。
展開② (30)	○各自資料の読み合わせを行う。 ○4人ずつ8つのグループに分かれてそれぞれの立場でどのように負担を分配すれば公正になるか考える。 ○グループ内で次の4つの役割に分かれる。（司会、書記、発表者、質問に対する回答者兼偵察役） ○偵察役は他グループの様子を観察し、自グループに議論の途中経過を伝える。	（教員） ○資料No.1、2を配布する。 ○クラスを4人ずつ8つのグループに分ける。 （弁護士） ○机間巡視しながら公正に物事を考えるために大切にすべき観点を提示する。 （教員） ○偵察役に指示を出し、他グループの議論の様子を観察するよう伝える。特に対立する立場のグループの意見を重点的に観察するよう指示する。
まとめ (5)	○公正の考え方について確認する。	（教員・弁護士よりそれぞれ） ○本時を振り返り、ここまでの話し合いを評価し、公正とは何かもう一度確認する。

（2）第二時（平成23年6月21日）

	主な学習内容と活動	教師の支援、指導上の工夫・配慮
導入 (5)	○税金の公正に配分する時に大切な観点を再確認する。	○前時の話し合いの内容や公正に考える上での観点を振り返りながら、グループの最終案をまとめるよう指示する。

展開①(20)	○公正の考え方に基づいてグループごとに税金の配分案とそのように考えた理由を画用紙に記入する（書記役を中心に）。完成した班から黒板に掲示する。	○弁護士・教員は机間巡視をしながら、公正の考え方に基づいて配分案がまとめられているか支援する。対立する立場に対する質問のポイントに気付かせる。
展開②・まとめ(15)	○グループごとに発表者が税金の配分案とその理由を発表する。 ○他のグループへの質問を行う。 ○弁護士の解説を聴きながら、公正に対する認識を深めるとともに、自分たちの班の意見を公正の観点から捉え直す。また、他の班の意見を評価する。	○教員より、質問が無ければ、偵察役の生徒に様子を聴きながら、どのように班の議論に生かせたか尋ねる。 ○各班の発表・質疑応答を受けて、弁護士による解説及び講評を行う（班の案にどのように公正の観点が生かせているか、公正を第一に考えた場合、どの班の意見がより適切か）。

4．単元の評価
①個人が社会集団の一員として、他者と共に社会生活を営んでいることを自覚するとともに、よりよい社会生活のあり方について考えている。【関心・意欲】
②税の負担をめぐる対立において、必要、能力、適格性などの観点を用いながら、公正に負担を分配する意義について考え、適切に判断することができる。【思考・判断】
③避難施設建設に関係する人々の利害を考慮しながら、自分なりの意見を構築し、表現することができる。【技能・表現】
④公正の考え方が社会の中における対立を解決するのに有効であることを理解している。【知識・理解】

②配付資料

公民資料 No.1　　　　　　月　　日　3年　　組　　番　氏名

避難施設の建設に関する公聴会を開こう①
～税金は誰が負担すべき？～

> 町役場のホールは、ほぼ満員です。町議会は新しい法律案について、一般の人々の意見を聞く公聴会を開催しているのです。熱心な議論になることが予想されました。
> 太平洋沿岸にある関東地方のX町では、東日本大震災を教訓にして、X町の高台に避難施設を建築することとなりました。避難施設は、約1万人が避難可能な避難スペースのほか、自家発電機、簡易医療施設があり、1万人分の毛布、1万人が一週間飲食できる非常食等も備蓄する、大規模なもので、避難施設の総工費は30億円になります。
> これほどの施設ですので、X町の通常の収入ではとても費用をまかなうことはできません。そこで、X町では、特別にこの避難施設の建設と運営のために、新たに税金を徴収することにしました。ただ、問題はどのように税金の負担を割りふるかです。この問題について議論する前に、町役場からは次のような説明がありました。

【町役場の職員による説明】
> 「わが町は人口4万人で、沿岸に近い方から「海通り」「山の手」の二つの地域に分かれており、二つの地区の人口はそれぞれ2万人です。両地区は、所得分布も同じです。また、避難施設は津波による被害がないと思われる「山の手」に建築されます。災害時には高齢の方や身体の不自由な方も避難生活ができるよう、車いす用のスロープや多目的トイレの設置など、バリアフリー設計にする必要があります。また、建設後は「山の手」の地域の方に、避難施設の草取りや掃除、備蓄品の確認などの施設管理の仕事をお願いする予定です。
> 本日は、税負担をどのようにするかをご議論いただくわけですが、その前提となるデータを以下の表にてお示しします。」

(資料) X町の人口・世帯数及び所得分布

人口	40,000人
世帯数	10,000世帯

所得分布	
年　400万円	6,000世帯
年　800万円	3,000世帯
年1200万円	1,000世帯

資料4　連携による授業案

公民資料 No.2　　　　　　　月　日　**3年**　組　番　氏名

避難施設の建設に関する公聴会を開こう②

町役場からの説明のあと、何人かの住民が税の負担の配分方法について発言しました。

＜Ａさん（女性）＞　公務員　所得　４００万円　「山の手」居住

Ａさん　山の手
公務員　所得400万円

> わたしは夫と2人家族です。わたしは勤めに出ていますが、夫は専業主夫をしております。今は二人とも元気ですが、将来が不安ですので、ぜひ避難施設は作ってほしいと思います。バリアフリー設計も必要だと思います。ただ、わたしどもは所得が限られていますので、なるべく少ない税負担にしていただきたいと思います。

＜Ｂさん（男性）＞　サラリーマン　所得　４００万円　「山の手」居住

Ｂさん　山の手
サラリーマン　所得400万円

> わたしの家は、妻と2人の子ども、義理の父母の6人家族です。避難施設の建設には賛成ですが、養う家族が多いですし、年老いた義理の両親もおります。現在の収入では、6人で生活するだけでもぎりぎりの状態です。さらに大きい税負担をかけられますと、避難施設が作られたとしても生活することはできません。ぜひ所得の低い家庭への配慮をお願いします。

＜Ｃさん（男性）＞　サラリーマン　所得　４００万円　「海通り」居住

サラリーマン　所得400万円
Ｃさん　海通り

> わたしは娘と2人で生活をしています。津波の被害が心配される「海通り」に住んでいるので、ぜひ避難施設を建設してもらいたいです。ただ、「山の手」に住む人の方が避難施設までの距離が近く利用しやすいので、「山の手」のみなさんが多く税金を負担すべきだと思います。

＜Ｄさん（女性）＞　自営業（小売店）　所得　４００万円　「海通り」居住
（※避難施設の非常食等の注文を請け負う可能性がある）

Ｄさん　海通り
自営業　所得400万円

> わたしの家には3人の子どもと実の母が同居しており、5人で生活しています。所得も決して多いとは言えず、これ以上の負担は正直いってつらいです。かといって「海通り」から転居する費用もなく、何とか避難施設は建設してほしいのですが。

＜Eさん（女性）＞　会社員　所得１２００万円　「山の手」居住

わたしは関西から単身赴任中です。何かあった場合、頼りにする人が誰もいないので、避難施設はぜひ作ってほしいです。ただ、わたしはずっとこの町に住み続けるわけではありません。建設費用30億円をこの町の人口で割ると、一人あたりの負担は7万5000円になりそうですが、わたしにとって、使うか使わないか分からないのにこの額は大き過ぎます。

＜Fさん（男性）＞自営（建築会社）　所得１２００万円　「山の手」居住
（※　避難施設の建築を一部請け負う可能性がある）

わたしたちは、妻、2人の子ども、義理の父の5人で暮らしています。経営はおかげさまで安定しておりますが、家族が多いのでこれ以上の負担は正直言って困ります。津波の心配が少ない「山の手」に住んでいますので、使用する可能性がより高い「海通り」に住んでいる人たちの方が多く負担をした方がいいのではと思います。

＜Gさん（女性）＞　自営（ファッション関係）　所得１２００万円　「海通り」居住

わたしは母親と2人家族です。頼りにする家族が少なく、また、津波の心配のある「海通り」に住んでいることもあり、避難施設はぜひ作ってほしいのですが、「海通り」に住んでいる人が多く負担するべきという意見には反対です。この町の住民はみんな使用する可能性があるわけですので、全員で公平に負担すべきだと思います。

＜Hさん（男性）＞　漁師　所得１２００万円　「海通り」

わたしは4人の子ども、妻、自分の父親と母親の8人で暮らしています。家族の人数が多く、これ以上負担が増えると暮らしていくのは本当に大変です。「海通り」に住んでいますので、地震が起きた場合の避難施設はぜひとも作っていただきたいのですが、かといって家族が多い家庭により大きな負担がかかってしまうのは納得できません。何とか家族の人数も考慮して負担を考えてもらえないでしょうか。

公聴会で発言したAさんからHさんまでの8人全員は、避難施設はぜひとも必要であり、そのために税の負担が増えることについては納得しています。ただし、家庭によってそれぞれの事情は異なっており、その事情に応じて公平に負担することを望んでいます。どのように解決すれば税の負担方法が「公平」といえるでしょうか。考えてみましょう。

メモ欄

(4) 美浦村立美浦中学校

・学習計画

第3学年A組　社会科学習指導案

指導者　田組　順和
G.T　堀　賢介

1　単　元　人権と共生社会

2　目　標
○社会的に弱い立場の人が差別されず、共に生きていける社会を実現するために自分たちに何ができるか話し合い、考えようとしている。
（社会的事象への関心・意欲・態度）
○社会の発展に伴う新しい人権の問題や、その他の基本的人権にかかわる問題が解決されていく過程を、日本国憲法を基に考えることができる。（社会的な思考・判断）
○新聞などで身の回りにある基本的人権に関する問題を見つけ、テーマを決め、各種の資料を利用して調べ、その内容をまとめることができる。（資料活用の技能・表現）
○日本国憲法の基本原則を具体的な生活とのかかわりから理解し、自由・権利と責任・義務の関係を社会的生活の基本として広い視野から正しく認識し、その知識を身につけることができる。（社会事象についての知識・理解）

3　指導にあたって
　本単元は、日本国憲法が保障している基本的人権の内容を学習することを通して、人権についての理解を深めるとともに、人権を尊重していこうとする意欲や態度を養うことをねらいとしている。これらは、民主的社会の根底をなすものであり、これからの社会生活を営んでいくうえで重要な生き方の指針となるものであると考える。
　生徒たちは意欲的に授業に取り組み、与えられた課題などもしっかりとこなす。その反面、自分の考えを伝えたり、資料などからじっくり考えて発言したりすることに苦手意識を持っている生徒も多い。また、一般的に、中学生になると自己の権利意識は高く、生徒によっては、自己中心的な言動も見られ、他者の権利に対することに意識がやや低い。
　そこで、生徒にとっても非常に身近なものである人権について、「それはどういうことなのか。」「はたしてそれでよいのだろうか。」ということをじっくり考えさせ話し合わせ、一人一人の考えを深めさせる。人権が保障された社会を実現していくために、私たちがどのような努力をしていくことが大切かを考えさせていきたい。
　本時は、「平等」について考えさせる。知識として生徒が持っている「平等」は、物や義務を分け合う場合、誰もが同じという形式的な平等である。そこで、累進課税のしくみや電車の運賃（おとな、こども）などを通して実質的な平等があることにも気付かせる。「平等」を判断する基準を話し合うことで、「平等」の本当の意味である何かを配分する時どうすることが正しいのかについて考えさせ、日常生活の判断基準に生かせるようにしたい。

4　学習計画（8時間扱い）

次	時	主　な　学　習　活　動	評　価　規　準　＜方法＞
1	2	・具体例を通しさまざまな差別があることや差別をなくすためにどのような努力が行われているか知る。	さまざまな差別が残っていることを知り、差別をなくすためにどんな努力が行われているか理解している。（知識・理解）＜ノート・ワークシート＞
2	2	・私たちが自由に行動するためにどのようなことが保障されているか具体例を通して理解する。 ・社会権にはどのようなものがあり、それらがなぜ重要なのか具体例を通して考える。	現実の社会で自由権をめぐって起きている様々な問題に関心を持ち、学習しようとしている。（関心・意欲　思考・判断）＜ノート＞ 身近な生活の中で憲法の精神が具体化されている例に気付き、公正に判断しようとしている。（思考・判断）＜発表　ノート＞
3	3	・公共の福祉による自由権の制約は、どの程度まで許されるのか事例を通して考える。 ・さまざまな新しい人権についてその理由に気付きまとめる。 ・国際的な人権保障の重要性を具体的な事例を通して理解する。	権利と義務の関係について考え、公共の福祉による自由権の制約について考えている。（関心・意欲　思考・判断）＜ノート＞ 新しい人権について資料などを活用しまとめている。（技能・表現）＜ノート＞ 人権尊重を国際的に広げていくために、どのような努力が行われているのか理解している。（知識・理解）＜ノート　ワークシート＞
②本時		・平等の判断基準について、話し合うことで、平等の意味について考える。	平等の判断基準を自分なりに考え、話し合うことで平等の意味について考えている。（思考・判断）＜発表　ノート＞

5 本時の指導
(1) 目 標
　平等の判断基準を話し合うことで,平等の意味について考えることができる。
　　　　　　　　　　　　　　　　　　　　　　　　　　　　　　(思考・判断)
(2) 研究テーマ(共に学び合い,共に支え合い,共に高め合う授業)に迫るために
　・イメージマップを作成することで,自分の考えを持たせるとともに,実質的な平等を提示することで考えを揺さぶりたい。
　・具体的な事例の仲間わけを通して,友達と自分の考えとの違いや共通点を比較するように働きかけ,多面的に「平等」について考えさせたい。
(3) 準備・資料
　・ワークシート　・資料集　・カード
(4) 展　開　　　　　　　　　(※　研究テーマに迫るための働きかけ) 評 評価

学習内容及び活動	形態	教師の指導と評価 ○教師の支援・留意点　●個への対応
1　本時の学習課題をつかむ。 　　平等について考えよう	一斉	○憲法14条の「法の下に平等」について確認する。
2　平等について,自分の考えを確認する。	個別	※形式的な平等の例を具体的な例を出させることによって,本時の学習に興味を持たせていきたい。
3　実質的な平等について考える。 　・累進課税制度	一斉	○具体的な事例をあげることで,日常生活には本質的な平等だけでなく,実質的な平等もあることに気づかせたい。
4　具体的な事例を仲間分けし,その判断基準を考える。 　・野球選手の年俸の違い 　・シニア料金 　・子ども手当 　・自転車通学の許可 　・騎手の条件 　・米軍基地の補助金　など	グループ	※どのような視点で仲間分けしたか,そのタイトルを話し合わせることで判断基準について考えさせたい。 ●話し合いに参加できていない生徒に対しては,グループの友達の意見をよく聞かせるとともに,その子に説明するよう助言する。
5　平等について考える。 (1) 仲間分けの仕方やその判断基準について話し合う。 (2) 話し合いを通して感じたことをまとめ発表する。	一斉	○仲間分けの方法やタイトルについてその理由や根拠をもとに話し合わせることで,判断基準を明確にしていきたい。 ※生徒の多様な考えをもとに話し合いができるよう意図的に指名する。 ※友達の考えを,ほかの子に説明させることにより話し合いを全体に広げていきたい。
6　弁護士から話し合いの結果をふまえ,感想や助言をいただく。 　　G.T 弁護士　堀　賢介	一斉	○平等の判断基準には,一般的には,必要性,能力,適格性があることを伝える。 ○形式的,機械的に扱うことが不公平で正しくないこともあることに気づかせたい。
	個別	評　平等の意味について考えることができたか。　　　(発表ノート)
7　本時の学習を振り返る。		○これから生活していくうえでの判断基準として生かせるよう意識させたい。

資料編

252

(5) つくば市立並木中学校
①学習計画

平成 23 年 7 月 8 日（金）早川

(1) 学習範囲

「中学校における配分的正義に関する授業」…総合的な学習の時間を活用しての法教育実践

(2) 本時のねらい（2時間構成）

○ 法の基礎的な原理としての「正義」や「公正」への関心を高めるため、「配分的正義」を切り口にその一つの概念である「公平」について、具体的な事例（義援金の配分）をもとに議論し理解を深める。

○ 「公平」な「配分」について考える際には、「必要性」「能力」「適格性」の3つの判断基準を使うことで、より多面的なものの見方や考え方を養う。

(3) 展開

第1時：「公平について考える」

	学習内容	学習活動・内容	学習指導上の留意点及び評価
導入	授業の目的	・授業の目的について理解する ・弁護士の先生とのコミュニケーションを図るため、イメージや質問などのやりとりをする	・自己紹介を兼ねて、弁護士の仕事について具体的に話す ・様々な質問に対して、机間を回りながら適宜答えていく
展開	不公平な問題	・事前に行ったアンケートから、生徒が不公平な問題であると考える事例について、意見を発表する ・考える手立てである3観点「必要性」「能力」「適格性」について、一つずつ事例をもとに検討し、意見を発表する ・"子どもの選挙権について"、「公平」かどうかをグループで議論し、考えを発表する ・その際は、3観点を意識して議論し考えをまとめる ・弁護士の先生から3観点についての講義を受ける 公平についての3観点は、どのような場面で応用できそうか	・生徒に公平について考えさせるために、身近な事例を挙げさせる ・予めとったアンケートの結果を、プレゼンテーションソフトを使ってスクリーンに映す ・「必要性」については、節電義務化の除外規定、「能力」については、リレーの選手決め、「適格性」については、部活動の予算配分の各事例をもとに議論し考えを発表させる ・公平について考えるときに、「必要性」「能力」「適格性」を使うと分析しやすくなることを伝える
まとめ	次回の予告	・次回議論する内容についての具体的なイメージをつくる	・資料を配付し、議論する内容について説明する

第2時：「義援金の公平な配分について考える」

	学習内容	学習活動・内容	学習指導上の留意点及び評価
導入	授業の目的	・弁護士の先生から場面設定の説明を受ける	・議論する際の注意として、3観点を常に意識するようにさせる
展開	義援金の公平な配分とは	・提示された条件をもとに、義援金の配分についてグループで議論する（ワークシートに議論した内容を記入する） ・前時に学習した3観点を含んでいることを確認する 義援金の配分基準を決めてみよう ・その基準に基づいてそれぞれの金額を設定する ・各グループで決定した基準と金額を発表する グループで話し合った義援金の配分を発表しよう	・グループ毎に役割を決めさせて議論が進行するように配慮する ・3観点を板書し、常に意識させる ・各グループを回って議論の援助をする ・生徒の発表の際に要旨を板書し、他グループとの比較がしやすいよう配慮する
まとめ	公平とは	・他グループの発表を聞いて、参考になった点や気になる点について発表する ・実際の配分基準について、石巻市を事例に自分たちの基準と比較する ・「公平な配分」とはどういう配分なのかを、各グループの考えをもとにさらに考える	・配分的正義については、絶対の正解はないことを説明する ・実際の基準を Web 情報で説明し、生徒の基準との差を確認させる ・日常の場面においても公平概念を応用できることを説明する

pg. 1

資料 4　連携による授業案

②ワークシート

平成23年7月8日（金）早川

ワークシート【その1】
「公平」かどうかについて議論しよう・・・アンケートの結果から

子どもに選挙権がないのはなぜ？

Work1．上の事例は公平なのか不公平なのか，グループで議論しよう！

Work2．なぜそう思うのかを議論しよう！

Work3．3観点を使って理由の分析をしてみよう！

「必要性」「能力」「適格性」の3観点を使おう！

平成 23 年 7 月 8 日（金）早川

ワークシート【その2】

義援金を公平に配分しよう

Work1．義援金配分についての条件を見てみよう

| Aさん家族 | Bさん家族 | Cさん家族 |

家族構成	夫（会社員,30才） 妻（公務員,27才）の2人家族	家族構成	夫（塗装工,34才） 妻（専業主婦,32才）長女（14才中学生）長男（8才小学生）の4人家族	家族構成	夫（無職,70才）妻（無職,75才）長女（会社員,40才）の3人家族
被害の程度	自宅（時価2000万円）が一部壊れた。住むことはできるものの、半分の価値になってしまった。	被害の程度	自宅（時価600万円）、自動車（時価10万円、新車時価300万円）など、財産の大半が津波で流された。夫の仕事の再開のめどは立っていない。	被害の程度	家やその他の財産は被害に遭わなかったものの、夫の勤務先の会社が震災の影響で倒産し、職を失った。
資産の状況	収入の夫婦合わせて700万円 財産：自宅（1000万円）、貯金200万円 借金：住宅ローン1500万円（一年前に家を建てたばかり）	資産の状況	収入の夫婦合わせて500万円+40万円 財産：貯金500万円 借金：なし	資産の状況	収入の夫婦合わせて800万円+30万円 財産：自宅（時価3000万円）、土地（400万円）、貯金なし 借金：なし
復興への取り組み等	夫婦で地元のサッカークラブ再建のため熱心に活動している。	復興への取り組み等	仮設住宅へ入居した。	復興への取り組み等	所有している土地（1450㎡）を仮設住宅の建設のために無償で貸している。

「必要性」「能力」「適格性」の3観点を使って考えよう！

Work2．義援金の配分基準は・・・配分金額は1000万円、その他の条件はありません

条件①

条件②

条件③

Work3．各家庭への配分金額は？

Aさん家族：

Bさん家族：

Cさん家族：

pg. 3

資料4　連携による授業案

(6) 栃木県立石橋高等学校
①学習計画

公平公正と正義について考える

1. 授業の目的
   ① 「現代社会」の学習指導要領目標他の項目に基づき、「主体的に考察し公正に判断する」力を付けさせる。
   ② 裁判員制度の導入にも対応できる法理解を促す。
   ③ 様々な情報を多角的、複眼的に思考できる深い思考力を涵養する

2. 授業の位置
   使用教科書　第一学習社　高等学校改訂版　現代社会　183 第一現社 026
   補助教材　　第一学習社　本質が見えてくる　最新現代社会資料集２０１１

   第1編　現代に生きる私たちの課題
   　①地球環境問題　　　　　　　②資源・エネルギー問題
   　③科学技術の発達と一人ひとりの生命　④私たちの生活や芸術
   　⑤豊かな生活と福祉社会

   第2編　現代の社会と人間としてのあり方生き方
   　第1章　現代社会の特質と社会生活の変化　…　本時
   　　①大衆社会　　②少子高齢社会　　③高度情報社会　　④国際化

3. 授業の日時等
   実施予定日　平成２３年６月２０日（月）　第５・６校時（連続２時間）
   対象クラス　1年4組（HR教室）

4. 授業展開
   5時間目【講義形式】
   　3つの正義について、違いを考える。「配分的正義」「手続的正義」「矯正的正義」
   　＊＊　具体的な事例をもとに、正義の場合分けについて学ぶ

   6時間目
   　公平・公正と正義について考える。（配分的正義に関する事例）

   　　良い題材があれば、ご教示いただきたい。
   　　　考えるポイントのあるもの、討論しやすいもの
   　　　興味を持つもの、あまり簡単でないもの

【題材】(案)
エネルギーの分配
○ 計画停電が23区で実施されない。娯楽施設でも深夜まで電気を使用。病院のエレベーターも止まっているのに……

賞金の分配
○ 宝くじを共同で購入し、1等に当選。しかし出資金が違った場合
　Aさん3口、Bさん5口、Cさん1口、当選金の分配は？？

名誉の分配
○ 3年間部活動に参加し一度も休まなかったのに、下級生に背番号が渡った。親が激怒して苦情を言いに来た。誰に背番号を渡すべきか。

財の分配（広さの違うコップに、高さがいろいろの飲み物を順番に選ぶ）
○ いろいろな容器に入れられた飲み物。小さな子供から順番に選ばせてあげます。でも飲み物を注ぐのは一番上の兄です。本当に正しい分け方なのかもう飲み物は残っていません。（手続き的には正義？）

　　兄(小5)、いとこ、姉、いとこ、本人、弟(5)の6人で1リットルの飲み物を分けます。親戚の家なので、同じ大きさのコップがそろいません。ガラスコップも、陶器のもあります。小さな子から順に選べます。

5　課題
　裁判員制度の理解や助けにつながるような思考をさせたい

　公平・公正と正義を学ぶことを、「現代社会」の学習の中に生かしたい。

　事前に前振り的な授業は必要ないのか。

　私がよく分かっていない。

　「正義」を教える場合、「差別」「人権」などの教育に偏りがちであるが、概念的・感覚的ではなく、法的、社会的に思考させたい。

　裁判や有罪・無罪の判決といった知らない世界を肌で感じるものにしたい。

　この授業が、どのような学習につながっていくのかの道筋が見えるものにしたい。

【6時間目】 授業 … 公平・公正と正義について考える。

	生徒の学習活動	指導上の留意点
導入	正義の概念について確認する 公平・公正についての考えを発表する	前時の講義内容をふまえて、生徒に発問する 事前アンケートをもとに発問する
展開	①分配的正義に関する題材について考える ・グループに分かれる。 ・ワークシートに基づいて話し合う。 ②それぞれの班ごとに発表する ③判断の基準になった根拠について討論する	題材となる内容について、黒板に掲示する 机間巡視し、適切にアドバイスする 積極的な議論となるよう、発言を促す
まとめ	何がわかったか	アンケートを実施する
評価	①正義について深く考えられたか。 ②公平・公正について、基準の違いに気付いたか。 ③法の支配について考えられたか。	アンケートを実施する

公平・公正・正義についてのアンケート

1 あなたは、次の言葉を聞いて、どんなイメージを持ちますか。
　①「公平」

　②「公正」

　③「正義」

2 日常生活のなかで、不公平とか正義に反すると思った事例はありますか。

3 あなたが裁判員に選ばれたら、どうしたいですか。

　　　　　　　　　<u>１年　　組　ペンネーム　　　　　　　　</u>

②配付資料

部活動の予算配分

　A高校では，高校生に公正・公平を考えてもらうために，部活動の予算額自体は学校側で総額を決するものの，具体的な予算の配分については，部の代表者で構成する「部活動委員会」に具体的な配分が任されています。

【事例1】
　A高校には5つの部活があります。
　部活のデータは以下のとおりです。昨年度の予算の総額は，150万円で部活動委員会により以下のように分配がされました。
　今年度は，予算が増えて200万円を分配することになります。

部活動名	部員数	昨年の予算	今年の要求額	予算額
サッカー部	部員63名	40万円	50万円	？
アメフト部	部員41名	40万円	60万円	？
バレー部	部員19名	30万円	50万円	？
茶道部	部員20名	30万円	50万円	？
山岳部	部員9名	10万円	40万円	？

〈課題1〉
　あなたは，部活動委員会のメンバーとして，部活ごとの言い分と，今年度の要求額を参考にして，ワークシート（1）に具体的な予算の配分表を作ってください。
　そこでは，どんな事情を考慮したのか。配分にあたり何を基準にしたのかをあわせて書き入れてください。

〈課題2〉
　グループで話し合いをして，グループで意見を集約して，1つのワークシート（2）を完成させてください。

●各部員の言い分●
【サッカー部】
「　地区大会で3位におわった。予算不足であまり遠征ができず，悔やまれる。サッカー部では，予算ではとても間に合わず，1ヶ月に1人5,000円の部費を徴収している。一番人数が多い部活だから，予算を一杯もらえるのは当たり前だし，部費の徴収の負担を減らすために，今年度は50万円を要求したい。

1

アメフト部は、人数の割に多くの予算を持って行くが、ここ3年は3回戦以上行ったことがない。成績も予算に考慮するべきだ。」
【アメフト部】
「　地区大会では3回戦敗退におわった。ところで，ヘルメットとショルダーパッド（上半身の防具）が2セットなくなってしまった。これらがないとそもそも危なくて練習もできない。部員の安全性に関わることなので、優先して予算の手当をお願いしたい。今年は60万円を要求するつもりだ。
　茶道部の合宿は、必要ないのではないか。どこにいても京都にいるような心で活動することこそ、「わびさび」の心に合致するのではないか。」
【バレーボール部】
「　地区大会で優勝したので、全国大会に出場する。全国大会に行くのは我が部だけである。学校、県の代表なのでユニフォームを新調したい。また全国大会は札幌なので、遠征費がすごくかかる。予算は、50万円をお願いしたい。ちなみにチームは、超高校級とマスコミに騒がれている。
　アメフト部の道具は2年前に買った新しい物なのに、前回の大会の時会場に置き忘れて紛失してしまった。予算を要求するのはおかしい。部費を集めて買うべきではないのか。」
【茶道部】
「　茶道部は今年創部50年と、部の中で一番伝統のある部である。毎年、「わびさび」の心を知るため、京都合宿と茶会の予算を何年も申請しているが通ったことがない。今年は50年目の節目の年なのでOB・OGを呼んで京都合宿と茶会をなんとか実現させたい。今年はぜひとも予算50万円をお願いしたい。
　サッカー部は、成績と言っているが、茶道には競い合うという精神は相容れない。成績は予算には反映させるべきでないのではないか。京都でお茶会をやることは十分な意味がある。バレーボール部のような見栄で言っているわけではない。」
【山岳部】
「山の装備はすごくお金がかかる。装備が整わず本格的な登山に行ったことはない。本格的な登山ができない山岳部は魅力を欠き、部員が集まらず廃部の危機にある。しかし今年は、「岳」の映画にも影響され、新入部員も入ってくることが予想される。山岳部存続がかかっているので、なんとか40万円をお願いしたい。
　他の部活は最低限、活動ができる状態にある。しかし、山岳部はまだ最低限の活動ができる状態にない。他の部活は平均の上の上積みを要求しているのに対して、我が部活は平均に持ち上げるために予算が必要である。」

2

【事例2】
　実は、部活動委員会には、規則があり、昨年の部活動委員会のメンバーは以下のように構成されています。

部活動委員会運営規則

第1条　部活動を行っている部員は，部活動委員会のメンバーになることができる。
第2条　①部活動委員会のメンバーは，各部ごとに部員の選挙によって選出する。
　　　　②各部において部員10名に対して，メンバーの定数を1名とする。
　　　　③部に所属する部員はメンバーの選挙において1人1票を有する。
第3条　部活動委員会のメンバーは，部活動を行う全生徒を代表する。
第4条　部活動委員会は，各部活動の予算について，審議し決定するものとする。
第5条　予算の決定は，部活動委員会のメンバーの多数決による。

部活	部員数	部活動委員会メンバー
サッカー部	部員63名	定数6
アメフト	部員41名	定数4
バレーボール部	部員19名	定数1
茶道部	部員20名	定数2
山岳部	部員 9名	定数0

〈課題1〉
(1)　部活動委員会のメンバーの選び方について，次の点を検討してワークシート(3)に書き入れてください。
　①　公平である点と不公平である点
　②　あなたの検討した予算はこの委員の配分で実現できそうですか。

(2)　茶道部は，部員20名で2名の代表者を選出できますが，バレー部は部員19名でも1名の代表者しか選出できません。つまり，茶道部は10票で1人の代表を選出できますが，バレー部は19票で1名の代表を選出することができることになります。バレー部の部員の1票の価値を1とすると，茶道部の部員の1票の価値は1.9倍となります。逆に，茶道部の部員の1票の価値を1とすると，バレー部の部員の1票の価値は0.52に

過ぎないことになります。
　そこで、次の点について、検討してワークシート（3）に書き入れてください。
① このようなことは、何に原因があると言えますか。
② 1人1票という点では、公平ですがはたして良いでしょうか。

〈課題2〉
　昨年度の予算は、山岳部は代表を出せず、サッカー部は代表を6人も出せる状況で決まったものでした。
　今年度のメンバーの選挙の前に山岳部がどうしても予算を取得したいとの思いから、代表を出せないのはおかしいとの意見を委員会に提出しました。これが原因で、代表のあり方について議論が生じています。
　なかなか議論がまとまらないところ校長先生から次の指摘がありました。
☆校長先生
「部活動委員会のメンバーは、部活を行う部員全員の代表なのだから、どの部活から誰が代表になってもいいのではないか。要は、メンバーが、各部の利益を超えて、部活をする部員全員の利益のために働けばいいのではないか。代表者がもっと全体の利益を考えて行動すべきだ。自分の部の利益のみ反映させることが目的なら予算はいくらあっても足りない。」

　一方で、生徒会担当教諭からは、次の指摘がありました。
★生徒会担当教諭
「部の利益と離れて、部活動委員会が存在しても意味がないのではないか。この際だから、人数にかかわらず、すべての部活から少なくとも1人の代表者を出させて意見を委員会で言う機会を作るべきではないか。結果として人数の多いところが、複数の代表を出して、委員会で意見が反映されることは、当然なのではないか。一方で、部活の代表者が部員全員のために働くのは、難しいのではないかな」

（問）　2つの意見に対して、あなたはどのように思いますか。あなた自身は、代表はどうあるべきだと思いますか。検討してワークシート（4）に書き入れてください。

資料5　参考文献、主な教材

書籍　　著者・編者『書籍名』（出版社、発行年月日）
① 江口勇治『わたしたちと法』（現代人文社、2001.5.31）
② 関東弁護士連合会『法教育——21世紀を生きる子どもたちのために』（現代人文社、2002.9.27）
③ 江口勇治『世界の法教育』（現代人文社、2003.10.30）
④ 全国法教育ネットワーク『法教育の可能性——学校教育における理論と実践』（現代人文社、2003.12.1）
⑤ 大村敦志『父と娘の法入門』（岩波書店、2005.10.25）
⑥ 法教育委員会『はじめての法教育——我が国における法教育の普及・発展を目指して』（ぎょうせい、2005.3.31）
⑦ 法教育推進協議会『はじめての法教育Q&A』（ぎょうせい、2007.3.30）
⑧ 日弁連『はじめての法教育～みんなでくらすために必要なこと』（岩崎書店、2008.3.3）
⑨ 池田賢市『法教育は何をめざすのか——「規範教育」か「主権者教育」か』（アドバンテージサーバー、2008.5.15）
⑩ 渡邊真『法教育の理論と実践』（三恵社、2008.7.1）
⑪ 大村敦志『ルールはなぜあるのだろう——スポーツから法を考える』（岩波書店、2008.12.1）
⑫ 大村敦志・土井真一『法教育のめざすもの——その実践に向けて』（商事法務、2009.5.1）
⑬ 大村敦志『「法と教育」序説』（商事法務、2010.7.15）

雑誌　　「記事名」雑誌名（出版社、発行年月日）
① 「加速する法教育」ジュリスト1353号（有斐閣、2008.4.1）
② 「特集1　進化する法教育」自由と正義 Vol.59　10月号（日本弁護士連合会、2008.10.1）
③ 「第23回司法シンポジウムの成果と到達点」自由と正義 Vol.60　3月号（日本弁護士連合会、2009.3.1）

④ 「なぜいま『法教育』か」法学セミナー 662 号（日本評論社、2010.2.1）
⑤ 「法教育と法律学の課題」ジュリスト 1404 号（有斐閣、2010.7.15）
⑥ 「特集 2　法教育――その到達点とこれからを考える」自由と正義 Vol.62　3 月号（日本弁護士連合会、2011.3.1）

教材集　　著者・編者『書籍名』（出版社、発行年月日）
① 大杉昭英『法教育実践の指導テキスト』（明治図書、2006.4.18）
② 橋本康弘・野坂佳生『法を教える　身近な題材で基礎基本を授業する』（明治図書、2006.7.1）
③ 千葉大学教育学部・附属連携研究社会科学部編著『社会が見えてくる'法'教材の開発』（明治図書、2008.2.4）
④ 鈴木啓文・江口勇治・渥美利文『法教育 Q&A ワーク中学校編』（明治図書、2008.3.1）
⑤ 江口勇治・磯山恭子『小学校の法教育を創る』（東洋館出版社、2008.5.14）
⑥ 江口勇治・磯山恭子『中学校の法教育を創る』（東洋館出版社、2008.5.30）
⑦ 東京大学法科大学院出張教室・大村敦志『ロースクール生が、出張教室。法教育への扉を叩く 9 つの授業』（商事法務、2008.11.1）
⑧ 橋本康弘『教室が白熱する"身近な問題の法学習"15 選――法的にはどうなの？　子どもの疑問と悩みに答える授業』（明治図書、2009.10.1）
⑨ 教師と弁護士でつくる法教育研究会『教室から学ぶ法教育・子どもと育む法的思考』（現代人文社、2010.3.29）
⑩ 大阪弁護士会法教育委員会・大阪府高等学校社会（地歴・公民）科研究会『法むるーむ（改訂版）』（大阪弁護士協同組合、2010.9.20）
⑪ 東京都教育庁指導部義務教育特別支援教育指導課『「法」に関する教育カリキュラム』（2011.3）

◎関東弁護士会連合会平成 23 年度シンポジウム委員会委員
(五十音順、太字は本書執筆者、下線は本書編集委員)

東京弁護士会	桒原周成、永井妥衣子、中島健、昼間由真、<u>渡邉貴</u>
第一東京弁護士会	<u>木元哲朗</u>、塩谷崇之、**新保雄司**、鈴木啓文、<u>伊達有希子</u>
	松尾紀良、吉井久美子、吉田幸加
第二東京弁護士会	<u>**関哉直人**</u>、高橋尚子、鳥生尚美、佐藤裕、山田一誠
横浜弁護士会	佐藤鉄平、佐藤裕、山田一誠
埼玉弁護士会	出井宏幸、**中野仁**
千葉県弁護士会	浦崎寛泰、鈴木大祐、<u>南川麻由子</u>
茨城県弁護士会	後藤直樹、野村貴弘、堀賢介
栃木県弁護士会	田名部哲史、中澤浩平
群馬弁護士会	都木幹仁、森田陽介
静岡県弁護士会	土屋賢太郎、牧田晃子
山梨県弁護士会	田中謙一、渡邉森矢
長野県弁護士会	青木寛文、中嶋慎治、宮下将吾
新潟県弁護士会	岩原一馬、福本浩志、村山雄亮

これからの法教育(ほうきょういく)
さらなる普及(ふきゅう)に向(む)けて

2011 年 10 月 20 日　第 1 版第 1 刷

編　者◎関東弁護士会連合会
発行人◎成澤壽信
発行所◎株式会社 現代人文社
　　　〒160-0004　東京都新宿区四谷 2-10 八ッ橋ビル 7 階
　　　振替　00130-3-52366
　　　電話　03-5379-0307（代表）
　　　FAX　03-5379-5388
　　　E-Mail　henshu@genjin.jp（代表）／hanbai@genjin.jp（販売）
　　　Web　http://www.genjin.jp
発売所◎株式会社 大学図書
印刷所◎株式会社 ミツワ
装　画◎須山奈津希
装　丁◎ Malpu Design（渡邉雄哉）

検印省略　PRINTED IN JAPAN
ISBN978-4-87798-496-0 C0037
©2011 関東弁護士会連合会

本書の一部あるいは全部を無断で複写・転載・転訳載などをすること、または磁気媒体等に入力することは、法律で認められた場合を除き、著作者および出版者の権利の侵害となりますので、これらの行為をする場合には、あらかじめ小社また編集者宛に承諾を求めてください。

1 学習指導要領に示されている「法」に関する教育にかかわる主な指導内容

(1) 各教科等における主な指導内容の一覧

小学校

教科等	第1学年	第2学年	第3学年	第4学年	第5学年	第6学年
社会科			(3) 地域の人々の健康な生活や良好な生活環境の維持と向上 (4) 地域社会の災害及び事故の防止 <内容の取扱い> ・地域の社会生活を営む上で大切な法やきまり			(2) 政治の働きと日本国憲法の基本的な考え方 <内容の取扱い> ・国会と内閣と裁判所の三権相互の関連 ・国民の司法参加
生活科	(1) 学校の施設の様子及び先生など学校生活を支えている人々や友達のことが分かり、楽しく安心して遊びや生活ができるようにするとともに、通学路の様子やその安全を守っている人々などに関心をもち、安全な登下校ができるようにする。 (4) 公共物や公共施設を利用し、身の回りにはみんなで使うものがあることやそれを支えている人々がいることなどが分かり、それらを大切にし、安全に気を付けて正しく利用することができるようにする。 (6) 身近な自然を利用したり、身近にある物を使ったりなどして、遊びや遊びに使う物を工夫してつくり、その面白さや自然の不思議さに気付き、みんなで遊びを楽しむことができるようにする。					
家庭科					D 身近な消費生活と環境 (1) 物や金銭の使い方と買物について、次の事項を指導する。 イ 身近な物の選び方、買い方を考え、適切に購入できること。	
体育科	A・B・C・E (2) きまりを守り、仲良く運動をする。 E (3) 簡単な規則を工夫する。 F (2) 運動に進んで取り組み、だれとでも仲良く踊る。		A・B・C (2) きまりを守り、仲良く運動をする。 E (3) 規則を守り、仲良く運動をする。 E (3) 規則を工夫する。 F (2) 運動に進んで取り組み、だれとでも仲良く練習や発表をする。		A (2) 助け合って運動をする。 B・C・E (2) 約束を守り助け合って運動をする。 E (3) ルールを工夫する。 F (2) 運動に進んで取り組み、互いのよさを認め合い助け合って練習や発表をする。	
道徳	4 主として集団や社会とのかかわりに関すること					
	(1) 約束やきまりを守り、みんなが使う物を大切にする。		(1) 約束や社会のきまりを守り、公徳心をもつ。		(1) 公徳心をもって法やきまりを守り、自他の権利を大切にし進んで義務を果たす。	
特別活動	<内容の取扱い> 2(1)〔学級活動〕、〔児童会活動〕及び〔クラブ活動〕 ・よりよい生活を築くために自分たちできまりをつくって守る活動などを充実するよう工夫すること					

中学校・高等学校

教科等	中学校	教科等	高等学校
社会科	〔公民的分野〕 (1) 私たちと現代社会 イ 現代社会をとらえる見方や考え方 ・社会生活における物事の決定の仕方 ・きまりの意義 ・対立と合意、効率と公正などについての理解 ・契約の重要性やそれらを守ることの意義と責任 (2) 私たちと経済 イ 国民の生活と政府の役割 ・消費者の保護 <内容の取扱い> ・消費者の自立の支援なども含めた消費者行政を取り扱うこと (3) 私たちと政治 ア 人間の尊重と日本国憲法の基本的原則 ・法の意義、法に基づく政治の大切さの理解 ・我が国の政治が日本国憲法に基づいて行われていることの意義 イ 民主政治と政治参加 ・多数決の原理とその運用の在り方の理解 ・法に基づく公正な裁判の保障の理解 <内容の取扱い> ・裁判員制度についても触れること	公民科	〔現代社会〕 (1) 私たちの生きる社会 (2) 現代社会と人間としての在り方生き方 イ 現代の民主政治と政治参加の意義 ウ 個人の尊重と法の支配 <内容の取扱い> ・法に関する見方や考え方を身に付けさせるとともに裁判員制度についても扱うこと エ 現代の経済社会と経済活動の在り方 <内容の取扱い> ・経済活動を支える私法に関する基本的な考え方 〔倫理〕 (3) 現代と倫理 ア 現代に生きる人間の倫理 〔政治・経済〕 (1) 現代の政治 ア 民主政治の基本原理と日本国憲法 (2) 現代の経済 ア 現代経済の仕組みと特質 (3) 現代社会の諸課題 ア 現代日本の政治や経済の諸課題
音楽	<内容の取扱い> ・音楽に関する知的財産権について、必要に応じて触れるようにすること	保健体育科	C・D (2) ルールやマナーを大切にしようとすること E (2) フェアなプレイを大切にしようとすること H (1) イ スポーツのルールは、用具の改良やメディアの発達に伴い変わり続けていること
美術科	<内容の取扱い> ・美術に関する知的財産権や肖像権などについて配慮し、自己や他者の創造物等を尊重する態度の形成を図ること	芸術科	〔音楽Ⅰ・Ⅱ・Ⅲ〕<内容の取扱い> ・知的財産権などについて配慮し、著作物等を尊重する態度の形成を図るようにする。 〔美術Ⅰ・Ⅱ・Ⅲ〕<内容の取扱い> ・知的財産権や肖像権などについて配慮し、著作物等を尊重する態度の形成を図るようにする。 〔工芸Ⅰ・Ⅱ・Ⅲ〕〔書道Ⅰ・Ⅱ・Ⅲ〕<内容の取扱い> ・知的財産権などについて配慮し、自己や他者の著作物等を尊重する態度の形成を図るようにする。
保健体育科	〔体育分野〕 C・D (2) ルールやマナーを守ろうとすること (※第3学年は、ルールやマナーを大切にしようとすること) E (2) フェアなプレイを守ろうとすること (※第3学年は、フェアなプレイを大切にしようとすること) H (2) イ 運動やスポーツは、ルールやマナーについて合意したり、適切な人間関係を築いたりするなどの社会性を高める効果が期待できること（※第1・2学年のみ。）	家庭科	〔家庭基礎〕 (1) ア 青年期の自立と家族・家庭 (2) エ 消費生活と生涯を見通した経済の計画 <内容の取扱い> ・契約、消費者信用及びそれらをめぐる問題などを取り上げること 〔家庭総合〕 (1) イ 家族・家庭と社会 (3) イ 消費行動と意思決定 ウ 消費者の権利と責任 <内容の取扱い> ・契約、消費者信用及びそれらをめぐる問題などを取り上げること 〔生活デザイン〕 (1) ア 青年期の自立と家族・家庭 (2) ア 消費生活と生涯を見通した経済の計画 <内容の取扱い> ・契約、消費者信用及びそれらをめぐる問題などを取り上げること
技術・家庭科	〔技術分野〕 D 情報に関する技術 (1) ウ 著作権や発信した情報に対する責任を知り、情報モラルについて考えること <内容の取扱い> ・知的財産の保護の必要性、個人情報の保護の必要性について扱うこと 〔家庭分野〕 D 身近な消費生活と環境 (1) ア 自分や家族の消費生活に関心をもち、消費者の基本的な権利と責任について理解すること イ 販売方法の特徴について知り、生活に必要な物資・サービスの適切な選択、購入及び活用ができること		
道徳	4 主として集団や社会とのかかわりに関すること (1) 法やきまりの意義を理解し、遵守するとともに、自他の権利を重んじ義務を確実に果たして、社会の秩序と規律を高めるように努める。	情報科	(3) 情報社会における法と個人の責任 <内容の取扱い> ・知的財産や個人情報の保護について扱うこと
特別活動	<内容の取扱い> 2(1)〔学級活動〕及び〔生徒会活動〕 ・よりよい生活を築くために自分たちできまりをつくって守る活動などを充実するよう工夫すること	特別活動	<内容の取扱い> 2(1)〔ホームルーム〕及び〔生徒会活動〕 ・よりよい生活を築くために自分たちできまりをつくって守る活動などを充実するよう工夫すること